池　享
矢田俊文 編

増補改訂版

上杉氏年表

為景・謙信・景勝

高志書院刊

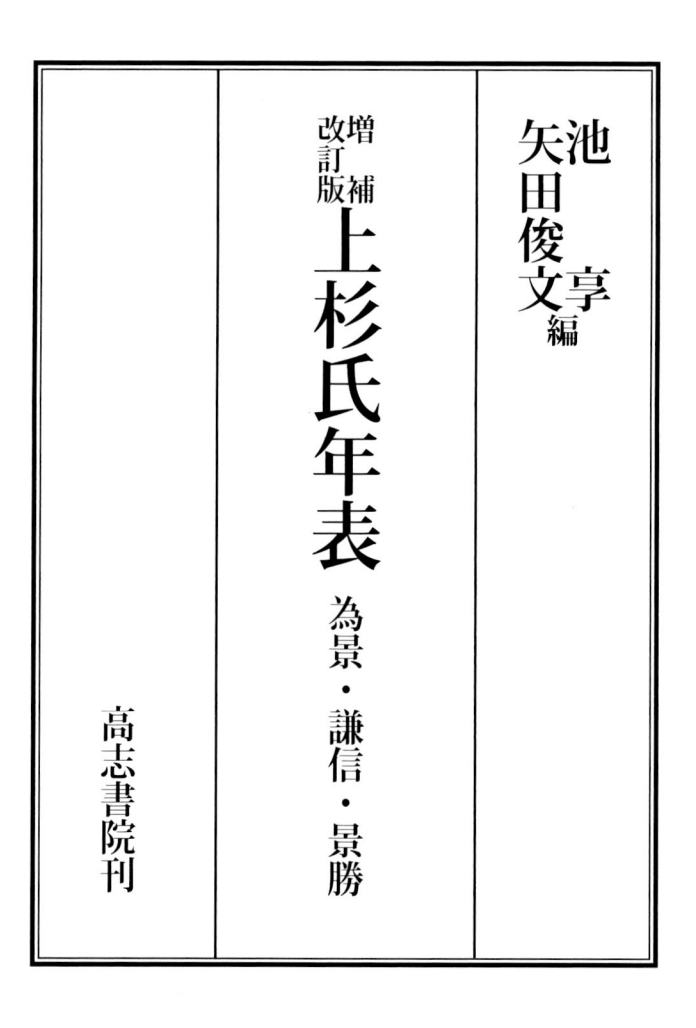

はじめに

矢田 俊文

『増補改訂版 上杉氏年表　為景・謙信・景勝』は、長尾為景の父能景が死去した永正三年(一五〇六)から、上杉景勝が死去する元和九年(一六二三)までの一一七年間に起こったできごとを時間の流れに従って記述したものである。よって、上杉謙信・景勝の全生涯を時間とともに理解できるようになっている。

また、時間の流れでは理解しにくい重要なことがらについては、コラムとして収めている。コラムでは、上杉氏と長尾氏、春日山城の成り立ち、武田信玄と上杉謙信、謙信の手紙、謙信と上野国、徳川家康と上杉謙信、寵臣河田長親、謙信と経典、御館の乱、直江兼続、郡絵図の世界という十一項目を取り上げている。

本書は、謙信の父長尾為景が越後の政治を動かしはじめた時期から景勝の死去までを記述したもので、戦国期上杉氏の年表ではない。上杉謙信の養子景勝は、戦国期、織田信長期、豊臣秀吉期、徳川初期を生きているので、この年表は戦国期から徳川初期までの上杉氏年表である。上杉氏は武田氏とは違い近世を通じて生き抜いていった。

この年表を活用すれば、さまざまことを調べることができる。たとえば、元和五年(一六一九)になくなった直江兼続の全生涯を記述しているので、兼続の研究にも役立てることができるだろう。

慶長五年(一六〇〇)以後の内容をみると、上杉家と本多正信の関係がきわめて深いことがわかる。本多正信は徳川家と上杉家とを結ぶ様々な場面で登場する。本多正信は次男政重を直江兼続の養子にしている。養子に入った政重は、兼続に実子が生れたことを理由に再び本多の家にもどり、のちに加賀前田家に仕え、五万石の領主として藩政を運営した。上杉家と加賀前田家は別の家であるが、本多正信の立場からみると、上杉家と前田家が同じ枠組みのなかで動いていることがわかる。このように、必ずしも上杉氏にそって読む必要はない。

年表には出典が記されているので、記述内容は、出典にもどって確かめなおすこともできる。

『増補改訂版　上杉氏年表　為景・謙信・景勝』は、二〇〇三年に刊行された『上杉氏年表　為景・謙信・景勝』の増補改訂版である。改訂にあたっては、改めて出典に当り直し正確を期すこととした。これによって、さらに信頼すべき年表となっていると思う。

増補改訂版では、あらたに三〇頁にわたる「越後戦国地図」を掲載している。本地図は、分布図や十六世紀末に作成された越後国絵図などを交えながら、新潟県内の主な城館や寺社等を詳しく紹介したものである。ここには、二〇〇六年に発掘された大館遺跡(村上市)などの最新の発掘情報も掲載されている。

「越後戦国地図」を読んで現地におもむき、年表の記事を確かめてはどうだろうか。

もくじ

コラム

執筆分担

史料出典略号一覧

新	新潟県史
越	越佐史料一～四
稿本	越佐史料稿本
上越	上越市史
村上	村上市史
中	中条町史
富	富山県史史料編II
群	群馬県史
埼	埼玉県史
山形	山形県史
山形一六	山形県史資料編一六
鶴岡1	鶴岡市史資料編荘内史料集一—一古代中世上巻
梁	梁川町史
歴古	歴代古案
上杉	『第日本古文書』家わけ第十二　上杉家文書
年譜	上杉氏年譜
戦	戦国遺文
覚	覚上公御書集

増補改訂版

上杉氏年表

為景・謙信・景勝

越後守護上杉房定死去。上杉房能が継ぐ

房能、守護不入権を廃止

永正三年以前(〜一五〇六)

明応三年(一四九四)、越後守護上杉房定《ふささだ》が死去。房定は越後に在国し、関東や京都との関係を取り持ったいわゆる「都鄙《とひ》合体」を成功させた立役者であった。房定のあとを継いだのは第三子上杉房能《ふさよし》である。嫡子定昌《さだまさ》は早世し、第二子顕定《あきさだ》は山内《やまのうち》上杉氏に入り、関東管領になっていたことによる。守護代は房定時代から引き続き長尾能景《よしかげ》がつとめる。

明応六年(一四九七)、守護上杉房能は、越後国内の支配を確立するため、文明末年の検地に基づき、段銭《たんせん》を賦課するための土地の所在・面積・納入責任者などを記した台帳を郡単位で作成、徴収の徹底を図る(新一八四一・一九九二)。また、翌明応七年五月、守護の直轄領である「御料所」においては、土地を管理する代官の不入権《ふにゅう》(役人の職権が及ばないこと)を廃止、守護方の目が届くように改めた(新一二三一・二三二)。

房能の政策は、従来の領主支配に伴う権益を否定するものであった。とりわけ越後国内に散在する御料所を守護に代わって支配してきた守護代長尾氏一族にとっては、到底承知できるはずもなかった。守護代長尾能景は、この政策が決定する以前に、一度は率先して「不入」権破棄を実行したが、この命令が出されるや、その権限を取り戻している(新一二二六〜二三二)。国内の諸氏は、それぞれの領主としての既得権をお互いに認めあうことによって、この政策を実効性のないものにし、房能に対する不満を鬱積《うっせき》していく。

本庄氏の乱

明応九年(一五〇〇)八月、守護と冷淡な関係にあった阿賀北の国人本庄《こくじんほんじょう》氏は、同じく守護に不満を持つ黒川氏の同調を得て、守護上杉氏に反乱を起す(新―一三一七)。黒川氏は隣接する中条氏と一〇〇年にわたる境界争いをしていたが、守護上杉氏の法廷では、房定が関東出陣中で直裁を得られないことなどを理由に却下された。しかも、中条氏に対しては関東出陣で戦功を上げたことを理由に件の係争地が与えられる。この裁定に対して黒川氏は不満を抱き、本庄氏と連帯行動をとったのである。

房能、国内の反乱分子の鎮圧失敗

守護房能は本庄氏に黒川氏が内通していることを中条氏から進言されたにもかかわらず、重臣斎藤頼信《よりのぶ》と平子朝政《たいらこともまさ》を大将として、越後国内の守護被官や国人を動員し、阿賀北に進撃する。本庄氏が荒川を越えて南下、守護方の本隊が胎内川《たいない》を越えて黒川領に入ったところ、黒川氏が兵を挙げて守護方の退路を遮断。その結果、中条氏は戦死、守護方は退却を余儀なくされた。守護房能による反乱分子の鎮圧失敗は、次第に守護の権威と信頼を失わせることになる。

房能、上条氏より養子として定実を迎える

文亀三年(一五〇三)六月、国内に反乱分子を抱えていた房能は、邸宅を新築(新―三三六五)し、跡継ぎとして上条《じょうじょう》氏より養子として定実《さだざね》を迎え、自分の娘との祝言を執り行う(越三―四五三・新―一三一八)。また、永正元年(一五〇四)には、関東管領である兄顕《あき》定《さだ》の求めに応じて関東に出兵(山内上杉顕定と扇谷上杉朝良による覇権争い)。房能は七月には上野、十月には川越まで進撃し、上杉朝良《ともよし》を攻め、勝利を収めた(越三—四五八)。このように房能は表面的には越後守護として順風満帆の感があった。

永正三年(一五〇六)

長尾能景、越中に出陣、戦死

九月、守護代長尾能景は、越中守護畠山卜山《ぼくざん》(尚順《ひさのぶ》・尚慶《ひさよし》)の要請を受けて、加賀一向一揆を討伐するため越中に出陣した。畠山氏と細川氏による幕政の主導権争いの影響で、細川氏と同盟を結んだ加賀の一向一揆が越中を軍事制圧したため、紀伊に在国していた畠山卜山が長尾能景に援助を請うたのである。ところが、一向一揆勢及びこれと結んだ越中の畠山氏の被官神保《じんぼ》・遊佐《ゆさ》氏が反乱を起こしたため、越後勢は般若野《はんにゃの》・芹谷野《せりだんの》の合戦(富山県砺波市)で一向宗に敗れ、十九日、長尾能景は戦死する(越三—四七七)。四十八歳。

長尾為景、越後国内の内乱を平定

この機に乗じて、越後国内では中越の五十嵐・石田氏などが挙兵したが、程なく長尾能景の跡を継いだ弱冠十八歳の子息為景《ためかげ》によって平定される。十一月十五日、反乱平定を祝って、越後国内の諸将から守護上杉房能に対して祝儀の太刀進献が執り行われる(新—八三一、越三—四八三)。

永正四年（一五〇七）

守護代長尾能景の家督を継いだ為景は、父能景とは違って、房能との対決姿勢を鮮明にし、国内の諸氏の間に鬱積していた不満を代弁するかのように、房能の政策や方針に反発する。

この年の春頃、上杉房能は、長尾為景を討つべく攻撃の支度を整える（「鎌倉管領九代記」越三―四九二）。これに対して為景は、上杉氏の親戚である上条氏から房能の養子となった定実を奉じて、越後府中の房能の館を攻めるべく軍勢を集結させる。

八月二日、為景の攻撃が始まると、房能は越後府中から脱走し、文書や重宝を抱えて関東へ逃げ延びるべく安塚街道を進んでいたが、天水越《あまみずごえ》（十日町市松之山）で為景方の追手に包囲され、八月七日未刻（午後二時頃）、同行者とともに自害する（越三―四八八）。

九月、為景による新守護定実の擁立に反対する阿賀北地方の国人衆が各居城で一斉に挙兵。反為景派の中心は、小泉荘《こいずみのしょう》の本庄時長《ときなが》（村上市）・色部《いろべ》昌長《まさなが》（神林村）、加地荘《かじのしょう》の竹俣清綱《たけのまたきよつな》（新発田市）の三氏であり、為景方に与したのは奥山荘《おくやまのしょう》の中条藤資《ふじすけ》とその支族である築地《ついじ》資茂《すけしげ》（胎内市）、白河荘《しらかわのしょう》の安田長秀《ながひで》（阿賀野市）らであった。中条氏は蒲原郡代の山吉《やまよし》氏を通じて挙兵を為景に伝え、隣国の蘆名《あしな》氏・伊達《だて》氏に合力要請するとともに

天水越で房能自害

阿賀北地方で反為景派の国人衆が一斉に挙兵

天水越の管領塚

(新一一四三五、越四一四九四)、十月には本庄氏の本庄城を陥落させた。十一月、この戦功により中条・築地氏には係争中の奥山荘黒川条内の高野郷と荒川保内の地が(新一一三二〇、一四二三)、安田氏には十二月に豊田荘・加地荘(新発田市)・福雄荘(見附市)内の地が、それぞれ上杉定実より与えられた(新一一四九一)。

永正五年(一五〇八)

反為景派は平林城《ひらばやし》(神林村)に籠る色部昌長を中心に阿賀北各所で抗戦を続け、本庄時長も抵抗を続ける。冬の間は水面下での交渉合戦が繰り広げられ、色部氏と竹俣氏は会津の蘆名氏を仲介役として、為景方に赦免を求める。しかし二月、為景方は中条・築地氏に対して、雪解けを待って宇佐美房忠《ふさただ》や斎藤昌信《まさのぶ》を阿賀北に派遣すること、伊達氏に援軍を要請したことを伝えた(新一一四三七)。同じ頃、色部昌長は上杉房能の兄である関東管領上杉顕定《あきさだ》に援軍を求めるが、その返事は上田長尾氏の房長《ふさなが》に相談の上進軍するというものであった(新一一〇五二)。顕定は房能の弔い合戦を意図するも、為景と通じている関東白井の長尾景春《かげはる》の軍に遮断され、越後に向かうことができなかった。

五月、為景方は阿賀北地方で総攻撃を始める。その結果、五月二十四日、色部氏の平林城は、中条氏を中心とする軍勢によって陥落(新一一四二六)。六月、本拠を離れて岩谷

平林城遠景

室町幕府、上杉定実を正式に越後守護と承認

城(三川村)に籠城した竹俣氏も降参する(越三―五〇四)。彼らは会津に逃れ、蘆名氏や中条藤資の仲介によって為景と和睦する(新―一四九二)。七月、色部昌長は越後に帰国するにあたって、降伏と仲介の謝意を表すため、中条藤資と菅名荘で対面したいと申し送っている(新―一八六四)。また、本庄時長は家督を房長に譲り、自らは猿沢《さるさわ》城(朝日村)に隠居した。

八月、長尾為景は、上杉定実を守護として擁立するため、幕府に働きかけるべく鳥目あわせて八千疋を幕府に贈呈した。十一月六日、室町幕府は上杉定実を正式に「越後守護」として家督相続を認め、長尾為景も上杉定実の補佐役を命じられた(越三―五〇八)。

永正六年(一五〇九)

一月二十八日、長尾為景と対立する勢力の中心人物であった本庄時長が死去(越三―五一〇)。本庄氏は房長の時代を迎える。

関東管領上杉顕定は、越後侵入の機会を伺っていたが、上野白井長尾氏の長尾景春が長尾為景と結び、越後への通交の要衝である沼田・白井(群馬県)を占領していたので容易には動けなかった。六月、顕定の子上杉憲房《のりふさ》は、関東の諸氏を引き連れ白井城を攻略し、長尾景春は領分の利根川方面にある不動山の館に移る(越三―五一六)。越後への進入経路が確保された顕定は、旧来からの山内上杉氏の所領である上田荘《うえだのしょう》(南魚沼市・魚沼市)

を拠点として、魚沼郡全域から古志《こし》郡にかけての地域の領主に工作し、境目の蒲生城《ひう》(小千谷市)の平子氏などを味方に引き入れることに成功した。

七月二十八日、前越後守護上杉房能の弔い合戦と称して、房能の兄上杉顕定とその子憲房が、関東を出発し越後に侵入、一気に越後府中を陥落させ、中・上越地方を制圧する。長尾為景は上杉定実とともに、西浜(糸魚川市付近)へ敗走し、越中に逃げ延びた(越三―五一四)。

九月、顕定方は、毛利広春《ひろはる》に命じて三条城に籠る山吉能盛《よしもり》を攻撃する。九～十月には上杉定実に応じた西頸城の村山盛義《もりよし》・直義《なおよし》と合戦、姫川の合戦では村山方が勝利し、一度は為景の命で村山父子を糸魚川に在陣させたものの、糸魚川合戦で村山盛義が敗死、その子直義は越中に敗走した(越三―五二五～五二七)。顕定方は寺泊から柏崎に至る刈羽《かりわ》・三島《さんとう》郡地域を制圧し、さらに十一月には、平子氏を阿賀北に派遣した(越三―五二九)。

越中に逃れた為景と定実は、すぐさま信濃衆や会津の蘆名氏、さらに婚姻関係にあった出羽の伊達尚宗《ひさむね》に、越後の様態を告げて合力を要請するとともに(梁―一五九)、阿賀北における同方の中条・黒川・築地氏らに連絡して加地荘に陣を敷き、上杉顕定方に備えた(梁―一五八)。伊達尚宗もまたこれを了承して、少なくとも総勢一五〇〇名以上の兵を越後に出張させるべく、伊達氏の被官に対して軍勢催促した。そして上杉定実には、

関東管領上杉顕定、越後侵入

為景・定実は越中に逃避

為景、信濃衆や出羽の伊達氏に合力要請

為景、越中より海路佐渡を経由し蒲原津に上陸

来春の出陣を約束している(越三―五一九)。また、為景・定実は越中に滞在していたが、朝廷による石清水八幡宮《いわしみずはちまんぐう》での「北国凶徒」鎮定の祈禱や、幕府の援助を受けて、越中・能登・飛騨・信濃の諸将と連絡を取り、越後奪回の方策を練るなど、徐々に反撃体制を整えていた(越三―五二八)。

永正七年(一五一〇)

越後侵攻を果たした上杉顕定は、房能を自害に追い込んだ為景方の者を捜し出して所領を没収するほか、郡内からの追放や死刑などの厳罰を下すなど(越三―五四三)、為景方の撲滅をはかる。しかし、関東管領である顕定にとって、越後国内の経営よりも、留守にしている関東の情勢が気がかりであった。とりわけ、関東の上杉氏と対立する長尾景春が、武蔵に進出してきた新興勢力の伊勢宗瑞《そうずい》(北条早雲《ほうじょうそううん》)と手を結んで勢力を盛り返すことが、顕定にとっては最大の問題であった。

四月二十日、為景・定実方は、越中より海路佐渡を経由し、蒲原津《かんばらのつ》(新潟市)に上陸した(越三―五三三)。五月二十日、為景に呼応した村山直義は、今井・黒岩(糸魚川市)で顕定軍を破り、再度糸魚川へ進出、信濃からは高梨政盛《まさもり》が侵入した(越三―五三六)。一方顕定も六月六日には、為景と結んだ長尾房景《ふさかげ》が拠る中越の拠点蔵王堂《ざおうどう》城(長岡市)を陥落させる。為景方の

上杉顕定公史跡公園(南魚沼市)

為景、越後府中を奪還。顕定、上田荘長森原で討死

上杉定実、越後平定を幕府に報告

阿賀野川以南地域の拠点は、三条城と護摩堂城《ごまどう》(南蒲原郡田上町)のみとなる(越三—五三八)。

六月十二日、定実の実家上条《じょうじょう》家が顕定方から定実方に転じたため、顕定・憲房方は寺泊を退却、代わって為景・定実方が寺泊に進出した。この頃、関東で長尾為景と結んだ長尾景春が再蜂起し、伊勢宗瑞が武蔵を侵略、古河公方《こがくぼう》家では政氏《まさうじ》・高基《たかもと》父子の対立が激しくなるなど、上杉顕定は帰国することをあせる。そのため、顕定は憲房に為景の陣があった刈羽郡椎谷《しいや》の陣への攻撃を敢行させたが、失敗に終わる。為景方は各地で顕定軍を破り、越後府中を目指す(越三—五三九)。

二十日、為景方は越後府中を奪還。顕定は府内を引き払い、関東に引きあげようとしたが、上田長尾氏に退路を絶たれ、上田荘長森原《ながもりはら》(南魚沼市六日町)で為景・高梨軍の追撃を受け、討死する。憲房は椎谷での敗戦後、妻有荘《つまり》(十日町市・中魚沼郡津南町)で建て直しを図ろうとしたが、顕定の死の報に接し、上野白井城に撤退した(越三—五四五〜)。その後、上杉憲房は為景追伐の文書発給を幕府に申請したが全く反応がなかった。

七月、為景・定実方は上杉顕定方の残党摘発命令を管領細川高国《たかくに》より獲得し、伊達尚宗に対して「合力」要請をしている(伊達家文書一—一三五)。これによって関東上杉氏による越後への介入は終焉する。

八月二十四日、越後守護上杉定実は、越後平定を幕府に報告する(越三—五六五)。十月、

三条西実隆と越後の情勢

幕府は守護上杉定実に対して、「修理替物要脚段銭」を一国役として賦課した(新―七九五～七九七、七九九・八〇〇)。十一月二十一日、守護上杉定実はこの度の「越後錯乱」に際する鎮定下知を謝し、礼物を献上、それに対する答謝があった(越三―五六九)。

永正八年(一五一一)

三月六日、三条西実隆《さんじょうにしさねたか》は昨年上杉定実に送った手紙の返事と、太刀・鳥目千疋をもらって大変喜んでいる。手紙の内容は、おそらく、争乱が終結して青苧座《あおそざ》が無事機能するようになったことを示す内容だと思われる。

五月十五日、実隆は吉田兼倶《かねとも》らとの酒席で、越後の情勢を携えてきた京都雑掌《ざっしょう》の神余《かなまり》昌綱《まさつな》の話を聞き、大いに安堵している。また、十九日に平子《たいらこ》氏の重臣と見られる堀内図書等が処刑され、越後が完全に平定されたことが京都に伝えられる(越三―五七〇)。

七月、故上杉房能は越後府中を退散する際、安国寺《あんこくじ》伝来の文書を紛失した。そのため、後に回収した文書で寺領証書を作成し、定実の袖判、為景の裏判を据えた紛失安堵状を安国寺に与えた(越三―五七三)。

このように、定実・為景による越後国内の支配体制は、主君は守護定実、為景が守護代として補佐する形で機能していたが、実権は為景の手中にあり、実質的には定実は為

コラム　上杉氏と長尾氏

長谷川 伸

上杉謙信・長尾景虎、そして長尾虎千代・上杉輝虎・上杉政虎・不識庵……。これらはすべて上杉謙信の名前である。読者諸氏にとって、「上杉」と「長尾」という二つの苗字があることは、越後の戦国時代を理解する難問になっているのではなかろうか？　上杉謙信は幼名を長尾虎千代といい、越後守護代長尾為景の子として生まれ、元服して長尾景虎となり、戦国時代の越後を徐々に治めていった。そして永禄四年(一五六一)、関東管領上杉憲政《のりまさ》の名跡を継承することによって、「上杉」姓を名乗ることになる。本来上杉氏と長尾氏は、守護と守護代、主人とNo.1家臣の関係にあり、越後のみならず関東エリア全域に及んで登場する。謙信はその関係を乗り越えた存在となったのである。

つまり、中世から戦国時代の東国社会を知るためには、上杉氏と長尾氏を知ることが鍵になる。以下、この氏族の出自から説き起こしてみることにしよう。

上杉氏は藤原鎌足《ふじわらのかまたり》の七代の子孫観修寺高藤《かんしゅうじたかふじ》の庶流というから、もともとは観修寺氏を名乗る公家だったのである。建長四年(一二五二)、高藤から十世を経た重房《しげふさ》の時、宗尊《むねたか》親王の東下に従って鎌倉に随行し、重房は親王将軍の側近近習として武家となった。その時丹波国上杉荘(現京都府綾部市)の領主となったことから上杉氏を称した。

鎌倉での上杉氏は、関東の名門足利氏と姻戚関係が生じ、特に重房の孫清子《きよこ》が足利貞氏に嫁して高氏《たかうじ》(尊氏)・直義《ただよし》を生んだことから、上杉一族は足利氏の外戚として、高氏と並ぶ重臣として遇された。観応の擾乱期、上杉憲顕《のりあき》は直義に味方して尊氏に敗れ失脚したが、貞治二年(一三六三)、足利基氏《もとうじ》が鎌倉公方になると関東管領に就任し、幕府の関東支配の基礎を築いた。

この憲顕の頃、上杉氏は四家に別れ、鎌倉地内の本拠を構えた場所をとってそれぞれ山内《やまのうち》・扇谷《おおぎがやつ》・宅間《たくま》・犬懸《いぬがけ》と名乗った。また、山内家からは越後上杉・庁鼻和《はなわ》上杉(現埼玉県深谷市付近)を分出している。その後上杉氏一門においては、山内上杉氏と扇谷上杉氏が、代々関東管領を世襲していくことになる。さらに上杉氏は関東管領のみならず、武蔵・伊豆・上野などの守護を歴任し、任国の領主たちを組織して領国支配を進めていった。

一方、長尾氏の出自は、桓武天皇の流れを汲む千葉・三浦・秩父氏等関東地方の名族武士団坂東八平氏の一つである。相模国鎌倉郡長尾郷(現横浜市戸塚区)を発祥とし、高望王の子平良文《たいらのよしふみ》の系統で、その子孫忠通《ただみち》の子鎌倉権五郎景政《かげまさ》の孫景行《かげゆき》が長尾氏を称したことに始まる。源頼朝挙兵時、長尾氏は平家方に属しその後許され、鎌倉幕府初期には三浦氏に属した鎌倉長尾氏と、京都へ行った長尾景村《かげむら》流があった。景村流は公家周辺で活躍し、宗尊親王関東下向に際しては、上杉氏の介添いとして長尾景熙《かげひろ》がいることから、この頃には長尾氏は上杉氏に仕えていた可能性がある。一方、鎌倉長尾氏は宝治合戦に連座して名字の地を没収されるが、景熙の養嗣子として長尾景茂の遺児景忠《かげただ》が跡を継いで、南北朝期に上杉憲顕に仕えたことから、長尾一族は上杉氏の鎌倉府内における地位の上昇に伴い、関東各地に分布して活躍することになった。

室町時代の長尾氏は、上野の白井長尾・総社長尾・下野の足利長尾・相模の犬懸長尾、そして越後長尾の五家に分かれて発展を遂げた。長尾氏はそれぞれ上杉氏の家宰(執事)として家政管理を司るほか、上杉氏の守護分国である上野・伊豆・武蔵・越後では守護代を勤め、普段在国しない上杉氏に代わって実質的な領国経営に携わった。

上杉氏は関東における実質的な力を背景に、関東管領として鎌倉公方の施策に口を挟んだため、両者が対立することも多かった。上杉憲実《のりざね》は永享の乱においては、幕府と協調し足利持氏《もちうじ》を敗死に追いやった。その後鎌倉公方となった持氏の子足利成氏《しげうじ》は、上杉氏と対立した。またこの頃から、山内家と扇谷家の両上杉氏の対立が激しくなった。それに加えて、長尾氏各家が主家上杉氏に対して反乱を起こすなど独自の動向を示し始めた。鎌倉を追われて古河《こが》(茨城県)へ動座した公方足利成氏とその直臣団たちと、上杉氏および上杉氏に連なる諸氏との対立、新興勢力の後北条氏の登場、というのが、この年表の前提となる十五世紀中後半の東国の動静であった。

戦国時代の越後と関東の関係の前提を考えてみよう。魚沼郡には上杉氏の直轄領が存在するが、その多くは上野国新田荘(群馬県)を本拠に展開していた新田氏が、鎌倉時代初期より越後山脈を越えて形成した所領であった。南北朝内乱では、上杉氏は尊氏の幕府樹立に尽力するとともに、足利直義の手に属して、対立する新田義貞の分国であった上野・越後へ派遣された。建武二年(一三三五)、上杉憲房が戦死した後その子憲顕がこれを継ぎ、上野・越後の守護に補任される。憲顕は観応の擾乱で一時失脚するが、貞治元年(一三六二)関東管領就任後越後守護にも還補され、憲顕後は山内上杉氏に近い一流が越後上杉氏を形成し、代々越後守護職を世襲した。一方、越後長尾氏の成立は、憲顕の越後守護復帰後の貞治五年(一三六七)、長尾高景《たかかげ》が越後守護代に補任されたことを淵源とする。京都に在住を求められる守護に代わって、守護代が国内経営を執行する体制が形成された。これが上杉・長尾氏と越後の関係の始まりである。越後上杉・長尾氏は新田氏を駆逐する形で越後の守護・守護代となっていくが、この地域性・拠点性こそ、関東に対する強い意識の源ではなかろうか。

この年表本文の始まる少し前、応仁・文明の乱という日本国中が未曽有の戦乱の渦中にあった時代、越後は在国した守護上杉房定《ふささだ》と歴代守護代長尾頼景《よりかげ》・重景《しげかげ》・能景《よしかげ》の主導の下、安定した国内支配が進められた。房定は対立する室町幕府と関東の公方との和睦を仲介し、関東の戦乱の収拾のために出陣するなど、関東への影響力も大きかった。この関係は、それ以前からの上杉・長尾氏と越後・関東の、強くて長い縁によるものであり、上杉謙信の「越山」もこの線上に位置づけられるのである。

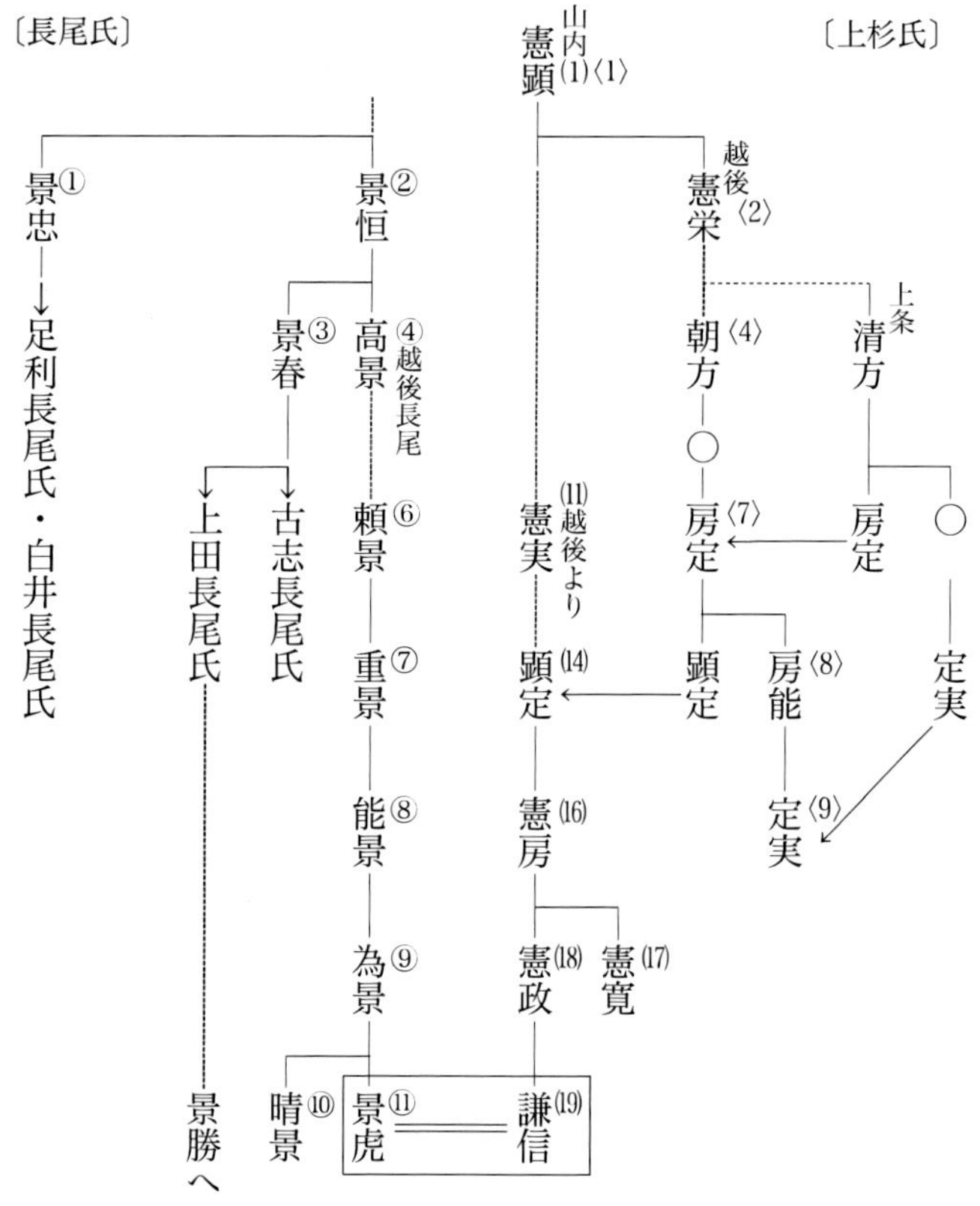

謙信(景虎)中心上杉・長尾略系図
(1)(2)　関東管領の歴代数
〈1〉〈2〉　越後守護の歴代数
① ②　越後守護代の歴代数
○印は人名省略
欠数字は人名を省略

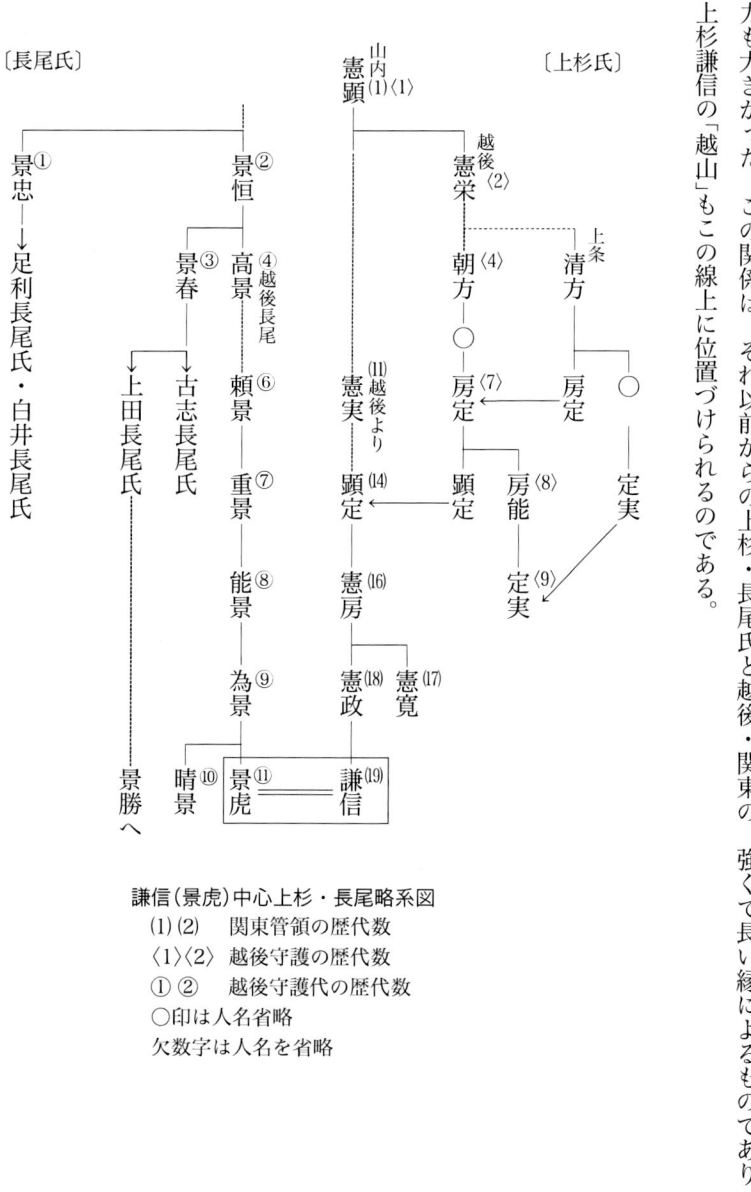

景の傀儡《かいらい》であった。

永正九年(一五一二)

一月、長尾氏内部で「長尾平六」の乱と呼ばれる事件が起る。上杉定実方に属した長尾氏の一族、下田《しただ》長尾氏の「長尾平六郎俊景」は、為景方に与する上田荘坂戸《さかと》城に本拠を置く上田長尾房長を攻撃。しかし、俊景《としかげ》は房長に斬られ、あえなく鎮圧される(越三―五七五〜五八一)。長尾平六郎俊景の死を惜しむ守護上杉定実は、「自分の世話をする人々の態度は許すことができない。宿直の番すら勤めないものもいる。このことを相談しても、私のひいき心のせいだとして取り合ってくれない」と不満を吐露している(新―五六〇)。為景は定実の側近に腹心の者をおいて監視させるなど、守護上杉定実と守護代長尾為景の対立は決定的なものになりつつあった。

五月、阿賀北小泉荘の国人鮎川《あゆかわ》氏が為景に反乱を起こすが、為景は築地氏、蒲原郡代の山吉氏らを派遣して、これを鎮圧したようである(越三―五八一)。

永正十年(一五一三)

四月、信越国境地帯の北信濃の国人高梨政盛《たかなしまさもり》が死去(越三―五四七)。北信濃は、為景と

長尾平六の乱

永正の乱

為景、阿賀北の国人衆と起請文を交換

親戚関係にある高梨政盛が永正七年の上杉顕定の越後介入時に、為景と手を結んで関東軍を撃退したことによって安定していた。しかし、政盛の死により、北信濃は高梨澄頼《すみより》派とこの地域に勢力拡大を狙う信濃長沼の島津貞忠《さだただ》が対立する。

七月、為景に不満を持つ上杉定実の意を受け、宇佐美房忠《ふささだ》・上条定憲《じょうじょうさだのり》は、阿賀北の国人衆や信濃の島津氏、さらには伊達氏に対して、為景の専横を排除して守護の権限を回復することを大義名分に、「忠信」の行動として援軍を集めようと反為景挙兵工作を始め(新―三二一二)、宇佐美氏は小野要害(上越市柿崎区)で挙兵する。

七月二十四日、為景は、島津貞忠に恭順を誓わせ(新―一五一)、また、定実に対しても、古志長尾房景を通じて争う意志のないことを誓わせた(新―一七一)。この頃、為景は為景方に与力する阿賀北の国人衆とも血判を据えた起請文を交換している。

八月一日、阿賀北の有力国人中条藤資《ふじすけ》は長尾家に対して子々孫々に至るまで敵対しないことを誓い(中―五一九)、十九日には、為景もまた中条氏に対して同様に誓約する(新―一八六一)。さらに二十二日、為景は中条藤資を通じて、大見安田実秀《さねひで》からも同様に血判起請文を提出させる(新―一八六二)。一見、府内政権の立場にある為景が優位な立場に見えるが、有事を除いては、守護勢力と国人という基本的に自立した地域権力として、お互いの在地支配に干渉しないことを確認したものである。為景の立場と包囲網は、実

為景、定実を館に監禁

際には非常に不安定なものであった。

八月八日、定実方の島津氏ら信濃衆の軍勢が関川口(妙高市)より越後に侵入する。為景は上田口方面の警護を固めるため、阿賀北の中条・黒川氏に出陣を要請した(新―一三二四)。これに対して、九月二十九日、宇佐美房忠は大見安田長秀《ながひで》攻撃のため阿賀北白河荘に出陣し、中条・黒川氏に援軍を要請する(新―一七一〇)。定実と為景の双方から加勢を求められた新発田《しばた》・中条氏等の阿賀北の国人衆は、共同歩調をとる約束をした(越三―五九六)。その結果、阿賀北の国人衆の存在は「揚北衆《あがきたしゅう》」として大きな勢力と映ることになる。

十月十三日、反為景の態度を鮮明にした上杉定実は、越後府内から春日山城に入って立て籠もり、守護方の牢人衆も上田口を攻撃する。二十一日、上田口で為景方の長尾房長・房景らが守護方牢人衆に大勝、十九日から春日山の定実を取り囲んでいた為景方は、二十二日に定実を府内に連れ戻してある館に監禁した。

二十四日、為景は宇佐美房忠討伐のため、小野要害を攻囲し、信濃衆の高梨氏に長峰原(上越市吉川区)に陣を張らせるなどして、小野要害攻略を進める(新―一五七・一六四、越三―六〇〇~六〇二)。

十一月、守護方に与した大見安田実秀が安田城に籠ったため、中条藤資・築地忠基《ただもと》が白河荘水原《すいばら》へ出陣する(新―一四三〇)。十二月二十八日、安田氏を討ち取った中条藤資は、守護方牢人衆一掃のため、上田口へと出陣(新―一四二七)。形勢は為景方の圧倒的優勢に傾く。

永正十一年(一五一四)

守護方と為景方の合戦

一月十六日、上田荘六日市(六日町)で守護方と為景方の合戦。為景方は、上田長尾房長を中心に、古志長尾房景、阿賀北から転戦してきた中条藤資とその一族築地忠基の派遣兵、北魚沼の江口氏などに、府内からの援軍も含めて増強された集団であった。守護方は、上杉一門の八条氏、有力被官であった石川氏、飯沼氏などで構成されていた。この合戦は、為景方が守護方を襲撃し、守護方は千人余りが討ち取られたという(新―一六二一・一四二八・一四二九)。

五月二十六日、為景方は、孤立した宇佐美房忠が拠点とした小野要害を攻略し、さらに後退して抗戦を続けていた岩手要害を陥落させる。この結果、宇佐美房忠は自害、一族郎党も滅亡する。ただし、子息一人が山方(山形市)に逃れたという(越三―六〇九)。

この乱では、守護定実方・守護代為景方とも、伊達氏にたいして「合力」を要請していた(新―一四二七・三二一〇)。しかし、伊達氏側では阿賀北の国人衆同様、態度を明らかに

為景、国主として実質的に領国を支配

為景、越中侵攻の挫折

できなかったことと、この年の五月伊達尚宗が死去し、伊達稙宗《たねむね》に世代交代する過渡期にあたり、積極的に越後に介入してくることはなかった。

為景の擁立によって傀儡と化した越後守護上杉定実とその近臣の反発であった永正の乱は、国人層の支持を得ることもできず、実家である上条氏が積極的に乗り出す機会を逸するほど、守護方の完敗であった(新―三二一二)。為景は、これを機に守護を形骸化しつつも、実質的に領国支配の権限を奪取・行使していく立場を鮮明する。

永正十二年(一五一五)

閏二月、為景は、毛利安田景元《かげもと》に三島郡・魚沼郡内の所領支配を安堵したが、新しい御屋形様、すなわち新守護が決まるまでの仮安堵だとしている(新―一五六三)。永正の乱に敗れた定実の微妙な立場が見て取れる処遇だが、十二月三十日、幕府は先例によって、越後守護上杉定実に京都内の邸宅地を安堵している(越三―六二〇)。

永正十三年(一五一六)

この年、長尾為景は越中侵攻を企図。為景は外交面では越後上杉氏による関東への介入をやめ、周辺地域への進出と安定化路線をとった。対外政策的に最も力を注いだのは越中出兵であったが、これは単なる領土拡張策だけでなく、反乱を起こして父能景《よしかげ》を死亡させた神保慶宗《じんぼよしむね》への遺恨があったものと思われる。しかし、この出兵は、神保・椎名《しいな》氏のほか、越中在住の細川高国《たかくに》被官ら、越中国衆の総反撃にあってあえなく挫折した(富一七八九)。

永正十四年(一五一七)

六月二十一日、越後で大地震(越三一六二二)。

八月二十二日、上杉定実は、亡き上杉房能の菩提を弔うため、京都の屋敷を山城国泉《せん》涌寺《にゅうじ》内の新善光寺に寄進する(越三一六三六)。

室町幕府将軍足利義稙《よしたね》は、京都三条に御所を新造し、その新邸の造営費用を越後に要脚段銭《ようきゃくたんせん》として賦課するが、九月六日、この費用を越後の段銭所が古志郡の公田《こうでん》段銭として納入している(新一二七二、二七一五、二七六〇など)。

永正十五年(一五一八)

越中の神保慶宗、一向一揆と結んで守護畠山氏からの自立を目論む。越中は混乱を極め、多くの国人衆が浪人となって、越後・飛騨・能登に逃れ、神保慶宗を攻撃する立場

越中守護畠山、長尾為景に合力要請

に回った。越中守護畠山卜山は、神保慶宗討伐作戦を開始し、内部対立していた畠山氏家中をひとつにまとめ、畠山義英《よしひで》の子息勝王を総大将として軍勢を派遣する。加賀まで進んだ畠山勝王は、長尾為景に対して出兵を要請。この出兵要請は、阿賀北にまで及び、七月十日、中条藤資に対しても出兵を依頼している(新―一三二五)。

長尾為景に合力を要請した畠山卜山は、勝利の暁には越中一郡を為景に与えると約束。さらに、管領細川高国の家臣が主人の意を請けて越中の大田保《おおたのほ》に在宿し、加賀在国の被官たちを率いる準備を整えていた。また、加賀《かが》一向一揆は、神保慶宗に合力しないと中立の立場を表明する。このように神保慶宗包囲網は、着々と敷かれていった(新―一六〇)。

この年、伊達稙宗の使者頤神軒存奭《いじんけんぞんてき》が上京するにあたり、越後経由北陸道経由で上京した。経由地に沼垂《ぬったり》・蒲原(新潟市)、府中(上越市)、姫川(糸魚川市)などの地名が見える(新―三二一七)。

永正十六年(一五一九)

二月、長尾為景は古志長尾房景に越中出兵の状況を説明し、出陣を求めた(新―一六〇)。二月二十六日、為景は信濃の島津貞忠《さだただ》らと和議を結び、高梨氏もこれを了承した(新―

一六三)。この間、畠山勝王からはたびたび越中出兵の催促があったので、為景は出兵の準備を整えていたが、能登守護畠山義総《よしふさ》が仲介して越中の動乱が収まったため、春三月の出陣は見送られた(越三—六四八)。

為景、越中侵攻

十月、為景は能登の畠山義総、神保慶宗の弟慶明《よしあき》、越中守護代遊佐慶親《ゆさよしちか》らと共同作戦をとりながら、越中に侵攻した。為景は越後・越中の国境である境川の合戦で大勝し、その後も進撃を続けて万見《まみ》・富山(富山市)に陣を張った。さらに神保慶宗の立て籠もる二上山守山城《ふたかみやまもりやま》(高岡市)を包囲して放火、落城は時間の問題となる。ところが、能登から入る予定であった畠山義総の軍の動きは緩慢で、氷見《ひみ》(富山県氷見市)のあたりで大敗を喫する。また、加賀方面から入った畠山勝王が指揮を執る畠山軍も、畠山勝王が中立の立場にあった一向宗寺院土山坊《どやまぼう》を焼き討ちしたため、蜂起した越中一向一揆の急襲を受けて敗北したとする説もある(『富山県史』通史編中世)。畠山方の無策により加賀・能登からの援軍との連携ができなかった為景は、冬の到来もあって越後に引き返す(新—一二)。

「あみ・かぎ」相論と「近所之儀」

十二月、越後五十嵐保《いがらしのほ》で「あみ・かぎ」相論が起こる。発端は、五十嵐川の漁業権をめぐって、五十嵐豊六《とよろく》の郎党が五十嵐保内にある古志長尾房景の領内に乱入して狼藉を重ねるので、房景も自分の被官を動員して反撃しようとした。そこに下田長尾景行《かげゆき》が「近所のことだから」といって仲裁に入り、漁業権の象徴たる「あみ・かぎ」道具を預かった。ところが、景行がいつになっても「あみ・かぎ」を返さないので、房景は五十嵐方に味方する行為ではないかと疑った(新—一六六・二〇八)。そこで、房景は府内で訴訟を起こしたところ、為景より雪が消えたら検見《けみ》をして境界を確定するとの返事を得た(新—一六七)。これは、当時頻発していた地域の領主間の所領争いを、近隣の領主の仲介=「近所之儀」によって、地域内で自立的に処理する慣習が存在していたことを示すものである。

管領細川高国、近江に出奔

永正十七年(一五二〇)

二月、管領細川高国は、対立する細川澄元《すみもと》が力を伸ばしたことで、将軍足利義稙《よしたね》を京都に残したまま近江に出奔。澄元が義稙を抱えて京都を掌握しかける。そのため畠山卜山と一時同盟していた一族の畠山義英《よしひで》は細川澄元派に加わり、卜山の子稙長《たねなが》の居城河内高屋《たかや》城(大阪府羽曳野市)を攻めて陥落させた。このため、卜山は越中平定に専心できなくなる。

四月、長尾為景は、前年の失敗を教訓に畠山卜山自身もしくは子息の越中下向を求めた。それに対して卜山は、畿内の騒乱ゆえ下向できないと伝えた上、代理として神保慶明を越中に派遣し、為景との協力を緊密にさせるとともに、能登畠山義総と為景の連絡調整にあたらせた。さらに卜山は、本願寺と交渉し加賀一向一揆が越中に介入しない約束を取り付けた(新—一五・一一・三〇二)。

為景、越中一国を平定

　形勢不利と判断した神保慶宗は、卜山に和平を申し出るものの、卜山はこの処理を為景に一任し、為景は慶宗の申し出を拒否する。六月十三日、為景は越中へ出陣(新一三)。七月二十三日、新川《にいかわ》郡に入った為景は椎名一類を破る。八月三日、為景方は境川の渡河戦に快勝し、境川城(富山県下新川郡朝日町)を陥落させて新川郡を平定、越年を覚悟して新庄城(富山市)に入る(新一一六)。

　十二月二十一日、神通《じんつう》川を越えた神保慶宗は、長尾為景の拠る新庄城に総攻撃を仕掛けたが、神保慶宗をはじめ、遊佐・椎名・土肥などの神保方国衆数千人が討ち取られ、越中一国は為景により平定される(新一一五九・一六一)。

　一方、越中平定を希望した畠山卜山は、八月の段階で拠点紀伊の湯川氏を中心とする国人の反乱によって、紀伊から追放され和泉国堺(大阪府堺市)に退いていた。越中平定は彼の宿願ではあったが、身の置かれた状況変化により、越中に対する熱意も次第に薄れていったようである。

永正十八年・大永元年(八月二十三日改元　一五二一)

　正月明けの頃、畠山卜山のもとに長尾為景《ためかげ》の活躍によって神保慶宗滅亡の知らせが届く。一月十九日、卜山は為景にその功績を讃える手紙を書き、太刀と武具を進呈した(新

―一〇）。為景は、今のト山には越中に号令を掛けられる状況にはなかったため、能登の畠山義総に加賀・能登・越中三カ国の支配を協力して進めようともちかけ、畠山義総もこれに同調した（新―二二）。これを受けて畠山義総は、遊佐秀盛《ゆさひでもり》に条書《じょうしょ》を作らせ、為景と協調する支配体制を敷いていく。条書の内容は、加賀・能登・越中三カ国のことは相談・協和してことに当たる。加賀一向一揆についてはなおざりにしない。ト山の名代である神保慶明を支えていくことなどであった（新―二七〇）。これによって、北陸地方で為景と敵対する勢力は、加賀をはじめとする一向一揆となる。

為景、越後国内に一向宗禁制を発布

二月、長尾為景は越後国内に「無碍光宗《むげこうしゅう》」＝一向宗禁制を発布する。父能景の意向を受け継いでのものである。その内容は、①一向宗徒を越後から永久に追い払う、②一切一向宗の再興を禁ずる、③国人はその領地に門徒がいれば逮捕せよ、抵抗すれば成敗せよ、④上杉・長尾氏の領地ではたとえ他宗のものでも、一向宗を黙認すれば同罪である、⑤門徒蜂起の動きを告発したものには、褒美を与える。⑥一向宗を認めるその土地の領主は所領を没収する、などであった（新―二七五）。

越中で反守護勢力が再蜂起

四月、越中で反守護勢力が再蜂起し、二上城を攻囲する。為景は能登畠山氏との支配体制に支障が出るからと、出陣の準備を命じる（新―一五六）。七月、これと連動するかのように、越中で越後衆と加賀一向一揆が合戦に及ぶ（富―八三三）。

為景、新川郡の守護代となる

八月二十三日、永正から大永に改元。十二月七日、畠山卜山は越中平定の功により、長尾為景を新川郡の守護代に任じる（新―六）。為景は新川郡に目代として椎名長常《ながつね》を置く。

この年、伊達稙宗は、越後と羽前《うぜん》（ここでは山形県置賜《おきたま》地方）国境の大里峠に新しい道を切り開く。これにより、越後と米沢の往来は距離が短くなり便利になったという（越三―六八〇）。この事業には伊達氏のなみならぬ日本海側への進出の思いが託されている。

越後衆と加賀一向一揆の抗争、能登に拡大

大永二年（一五二二）

七月、紀伊を回復できないまま、淡路島に逃れていた畠山卜山（尚順・尚慶）が淡路島で没す。また、この年、前年の越中における越後衆と加賀一向一揆の合戦は、能登地方に飛び火して戦乱が広がった。

加賀一向一揆と和睦

大永三年（一五二三）

春、一昨年より越中・能登に広がっていた越後衆・能登畠山義総・越中守護方の連合軍と、加賀一向一揆の戦乱は、足利義晴《よしはる》を擁立して再度上洛して征夷大将軍とし、自らも管領に復帰した細川高国の斡旋により和睦が成立した（富―八三二）。これにより結果として、越中国は本願寺の領国ではなく、守護畠山氏の分国の一つであることを再確認

扇谷上杉朝興、北条氏綱に敗れ、河越城に逃避

扇谷上杉朝興、山内上杉憲房と連合

し、長尾為景の新川郡守護代就任を追認するものとなった。
六月三日、室町幕府は、故足利義澄《よしずみ》の十三回忌供養料として、越後国分の仏事用途を国役として賦課した(新—七九八)。

大永四年(一五二四)

一月十一日、武蔵江戸城主扇谷《おおぎがやつ》上杉朝興《ともおき》は、北条氏綱《うじつな》に敗れ、河越《かわごえ》城に逃れる。十四日、北条氏綱は江戸城に入り、これを機会に氏綱は伊勢氏から北条氏に改称する。北条氏綱は、小田原北条氏の第二代当主、伊勢宗瑞(北条早雲)の子であり、伊豆・相模を基盤として武蔵進出の機会を伺っていた。このころ、武蔵南部は江戸(東京都千代田区)・川越(埼玉県)を中心に扇谷上杉朝興が支配していた。

江戸を追われた扇谷上杉朝興は、上野《こうづけ》平井(群馬県藤岡市)を中心に上野と武蔵北部を押さえていた山内《やまのうち》上杉憲房《のりふさ》と連合する。上杉憲房は、長尾為景に討たれた上杉顕定《あきさだ》の養子で、関東管領である。ここに関東の上杉連合が形成され、新興勢力の北条氏と伝統的権力である山内・扇谷上杉氏が対決することになった。

四月十三日、為景は、信濃で起こった騒乱に際し高梨政頼《まさより》から援軍を要請され、信濃国の諏訪神社に戦勝祈願をし(越三—六九一)、その後、信濃に赴いて平定している(新—

北条氏綱、為景に接触

五〇)。四月二十日、北条氏綱は、為景に中国の画家牧谿法常《もっけいほうじょう》の絵を送るが、為景は受け取らずに返している(新Ⅰ七八)。

十月十日ごろ、山内上杉憲房は上州衆を率いて、北条方の兵が籠る毛呂《もろ》要害(埼玉県入間郡毛呂山町)を攻め込む。江戸城にいた北条氏綱は救援に向かうが、氏綱が勝沼(青梅市)に滞留している間に、上杉方の足利長尾憲長《のりなが》・藤田・小幡《おばた》といった武士たちが、北条方の遠山秩父次郎と相談して和談が成立、毛呂要害は開城して上杉方に渡る(新Ⅰ七九)。十一月二十三日、北条氏綱は、為景に関東の情勢を伝えるとともに、蜜柑と酒樽を送り、為景が喜びそうな「横絵」を探していると伝えている(新Ⅰ七八)。

大永五年(一五二五)

二月四日、北条氏綱は江戸城を発し、岩附城《いわつき》(さいたま市岩槻区)の扇谷上杉朝興方の太田資頼《すけより》を攻め、六日には陥落させる。岩附は川越・江戸と並ぶ扇谷上杉氏の拠点であったが、氏綱はこれをも奪取し、その勢力範囲を広げることになった。

三月、山内上杉憲房の養子憲寛《のりひろ》が、金田菖蒲佐々木定綱《さだつな》の守る菖蒲城(埼玉県南埼玉郡菖蒲町)を攻撃する。菖蒲佐々木氏はかねて知音の岩附の土豪渋江氏を通じて北条氏綱に援軍を頼み、氏綱が弓兵を二百ほど菖蒲へ遣わしたことが、三月十日付の長尾為景宛氏

上杉朝興、為景に援軍要請

綱書状によりわかる（新―八〇）。その手紙には、苦労の末、氏綱は再び牧谿法常の「寒山拾得」の二幅一対の絵を手に入れたので後日送るとしたが、それは室町将軍家の御物《ぎょぶつ》だった逸品で、外題は将軍の相伴衆を勤めた能阿弥の手によるものだという（新―八一）。

三月二十三日、扇谷上杉朝興も為景に対して援軍を求める。朝興方は「他国の凶徒（＝北条氏綱）が蜂起して関東破滅に及んでいる」「今までも関東が大変な時は越後の軍勢が助けてくれた。今度も越山されて敵を退治し、名声をとどろかせてください」と為景を説得している（新―三二一～三二四・八六）。しかし、この手紙が為景のところに到着するのは四ヵ月後のことであった。

三月二十五日、関東管領山内上杉憲房が死去。後継は養子憲寛《のりひろ》。その後、翌年にかけて上杉方は氏綱方に対して巻き返すなど、一進一退を繰り返しながら、北条氏綱と扇谷上杉朝興の抗争は天文十年（一五四一）の氏綱の子まで一四度に及ぶ。しかし為景は、関東に援軍を派遣することはない。為景が重視したのは京都の幕府との関係であった。

六月十四日、管領細川高国は家督を子息稙国《たねくに》に譲り、自らは出家して道永《どうえい》と称した。為景はお祝いの使者を遣わし、数々の贈り物を近臣たちまで贈呈している（新―三七・四〇・四二・四三）。

二十六日、将軍足利義晴は同年四月末ころより新御所を京都に造営し、その費用を諸

将軍足利義晴、新御所造営。段銭を諸国に賦課

国に賦課し、越後にも造営のための要脚段銭納入の催促が下った(新―一八四)。賦課の仕組みは次のようである。幕府からの納入要請を受けた為景は、段銭所の奉行人に命じて、各地域の納税責任者に納入の日限を伝える。徴税者は地域の領主から段銭を徴収し、段銭所に納入する。これに対して、段銭所の奉行人は請取状を領主に発給する。そして集められた段銭は、まとめて幕府に送られたのである。たとえば九月に賦課された阿賀北の色部氏の場合、公銭方の段銭所が色部氏に段銭納入を命じ、色部氏は自領内の牛屋条《うしやのじょう》・荒川保《あらかわのほ》・古色部《こいろべ》の計三ヵ所について、重臣田中長直などを徴税責任者に命じて徴収に当たらせている。色部領内における段銭賦課の対象者は、家臣団・職人・寺社などに及んだ。このようにして集められた段銭が公銭方《くせんかた》に納入されると、公銭方は十一月、奉行人大熊政秀《おおくままさひで》の段銭請取状と各納入者ごとの内訳を示す段銭注文を発給した(新―一〇五五・一〇七〇)。色部氏はこれらの証文をもとに「段銭日記」を作成している(新―二〇八八)。ちなみに、このときの色部氏の納入額は三二貫七三九文余りであった。

色部氏の段銭日記

畿内では近江で浅井《あざい》・六角《ろっかく》・京極《きょうごく》氏の睨み合いが続き危険であること、安芸における大内氏と尼子《あまご》氏の争い、美濃国内における錯乱などの動静が為景のもとに伝えられる(新―一八四)。閏十一月二十一日、為景は足利義晴とその近臣に、太刀及び馬を献上した(新―二三・二九・三五・三六・四八・四九など)。十二月に義晴が新第に移るので、そのお祝いと見

られる。十二月十三日には、為景は幕府の命により、伊勢神宮に神馬を進献している(越三―七一三)。

大永六年(一五二六)

一月十一日、長尾為景は、阿賀野川以南の蒲原郡内の国人新津景資《にいつかげすけ》・豊島資義《としますけよし》・千田憲次《せんだのりつぐ》に対して、起請文を提出させる。その内容は、新津・千田・平賀・豊島ら一族が一致団結して、為景に対して後ろ暗きことなく、家来同様に忠節に励む旨を誓約したものであった(新―二三三・二三四)。同十八日、為景は色部昌長《いろべまさなが》・本庄房長《ほんじょうふさなが》に連署で(新―二三五)、同二十三日には黒川盛重《もりしげ》にと、直接関係しない阿賀北の国人衆に対しても、同様に起請文を提出させる(新―二三六)。その内容は、長尾一族に対して未来永劫不義を働かず、長尾氏と軍事的に対立しないこと、国人同士で同盟を結ばず、長尾氏の動員する軍役を果たすこと、などが取り決められた。

為景、阿賀北の国人衆らと起請文の締結

九月五日、為景による起請文の締結は、阿賀北の国人衆の中で一番為景よりであった中条藤資にまで及ぶ(新―二三七)。その内容は、他の国人衆とは違って条目で記され、

一、長尾為景と中条藤資は「御縁家」=親類になったからには、為景の子孫に対して決して弓を引かないこと。

一、本庄・色部・黒川氏や、その外親類たちと徒党を組んで、どんなときであっても(為景が賦課する)国の軍役を務めること。

一、出陣の時は、順番に在番するのが通例だが、(親類になった上は)中条親子のうち一人が必ず在陣すること。

一、もし子孫が親類として心変わりして反旗を翻すことがあっても、(あなたは)急いで越後府内の為景のもとに出仕し、力となること。他国へ出陣する際は、相当の軍勢を率いて、急いで出発し忠節を尽くすこと。

一、親類・与力だからといって裁判沙汰は贔屓《ひいき》しない。府内の裁許に従うこと。

と、極めて服属的かつ高圧的な約束を求めている。

十月十五日、越後守護上杉定実は、その祖先で関東と幕府の和睦を進めるなど、越後守護として全国的に活躍した上杉房定の三十三回忌法要を執行する(越三―七一八)。

大永七年(一五二七)

五月、京都では足利義晴・細川高国方が洛中諸所に陣し、柳本賢治《やなぎもとかたはる》・三好元長《みよしもとなが》らと戦うものの、細川高国は敗れ、足利義晴を奉じて近江へ移動する(越三―七一九)。為景は馬・越後上布を送って慰問した(新―九二)。これに対して幕府の大館常興《おおだちじょうこう》は、為景に京都の

為景に男子が誕生
（晴景カ）

箕冠山城遠景

回復を頼んだ(新―五八)。六月十九日、足利義晴が上杉定実に対して、甲斐の武田信虎《のぶとら》とともに兵を率いて上洛するように求める(越三―七二七)。十月、足利義晴は再度入京する。

六月初旬頃、長尾為景に男子が誕生(越三―七二三)。後の晴景《はるかげ》であると思われる。六月十日、京都の三条西実隆《さんじょうにしさねたか》は、越後に帰国する京都雑掌神余実綱《かなまりさねつな》の求めに応じて、柿本人麻呂の和歌に賛を施すとともに、香炉と為景男子誕生の祝いとして太刀を送る。また別に、神余実綱に託して宸筆《しんぴつ》と緞子《どんす》も送る。これは、三ヵ年納入が滞っている越後の青苧公事《くじ》の納入を為景に催促するためである(新―九〇)。

十一月五日、神余実綱は越後から京都に戻り、九日、三条西実隆のもとを訪問。神余は長尾為景からの贈り物を携えて参上したが、肝心の越後の青苧公事の納入については、なしのつぶてであった(越三―七二三)。

十月十九日、幕府は公田段銭を賦課し、長尾房景《ふさかげ》・安田実秀《さねひで》などは、段銭を徴収して公銭方の大熊政秀のもとに納入している(新―一四九三・一四九四、一六七九)。

十二月十六日、上野惣社《こうづけそうじゃ》城主長尾顕景《あきかげ》と白井城主長尾景誠《かげまさ》は、為景に対して援軍を求める(新―九五)。

大永八年・享禄元年(八月二十日改元　一五二八)

将軍足利義晴、京を離れ近江朽木に移る

三月、京都で対立していた細川高国と細川晴元の和睦工作が決裂。五月、高国は近江に逃れ、足利義晴も近江坂本(滋賀県大津市)に移る。九月、義晴は近江朽木(滋賀県高島市)に移り、十一月、細川高国は近江から伊賀へ移動している。

六月、蒲原郡代の山吉政久《まさひさ》は、守護方に血判起請文を入れ、守護上杉定実の勘気を蒙る者を援助しないことを誓約した(新―一二三八)。これは山吉氏の守護方への服属と見られる。

為景、毛氈鞍覆・白傘袋の許可を得る

十月、関東では、古河公方足利高基《たかもと》の子亀王丸が元服を迎える。高基の養子となっていた関東管領上杉憲寛は、長尾為景に亀王丸に将軍足利義晴より偏諱《へんき》されるように仲介を求める。為景の斡旋によって亀王丸は足利義晴の「晴」の字を賜り、「晴氏《はるうじ》」と名乗る(新―七四・一二〇)。十二月二十七日、為景は晴氏の加冠の儀式に際して剣・馬・鷹を献じるとともに、元服費用の一切を支援したという(越三―七四八)。

十二月十二日、長尾為景は、朽木在陣中の足利義晴より「毛氈鞍覆《もうせんくらおおい》・白傘袋《しらかさぶくろ》」の使用を許される(新―一二七・六三)。また、為景の長子幼名「道一」は、将軍足利義晴より「晴」の一字を偏諱として拝領し、「晴景《はるかげ》」と名乗るとともに、弥六郎の号と太刀も与えられた(新―一一六～一一八・六六)。

為景と晴景父子、足利義晴に巨額の献上

栖吉城遠景

為景に二男誕生（後の上杉謙信）

享禄二年（一五二九）

七月から八月にかけて、長尾為景と晴景父子は、前年の「白傘袋・毛氈鞍覆御免」並びに「御字拝領」の答礼として、足利義晴に越後の特産品である越後上布と蝋燭を青銅で万疋という巨額の献上を行う（新―一一二）。また、仲介の幕府政所《まんどころ》執事《しつじ》伊勢《いせ》貞忠《さだただ》に対しても、太刀と鳥目を送る（新―一二八）。

八月頃、越後では京都御要脚段銭の賦課がある（越三―七五四）。阿賀北の色部領では二九貫九五七文余りの段銭を納入する（新―二〇八九）。これに関連して為景は十二月二十八日、「公銭勘定帳」を作成させる。

十二月、京都の泉涌寺に上杉氏が寄進した地子銭を長尾氏が押領したため、泉涌寺がこれを回復しようとして幕府奉行人大館晴光《おおだちはるみつ》に取り成しを求める（越三―七五五）。長尾氏の勢力拡大の一端がここにうかがえる。

享禄三年（一五三〇）

一月二十一日、為景に二男誕生。のちの上杉謙信である。幼名は生年にちなんで「虎千代」と称した。母は古志長尾氏の栖吉《すよし》城主（長岡市）長尾房景の女とする説（年譜、越三―

為景・晴景父子、幕府との関係を強化

七五八)や、長尾顕景または顕吉《あきよし》の女とするものなど古来諸説あるが、いずれも伝承の域をでない。

この頃、室町幕府将軍足利義晴が「大納言」に昇進・任官された(「公卿補任」同年一月二十日条)。幕府とのより強い関係強化を目指す長尾為景・晴景父子は、この大納言任官の際に義晴が着用した「御紋桐」の「御服」の下賜を願い出て、二月五日には許された(新―五七・一〇七・二九四)。ところが、長尾為景・晴景はそれでは満足せず、「唐織物」の下賜をも要請していた(新―四四〇)。

長尾為景・晴景父子が求める「唐織物」の下賜は、将軍家義晴室である佐子上﨟局《さこじょうろうのつぼね》から晴景母(為景妻)へのものであったが、佐子上﨟局側が拒否してきた(新―四四〇・四七〇)。そこで為景・晴景は、再び先の「御服拝領」の答礼と称して、義晴や義晴側近衆に太刀・馬・青銅・鳥目等の多額の金品を献上するとともに(新―二四・五九・七二・一〇八)、佐子上﨟局にも、五千疋の金品を献上する。思いがけない巨額の献上に、佐子上﨟局は大いに喜ぶ(新―九八・二九九)。

九月二十八日、足利義晴は御内書で唐織物を晴景母に下賜するように許可を与え、自らも自筆の観音の絵を与えた(新―六七・二九五)。しかし、佐子上﨟局は最終的にはこれを拒否、かわりに献上品のお礼として堆朱《ついしゅ》の香箱と盆を返す(新―一一五)。

上条定憲、為景に反旗

上条城本丸跡

十月六日、上条定憲《じょうじょうさだのり》が為景に対して反旗を翻す（越三―七七六）。上条定憲は越後守護上杉定実の実家の当主であり、上条城《じょうじょうじょう》（柏崎市）に籠っていた守護方の有力名家である。事の原因は、守護の財務機関である「公銭方《こうせんかた》」を握っていた奉行人である大熊政秀《おおくままさひで》が、妨害を加えて為景と上条定憲の間の疎隔を図ったため、両者はついに「鉾楯」に及んだからだという。すなわち、大熊政秀も守護上杉定実方であった。

十一月、為景は上条定憲を征伐するために柏崎に出陣、大熊氏とその一類である大関氏といった反対派を逃亡させる。状況を確認してきた会津の蘆名《あしな》氏に対して為景は、反為景派に属する逃亡者の成敗を依頼する（新―三七五六）。上杉定実も強硬派である上条定憲の子弥五郎を諭そうとするなど、実家の存亡に瀕して動き出すものの、思うようには叶わなかった（越三―七七六）。一方、為景は幕府との強力な関係を背景として、上条定憲への合力禁止命令書を発給してもらうよう、幕府に工作する（新―五五・六五）。

上条定憲の反乱は、反為景勢力が割拠する阿賀北地方へ波及しつつあった。為景は阿賀北の有力国人本庄房長が上条定憲に呼応するらしいという情報を得たため、隣接する色部憲長《のりなが》を通じて、本庄房長を詰問した。これに対して本庄房長は、先の永正の反乱の時、為景の芳情で帰住できたこともあって、為景に対して決して不義しない旨を記した血判起請文を色部憲長との間で誓約し、為景に提出する（新―二三九）。

為景、阿賀北の国人らと一揆契約状を結ぶ

享禄四年（一五三一）

正月、阿賀北地方の国人本庄・色部・鮎川・新発田・五十公野《いじみの》・安田・水原・竹俣・加地・黒川・中条の諸氏に、中越刈羽郡の毛利・斎藤氏、そして上杉氏一門の山本寺《さんぽんじ》、古志長尾氏ら、越後の武将総勢十八名は、上条氏討伐の連合体を形成し、「越後国人衆軍陣壁書」という一揆契約状を結んだ（新―二六九）。その内容は、

一、軍陣で陣取り場所や道具の奪い合いなどの争いや喧嘩をしないこと、
一、喧嘩や口論が起こった場合、仲間だとか知っている者だと言って、助けたり加勢しないこと、
一、いわれのない出来事があった場合は、古法に従って問題を処置すること、
一、勝手に戦場を離れないこと、
一、陣取りの時は、軍勢が動きやすいように道や陣場の前を広く取ること、
一、陣取りの時は、野伏などの者に用心すること、
一、陣取りの時は、具足を抜き置くことなくしっかりと持っていること、

など、戦場における軍律を定めた規則であった。

この壁書は、一見すると揚北衆による国人領主間契約に基づいた出陣と思われる。し

細川高国自刃、将軍足利義晴は近江坂本に逃避

かし、この壁書には、長尾為景の裏花押が据えられており、守護代側主導で作成されていた。ここに登場した越後の国衆たちは、為景の契状を結ぼうという申し出に応じ、上条氏征伐に向かったのである。

二月、将軍足利義晴は越後守護上杉定実に上条定憲への合力を禁止する旨の御内書を発給する(新―五四)。戦局は三月には為景の思惑通りに「落居」するかと思われた(新―四四六)。

六月、長尾為景が後ろ盾として頼りにしていた細川高国が、細川晴元《はるもと》・三好元長との政争・合戦に破れ、摂津尼崎《あまがさき》(兵庫県尼崎市)で自刃。七月、将軍足利義晴は近江坂本に逃れる(新―五六)。この影響は、越後国内にも及び、為景に対する反乱の芽が再び表われる。八月二十日、小泉荘の国人本庄房長・色部憲長・鮎川清長《きよなが》・小河長基《ながもと》の四氏は、相互の団結を確かめ合うための領主間協約を結んだ。その内容は、

①お互いの関係をないがしろにしないこと、

②問題が生じたら、どんな些細なことも隠すことなく情報を交換して話し合い、相互間の交渉で解決すること、

③相互間の関係を外部から分断干渉しようとする動きに対しては、絶対応じないこと、

④相談すべき問題については、お互いの仲介によって解決し、他地域からの勧誘は受

京都の三条西実隆、越後の騒乱を憂う

け付けないこと、

⑤府内(長尾為景)からの命令については、何事も一致団結して対応し、相互の家中間における反逆者についても、同心して処分する、

ことなどであった(新―一〇七三・一〇七四)。

十月、為景は村山・上野氏ら比較的忠実な上・中越の国人たちを府内に招集し、為景の本意にしたがって戦乱を平定すれば、過分な土地を与えることを約束する(新―一五八八・一七二六)。しかし、越後の国人たちは、細川高国亡き後の長尾為景の動静を、敵・味方不分明なまま見つめていた。

享禄五年・天文元年(七月二十九日改元　一五三二)

二月二十日、京都の三条西実隆の屋敷に、上杉家の京都雑掌神余昌綱が訪問。その時の話題は「越後乱逆」のこと、すなわち享禄三年以来の越後内乱であった(「実隆公記」越三―七九〇)。三条西家は越後に青苧座を持っているが、その青苧の集散地の一つが、戦場になっている上条氏の本拠である柏崎であった。そのため実隆は、前年の一月にも越後の騒乱を憂いていた(越三―七八〇)が、越後の内乱は大変気になるところであった。

この年の七月二十九日、享禄から天文に改元。

北条城遠景

上条定憲、再び挙兵（越後天文の乱）

為景、信濃の高梨氏に援軍要請

天文二年（一五三三）

九月二十六日、上条定憲が再び挙兵。上条氏の本拠である上条城（柏崎市）に程近い北条城《きたじょう》（柏崎市）を上条方の松郷・秋山・志駄氏らが攻撃し、これを北条輔広《すけひろ》・毛利安田景元《かげもと》らの軍勢が撃退する（新―一五五六～一五五八）。十月、上条氏方の攻勢は広がり、柏崎の鵜川《うかわ》神社、府内の居多《こた》神社（上越市）に乱入し、放火している。これに対して為景は、乱入放火されたこれらの神社に対して「願文」を奉納し、凶徒征伐と三ヵ月以内に国内静謐を願い、戦いに勝利すれば社殿再建することを誓った（越三―七九四）。

天文三年（一五三四）

一月、為景は信濃の高梨氏に援軍を求める（新―一五六一）。二月、為景は前線で奮戦する安田景元に対して、上条城を攻略したら、朝廷から越中守の受領名を拝領できるよう、将軍を通じて斡旋することを約束する（新―一五六〇）。

三月、為景は景元に上条城の焼き討ちを命じ、成功の暁には、望みのものを与えるとなりふりかまわぬ対応をしていた（新―一五六二）。五月、毛利安田景元らの北条衆は、上条方と納下《のうげ》（柏崎市南下）で合戦し、これに勝利する（新―一五六四）。

天文四年(一五三五)

小泉荘で国人家中の逃亡事件

三月〜四月にかけて、阿賀北地方小泉荘において国人家中の逃亡事件が相次ぐ。色部氏では、重臣田中長義《ながよし》・早田《はや》守吉《たもりよし》・布施家秀《いえひで》の三名が本庄氏の領内に出奔(逃亡)する。天文三年以前に色部憲長が急死、家督を継いだ当主勝長《かつなが》が幼少であったため、色部氏の家政運営の基本は家臣団に委ねられた。田中長義ら三人はその中心的な立場にあったが、彼らは独断的な家政を行ったため、ほかの家臣たちから非難され、対立を強めた長義らが出奔した。幼少の当主勝長は、長義らの帰参と後見を望んだので、色部長継《ながつぐ》・田中長頼《ながより》ら家中代表者は、享禄四年の領主間協約に基づき、近隣の本庄房長に仲裁を依頼した(新一一〇九三)。本庄房長は双方の主張を収集した上、出奔者の罪状を確認、和解の手続きとして家中へは仲裁斡旋案を提示し、出奔者の説得に当たる(新一一〇七七・一〇七九)。斡旋内容は出奔者の帰参を許可するが、ただし以後は何事も当主勝長の意を受けて、重臣と家臣がよく協議すること、それでも問題があれば、本庄房長が当主勝長に意見することなどを示して、事態の収拾を図った。この斡旋案に対して家臣・出奔者は双方ともこれに同意し、家臣側は八名による連署証状(新一一〇八〇)を、出奔者は帰参条件遵守の誓約状(新一一〇七八)を本庄房長に提出して、四月一日、ようやくこの色部氏重臣出奔事件は解決した(新一一〇九七)。

四月二日、本庄氏の家臣有明《ありあけ》平右兵衛他五名が、房長に対して謀反を企てたが、事前に露見したため、本庄領内から逃亡(新一一〇九九)する。房長は逃亡者の追及と共謀者を割り出し、厳しい尋問と成敗が行われ、色部氏に対しても内応者の捕縛を要求した(新一一〇四)。四月四日、逃亡者は須貝《すがい》党という土豪集団の手引きにより、女川《おんながわ》流域の最奥の小和田《こわだ》(岩船郡関川村)に逃げ込む。房長は逃亡者の殺害を命ずるとともに、事件の内応者は先の出奔事件の早田守吉と疑い、色部氏に命じて早田を小和田に派遣させ、白黒を見極めようとした(新一一〇二)。しかし、色部氏側の反応は鈍く、そのうち逃亡者は須貝党の援助によって小国《おぐに》の玉川(山形県西置賜《にしおきたま》郡小国町)に逃げ延び(新一一〇二)、結局、房長は追討をあきらめる。

これらの事件から小泉荘では色部・本庄氏ら領主間の協約が存在したが、それとは別に家中や土豪などの間にも枠をこえた同盟的関係が存在したことがわかる。また、本庄房長は小泉荘における領主間協約の中心的な役割を果たしていたが、自己の家中への武断的な処置と他家への内政干渉による不満は蓄積されていった可能性がある。

上条定憲、反為景勢力を結集

五月、上条定憲のもとに、上田長尾氏の上田衆・妻有《つまり》衆・藪神《やぶかみ》衆、為景方から寝返った宇佐美定満《さだみつ》・大熊氏等が集結し、臨戦体制を整える(歴古四一一三四八)。それに対して

下倉城遠景

長尾為景は、朝廷に多額の献金を行い、かつて長尾家が拝領した「御旗」を紛失したので、新調することを申請し、これを認める綸旨を発給してもらうよう工作を行っていた。いわゆる「錦の御旗」である。

六月十三日、これを許可する綸旨が発給され、為景は上条方の宇佐美氏の居城枇杷島《びわじま》城を攻撃した(新一九九五・一〇〇〇)。六月十九日、上条定憲は自ら蒲原津《かんばらのつ》(新潟市)まで下向し、水原《すいばら》氏を通じて本庄・色部氏等阿賀北の国人衆を味方につけることに成功する(新一三四七一)。

六月二十六日、「奥山《おくやま》・瀬波《せなみ》之衆」といわれた阿賀北の国人衆が蒲原津に着陣し、信濃川を渡って為景方に備える。一方、為景方は、六月後半より重要拠点である下倉《したぐら》城(魚沼市堀之内)の福王寺《ふくおうじ》氏が、上田口・河東(下条・中条・十日町・川治といった十日町市の信濃川以東地域)方面での攻防戦を展開するが、放火や足軽を忍ばせるなどの奇襲戦に頼る程度であった(歴古四一一三三一・一三五〇)。

七月二十五日、広瀬契約中・穴沢氏といった魚野川支流破間川《あぶるまがわ》流域(魚沼市広神・守門・入広瀬地域)の土豪連合が上田長尾氏と被官関係を結ぶ(越三一八一三)。そして上田長尾氏とともに下倉城に総攻撃を仕掛けて、福王寺氏を籠城状態に追い込み、八月二日には、上田長尾氏方は再び上条城に集結した(歴古四一一三四九)。

八月十二日、蒋生城《ひう》(小千谷市)を拠点としてそれまで中立を保持してきた守護上杉氏の重臣平子氏《たいらこ》に対して、上田長尾氏・阿賀北地方の本庄・鮎川・黒川・中条氏らが盛んに勧誘し、西古志郡(長岡市・三島郡)の所領を知行させるという条件を斡旋して味方に組み入れる(越三―八一八)。さらに、九月、上条定憲は出羽(山形県)で対立していた大宝寺《だいほうじ》氏と砂越《さごし》氏の和睦を成立させ、これにより、本庄・中条・新発田・水原等の揚北衆七人が砂越氏に対して正式に出陣を要請する(新―三六二七)。秋から冬にかけて、上条方には越後国外からの援軍が加わり、会津の蘆名氏が菅名荘《すがな》(五泉市)に陣取り、奥州の伊達氏と出羽の大宝寺氏も出陣、揚北衆とともに蒲原郡で越年する。

天文五年(一五三六)

上条方の大軍は蒲原郡に在陣のまま越年。形勢不利に陥った為景は、治罰綸旨《ちばつりんじ》を切り札とし、二月十日、朝廷より越後一国内の内乱平定を命ずる綸旨の発給を許される(新―九九六)。三月、為景は上条氏の本拠に近い毛利安田氏(柏崎市)に対して、上条館の焼き討ち工作を差配するように命ずるなど、攻勢に転ずる動きを見せる(新―一五六二)。

四月十日、戦局は為景方に好転することないまま、為景は上条方の宇佐美氏と三分一《さんぶいち》原《はら》(上越市頸城区)で直接対決する。その結果、為景方は越後府中を死守したものの、為景

為景、上条方の宇佐美氏と三分一原で合戦

方の劣勢は明らかとなる（越三―八二九～八三二）。

為景、隠居。家督を晴景に譲る

八月三日、為景は突如として晴景に家督を譲り、自ら隠居する（新―一〇九）。おそらく、守護上杉定実の調停による為景方と上条方の講和条件であろうが、実質的には為景方の敗北といってよい。九月、為景は、朝廷からの御旗・綸旨の発給に対する執拗な礼銭の催促にあい、発給した広橋家に一万疋を献上するなど、大きな代償を払う（新―一〇〇四）。隠居後の為景は、自らの印判の型を変え、名乗りを「黄博《こうはく》」、そして入道名「張恕《ちょうじょ》」と変えて、なおも越後の政権の中心に君臨する。

為景と上田長尾氏との抗争

家督相続後の八月下旬、高柳口（柏崎市）で為景方の下倉城主福王寺氏が戦功を上げ（歴古四―一三二四）、九月三日には、上田口で合戦があり、為景方の福王寺氏・三条の山吉氏が、上田長尾氏方の軍勢と衝突した（歴古四―一三二八）。九月二十二日ごろ、上田長尾氏・藪神衆が古志郡の蔵王堂口（長岡市）に出陣し、これに対して為景は、福王寺氏に対して留守中の河東地方（十日町市）への奇襲戦で応戦することを求めた（歴古四―一三四〇）。その後、為景方は福王寺氏を通じて切り崩し工作に走り、上田長尾氏の諸将に対して、もし為景方に寝返れば、上田荘内に相当の土地を新規に与えるという条件を示した（歴古四―一三二九）。他の越後国内の諸将に対しても同様で、為景方に加担すれば、本領安堵または新地給与を約束している。その結果、十二月には、上田長尾氏の家中江口藤五郎（魚沼市）

を為景方に引き入れることに成功した(新―四五四〇)。

為景の家督相続は内乱収拾の決め手にはならず、為景の周辺では依然として合戦が続いており、その対象は上条氏から上田長尾氏に変わっている。このように家督相続以降は、越後の実質的な権力者の座を巡って、長子晴景を越後守護代に据えて政権の実権保持を図ろうとする為景と、上条氏に加担して武力の優位性を背景に越後の実質的な政権の座を伺おうとする上田の長尾房長との抗争が続いていく。

天文六年(一五三七)

為景と上田長尾房長の抗争は、年が明けると魚野川支流破間川《あぶるまがわ》流域(魚沼市)が舞台となった。一月十八日、為景方である下倉城の福王寺氏は、大原(魚沼市)で上田長尾氏と衝突する(歴古四―一三二七)。ついで二月十一日~二十日にかけて、両者は広瀬(魚沼市)で再び合戦となり、江口藤五郎ら為景方の諸将には感状が為景から発給された(歴古四―一三二五・一三二六、新―四五三九)。

五月七日、上田長尾氏方は下倉城を包囲し、福王寺氏は籠城状態に追い込まれる(歴古四―一三四四)。為景は福王寺氏に対して中郡《なかごおり》(中越地方)から兵糧を調達して下倉城へ運ぶ。また、栃尾《とちお》城(長岡市栃尾)を守る古志長尾氏等に下倉城へ援軍を派遣することを命

加地城遠景(新発田市)

為景、揚北の国人衆らと姻戚関係を締結

じたと報じた(歴古四―一三四一・一三四二・一三四五)。しかしこの作戦はうまくいかず、八月になっても戦況は好転しなかった(歴古四―一三四三)。為景は、下郡《しもごおり》(下越地方)の援軍を要請するが、形勢は不利なままであった。

為景は内乱の収拾のため、姻戚関係の締結という新たな講和体制を打ち出す。阿賀北の国人衆への備えとして、加地荘を本拠とする加地春綱《かじはるつな》に為景の娘(晴景の妹)を嫁がす。また一族の上田長尾氏の長尾房長には、同じく為景の娘(晴景の妹)で、後に仙洞院《せんとういん》(景勝の母)となる女性を嫁がせる約束が成立した可能性が高い。この婚姻の成立によって、府内長尾氏と越後国内諸将との緊張関係は、一時緩むことになる。

なお、この年より、長尾景虎《かげとら》(上杉謙信)は、栃尾常安寺《じょうあんじ》(長岡市栃尾)の門察和尚を師として養育される。景虎の養育地が府中なのか栃尾なのかはこの段階では定かではない。

伊達時宗丸入嗣問題

天文七年(一五三八)

為景の内乱収拾策は、阿賀北の有力国人・一族の有力者との婚姻関係に止まるものではなかった。為景が家督を子息晴景に譲り、守護代に据えたことによって、越後守護上杉定実が国主として復活した。しかし、定実は老年でしかも跡継ぎがいなかったため、越後上杉家は存亡の危機に瀕することになった。そこで、定実はかねて姻戚関係のある奥羽の守護、伊達稙宗の三男時宗丸《ときむねまる》(実元《さねもと》)を養子として迎えたいと望んだ。そこで、為景は浮上した入嗣問題に積極的に取り組んでいくことになる。これを伊達時宗丸入嗣問題というが、その発端となった時期が、この天文七年頃と見られる。

養子縁組の仲介に立ったのが、阿賀北奥山荘の国人中条藤資《ふじすけ》であった。中条家と伊達家もまた婚姻関係にあったという。この説の根拠は明快ではないが、諸史料から上杉氏と伊達氏の婚姻関係を検討してみると、上条《じょうじょう》家出身の上杉定実の姉か妹が越後守護上杉房定の養女となって伊達尚宗と結婚し、そこで生まれたのが伊達稙宗、その稙宗と中条藤資の妹から生まれたのが時宗丸ということが考えられる。

中条氏はこの養子縁組問題の仲介に際して為景の意に沿って実によく働いたようで、為景は中条氏の奔走ぶりに非常に満足していたようである。その結果、十月二十四日には、伊達御曹司様＝時宗丸(実元)を養子として迎えるための費用として、頸城郡内に段銭が課せられたのである(越三―八四五)。

天文八年(一五三九)

小泉荘に、伊達氏の軍勢が侵入

九月初旬頃、奥羽伊達領と境を接する小泉荘に、伊達氏の軍勢が侵入(新―一四八二)。当時、阿賀北の加地氏のもとを訪れていた上条定憲《さだのり》は、天文四年の本庄氏家中逃亡事件で女川(岩船郡関川村)から伊達領に逃げ込んでいた面々の帰参の仲介に奔走し、十月にはその話がまとまるが、伊達氏の小泉荘侵攻を聞いて、急いで本領へ帰っていった(新―一〇八二)。一方、府内の長尾為景・晴景はまだこの事件を知る由もなかった。

九月十四日、上条氏からもたらされた情報によって伊達氏の越後侵攻を知った長尾為景は、中条氏の一族築地氏を通じて、中条藤資に問い合わせたが、中条氏からは「異状なし」という返事があるのみであった(新―一四三九)。十月三十日、為景は本当に異状がないならば、為景に忠節を尽くし、奥山荘の国人たちが同心して速やかに我々は為景方であるという立場を明確にせよと命じた(新―一四四〇)。

それではなぜ、伊達氏が越後侵攻に及んだのか。当時、伊達氏は南奥羽地方の国人たちを、婚姻や養子縁組を通じて自己の勢力下へ編入しようとする、「合従連衡《がっしょうれんこう》」の政策を進めていた。伊達時宗丸の上杉家入嗣もその一環と考えられ、越後国内でも賛否が分かれていた。なかでも阿賀北地方の国人は、入嗣推進派の中条氏と、伊達氏の影響を懸念する入嗣反対派の本庄・鮎川・色部氏等の小泉荘の国人たちが激しく対立していた。伊達時宗丸の入嗣を勧め、伊達氏の権力を背景に阿賀北地方、あわよくば越後全体に勢力を拡大したい中条氏は、入嗣反対派の本拠小泉荘を伊達氏に攻撃させたのである。

伊達勢は小泉荘で本庄・鮎川・色部氏らの有力国人たちと武力衝突した。なかでも最

伊達勢、小泉荘で本庄・鮎川・色部氏らと武力衝突

本庄房長急死

本庄城(村上城)遠景

大の目標は、反対派の中心人物である小泉荘の本庄房長であった。本庄氏とその与党は、それぞれ小泉荘内に要害を築いて防戦したが、伊達勢の攻撃に持ちこたえることができず、本庄と鮎川の要害は次々と陥落し、伊達氏に占拠されてしまった。そのため、本庄房長は、一時出羽国大宝寺(山形県鶴岡市)へ退去し、体制の立て直しを図ろうとした(新一一四八二)。

十一月某日、小泉荘に残った本庄房長の弟である小河長資《ながすけ》と近隣の領主鮎川清長《きよなが》が共謀して、当主不在の本庄城を攻撃して乗っ取るという謀叛が起こる。本庄房長は、急ぎ本領に戻り反乱を鎮圧しようとしたが、大宝寺から小泉荘に戻る途中、十一月二十八日、あえなく病気により急死してしまった(越三一八四九)。小河氏と鮎川氏は本庄房長の大宝寺退去によって、越後に侵攻した伊達氏に属したと見られ、小泉荘域は、色部氏を除いて、一時的に伊達氏の属領と化してしまったのである。

本庄房長の死より八日後の十二月四日、房長の嫡子千代猪丸(のちの本庄繁長《しげなが》)が誕生した。千代猪丸誕生の際には、主家乗っ取りを企んで、本庄城に攻め込んだ小河長資によって、房長室は七箇所の傷を負い、家臣の手引きでようやくのことで寺に逃れ、そこで千代猪丸を産んだ。繁長の目の上にあった傷はこの証であるという伝説も伝えられている(「本庄氏系図」)。

天文九年（一五四〇）

伊達氏の越後侵攻は、内乱中の越後国内の諸将にとっては脅威であった。越後国内における入嗣問題をめぐる関係は、越後守護家とその関係者及び中条氏が賛成、中条氏以外の阿賀北の国人衆と長尾氏が反対の立場にたった。とりわけ、阿賀北の国人たちには緊張が走り、これまで入嗣問題を積極的に進めてきた守護代長尾氏も窮地に陥った。

為景、朝廷工作

そこで守護代長尾氏が次に打った手立てが、三度目の綸旨発給の申請であった。八月以前の某日、長尾為景は天文四・五年に発給された綸旨下賜の御礼として、朝廷に五千疋の献上を行った（新―九九七）。朝廷の心証はすこぶる良好であった（新―九七九・九八一・九八二）。そこで為景は、次いで八〜九月にかけて、家督相続後の後継者である長尾晴景の申請した「私敵治罰」の綸旨下賜を求めて、朝廷工作に動いた（新―九八〇・九八三・九九八・九九九）。その結果、九月二十七日、「敵追討」を求める後奈良天皇綸旨が発給される（新―七七五）。この追討の敵こそ、伊達時宗丸《ときむねまる》入嗣問題にかかる伊達氏と急進的な入嗣推進派である中条氏を対象としていたことはいうまでもない。

九月、小泉荘で唯一残った色部氏、中条氏に近接する奥山荘の黒川氏などを中心に、入嗣に反対する阿賀北の国人たちが連合して中条氏を攻撃、鳥坂城《とっさか》（胎内市）に追い込み、

鳥坂城遠景（胎内市）

伊達氏、越後から撤退

為景、死去か？

本庄氏の家中騒動（下渡島事件）

同月二十八日、中条の城は陥落し、勝利を収めた（新―二〇七六）。この結果、伊達氏は越後からの撤退を余儀なくされる。間接的な綸旨の効果であろうか。

なお、この年の十二月、長尾為景が死去したとする説がある。

天文十年（一五四一）

同年二月以前、下渡島《げどしま》城主で本庄氏重臣の矢羽幾《やはぎ》長南が殺害され、下渡島城（村上市）は本庄房長の嫡子千代猪丸を担いだ小河長資と鮎川清長が占拠する（新―一〇八八・一一二五）。本庄房長亡き後の本庄家中は、房長の弟である本庄孫五郎、本庄氏の重臣矢羽幾長南、そして房長の室を己の妻に迎え、生まれたばかりの房長の嫡子千代猪丸を推戴して主導権を握ろうとしていた小河長資が三つ巴の状態で争っていた。さらに、小河氏と同調する大葉沢《おおばさわ》城（岩船郡朝日村）を中心として勢力を伸ばしていた鮎川清長は、本庄氏に押領されていた本領をめぐって係争中であった。つまり、この下渡島事件は、村上の本庄孫五郎に対して、小河・鮎川両氏が千代猪丸を担いで、本庄氏の家中運営に介入した事件といえる。この結果、三面《みおもて》川・門前川以北は小河・鮎川両氏の領域となったと見られ、本庄領における勢力関係は逆転する。

この悪化した三者の関係を修復するため、小泉荘の領主間協約に基づいて、近隣の色部勝長《かつなが》とその家中が「刷《あつかい》」に入って仲裁をはかる。その方法は、最初に色部氏と鮎川氏、次に色部・鮎川・小河の三氏、そして最後に色部・鮎川・小河・本庄氏の四者間で起請文を作成・交換し、意見を調整していくもので、起請文の誓約内容を統一・確認しようとしたため、成立にはかなりの時間と労力を費やした。

二月、最初の起請文案の交換が色部氏と鮎川氏の間で行われた(新―一〇八三)。しかし鮎川氏がいろいろと条件をつけたため、調整と訂正を繰り返し、この二者間で正式な起請文の交換が行われたのは、五ヵ月後の七月であった。基本的な合意内容は「近年疎遠になっていた関係が回復した。たとえ府内の守護方(長尾氏)が小泉荘の我々のところに無理難題を言ってきたり、ほかの問題が起こったりした場合は、互いに見捨てることなく、話し合って協力して解決すること。その証として血判を据える」というものであった。

七月二十五日、鮎川清長は色部勝長に対して血判起請文を提出し(新―一一〇六)、二十六日には鮎川長憲《ながのり》ら鮎川家中の重臣四名が連署書状を色部勝長に提出、起請文の遵守を誓約している(新―一一二七)。翌二十七日、色部勝長が鮎川清長に起請文を提出(新―一一二六)、これに対して鮎川家中十五名が色部家中十五名に血判起請文を提出する(新―一〇八四・一〇八五)。

続いて八月二日、色部氏は小河長資に同じ誓詞を送った。ただし、「本庄氏に対しては敵意を持たないこと」という一文が添えられていた(新―一〇八六)。これに対して小河長資は色部勝長に誓詞を入れ、「どうか助言を」と援助を求めた(新―一一〇五)。この色部・鮎川・小河の三者間の段階まで、色部勝長の仲介は順調に進んだといえる。

八月六日、本庄孫五郎を含めた四者の段階になると難航する。鮎川家中は本庄孫五郎に誓詞案を提示したが(新―一〇八八)、その中に本庄氏に押領されていた本領返付の約束を起請文に記載する一文があった。本庄氏と鮎川氏は合意したにもかかわらず、これに対して小河氏が異議を唱えた。そのため、誓詞交換の手続きはここで再びおよそ四ヵ月間停滞した。十二月二十五日、色部勝長は鮎川清長に対して、本領返付の条項をはずして誓詞案を作り直す旨を伝え、清長も他の三者とも相談するが、基本的に応じることを返答した(新―一〇八七・一一二八)。すなわち、今まで交換されてきた起請文と誓詞の案文もすべて作り直すことになり、最終的な手締めは持ち越されたのである。

伊達時宗丸入嗣問題は、伊達氏が本拠地桑折《こおり》西山城(福島県伊達郡桑折町)に戻ったことによって一時膠着状態となる。しかしながら、伊達氏は養子縁組問題をあきらめたわけではなかった。この年の四~五月にかけて、伊達氏は相馬顕胤《あきたね》の仲介によって、田村朴西《ぼくさい》(義顕《よしあき》)・隆顕《たかあき》父子(福島県田村郡三春町)と安積《あさか》郡における講和手続きを進めた(伊達家文書1―一六一~一六三、一八一)。

そして伊達稙宗は自分の息女と田村隆顕の婚姻関係を締結させ、大崎・葛西・蘆名氏と同様に婚姻・入嗣による近隣諸将の伊達勢力下への編入を押し進めた。いわゆる「合従連衡」である。

伊達稙宗、越後への再入国を謀る

六月、伊達稙宗は岩城《いわき》重隆《しげたか》（福島県いわき市）の重臣神谷《かみや》氏に、「越後守護上杉氏の跡目について、稙宗自身は何度も辞退したけれど、上杉定実とは骨肉の間柄（親類）であるから、時宗丸を相続させることにした。越後では国内の戦乱が落着していないので、この相続そのものは遅延しているが、入嗣に反対する越後の国人たちはすでに退治して、残りは色部氏一ヵ所である。近日中に出陣するので合力して欲しい」（伊達家文書一―一六〇）と要請するなど、積極的に越後への介入を謀っていた。

十一月、伊達氏は使者として門目《かどのめ》丹後守を越後府中に派遣した。しかし、入嗣問題に否定的な守護代長尾晴景は、「国内の諸将に相談した上で入嗣問題の返事をする」として使者を返し、この旨を色部氏に伝えた（新―一〇五六）。養子縁組問題は、完全に暗礁に乗り上げた状態となった。

天文十一年（一五四二）

二月、小泉荘の下渡島事件は、起請文から本領返付問題を外すことによって、色部・鮎川・小河・本庄の四氏がそれぞれ相互の家中を含めて起請文を整えて交換（新一〇九〇）、小泉荘における四氏の協調関係を確認して落着する。

定実の出家遁世事件

四月、越後守護上杉定実は守護代長尾晴景に対して「これからは仏詣三昧により、世の中を無事に渡って、余生を過ごしたい」と出家遁世を願う起請文を提出する（新一二四一・二四二）。老年になった定実の望みは、伊達時宗丸入嗣による守護上杉家の存続であったが、伊達・長尾氏双方の思惑の違いから入嗣問題が難航していたので、定実は最後の抵抗として出家遁世を願い出たのである。

入嗣問題実現へ

五月、定実の出家遁世事件に驚いた長尾晴景は、本格的に入嗣問題に取り組み、伊達氏側もこれに応えて、入嗣ルートにあたる奥山荘黒川氏被官の関城を守る下《しも》氏（岩船郡関川村）に越後入国の際の援助を求めた（越三一八五二）。また時宗丸入嗣に伴う越後入国については、伊達稙宗・晴宗父子自ら出馬するため、留守《るす》氏ら伊達氏領国の有力国人に同道が命ぜられた（梁一二四二）。

六月、伊達氏は越後より時宗丸入嗣の使者として越後から派遣された重臣直江《なおえ》氏と平子《たいらこ》（大楽）の両氏を迎えた。上杉定実はこの養子縁組に際し、上杉家重代の「長光《ながみつ》」の腰刀と「竹に雀」の家紋を送り、さらに自ら「実」の字を時宗丸に与え、「実元《さねもと》」と名乗らせた。そして、越後への出発の日時を六月二十三日と定めた（伊達家文書一〇一三二九〇、越三一

伊達天文の乱の勃発

伊達晴宗、阿賀北の国人に合力要請

八四六、伊達正統世次考巻9―上・稙宗公3)。

六月二十日、伊達晴宗《はるむね》は父稙宗を鷹狩の帰路を捕えて幽閉、これを機に稙宗と晴宗は父子の間で弓矢を構えるという事態となる。これが、いわゆる「伊達天文の乱」の勃発である。この結果、時宗丸の入嗣は中止され、伊達の領国内では天文十七年に至るまで長い内乱状態に入った(伊達正統世次考巻9―上・稙宗公3)。この伊達氏と越後上杉氏の養子縁組は、実現されれば東国最大級の事件になったかもしれないが、ついに実現されることなく水泡に帰したのである。

十一月、伊達天文の乱は、越後国内全体への波及は回避できたが、阿賀北地方には影響を与えた。越後と奥羽国境地域に本拠のある上郡山氏は、奥山荘の黒川氏に対して、「お隣の中条氏と越後と国境を接する長井荘の国人たちはすべて稙宗方についたので、我々に合力して欲しい」と要請してきた(梁―二四五)。その一ヵ月後の十二月、伊達晴宗は阿賀北の色部・竹俣《たけのまた》・荒川・黒川・加地・安田・水原・鮎川・新発田・五十公野・小河といった国人に対して、上郡山氏攻撃を要請する(梁―二四六)。ここで、晴宗は時宗丸入嗣については取り立てて何もしないことが肝要といっているので、これをもって入嗣問題は終結したと見てよい。しかし、阿賀北地方の対立構図は、中条氏(稙宗派)対色部氏ら中条氏以外の国人衆(晴宗派)という形に別れて、ここでも伊達父子の抗争に巻き込まれたのである。

天文十二年（一五四三）

色部氏家中の反乱

三月、色部氏の家中において当主色部勝長の同族である色部中務少輔を中心とした一団が反乱が起こす。三月二十日、反乱に対して八名の家臣は主君を守護しようと血判起請文を交わし、当主勝長の支持を誓約する（新―一〇八五）。当時の勝長は前々年からの小泉荘の領主間相論を調停するなどの活動が見られるが、「弥三郎」と称していた元服以前の若者であった。そのため、色部氏の家政は重臣を中心とした運営体制を敷いた。しかし、親族中務少輔の政治介入によって、勝長は家中支配の権限を十分発揮できなかった。そこで勝長は、近隣の黒川氏に仲裁を依頼した。ところが、黒川氏は色部中務少輔側の反乱分子を「追罰」してしまった。これは、後に黒川氏の内政干渉として問題視される（新―一四八二）。色部家中の内乱は、伊達天文の乱の影響でもあった。すなわち、色部氏の家中では親族色部中務少輔は伊達稙宗方、当主勝長は伊達晴宗方であったため、勝長は同じ晴宗方の黒川氏に仲裁を求めたのである。

四月二十三日、越後天文の乱以来、府内の長尾氏と対立を続けてきた加地荘の国人竹俣清綱《きよつな》（新発田市）は、同族の新発田氏並びに同じ小泉荘の色部・小河・鮎川・本庄各氏

長尾晴景、竹俣氏と和解

長尾景虎、古志郡司として栃尾城に入る

後奈良天皇、宸筆の「御心経」を晴景に下賜

の連署による赦免懇願状によって長尾晴景と和解する(新—一〇五七)。阿賀北地方では伊達天文の乱の波及はあったものの、内乱終結に向けた動きが見られ、越後国内にも平和が訪れつつあった。

八月、長尾晴景は十四歳になった弟の長尾景虎《かげとら》(のちの上杉謙信)を、「古志郡司」として栃尾城(長岡市栃尾)の本庄実乃《さねより》のもとに派遣して、長尾氏の権力基盤である中郡《なかごおり》(中越地方)の平定にあたらせる(越三—八六六)。この地域はもともと長尾一族の本領であったが、為景死後、緩やかな施政を敷く晴景を柔弱と侮った近隣の領主たちが、反発抵抗していた。この頃、晴景は年来の病弱から病気療養中であった。近隣の領主たちは景虎を若輩者と侮り、栃尾城を包囲してきたという(越四—一三二)。しかし、長尾一族の本領である中越地方に弟景虎を置いたのは、頸城郡・府内の晴景、魚沼郡の上田長尾政景《まさかげ》とともに、長尾一族の分掌による国内統一の確立を目指したものといえる。晴景の長尾一族の国内配置による地域支配の完成は目前であった。

天文十三年(一五四四)

四月、後奈良天皇は使者として時の大納言勧修寺晴秀《かじゅうじはるひで》を越後に遣わし、長尾晴景に対して越後の争乱の静謐を願う綸旨と、後奈良天皇宸筆の「御心経」を下賜(新—七七六)。

この「御心経」は、紺紙に金泥で写された般若心経であったという。この綸旨と宸筆の御心経を下賜された国は二十四カ国に及んだ(越三―八七〇)。おそらく、これは先例にならって、晴景が多額の献金を寄せて申請したものと思われるが、晴景自身の意図は、このことによって越後天文の乱の終結、そして国内が一つになったことを対外的に宣言することにあったと見られる。

景虎、黒田秀忠の乱を鎮圧

しかし、国内には依然として不穏な動きがあった。阿賀北小泉荘では、伊達稙宗が色部・本庄氏の家中で、反当主派の色部中務少輔・大蔵少輔、本庄亀蔵院・矢羽幾孫次郎・赤沢式部少輔に動静を報じ、油断なく小泉荘を取り仕切るように命じている(新―二〇七五)。

長尾景虎が入城した栃尾城では、最初の「黒田秀忠《ひでただ》の乱」が起こった。黒田秀忠は上杉房能《ふさよし》以来の譜代の家臣で、長尾為景に近仕して一門の末葉に加えられ、黒滝《くろたき》城(西蒲原郡弥彦村)の城主であった。しかし、晴景に対しては反抗を続け、一族の三条長尾氏の長尾平六長景《ながかげ》という人物と共謀して反乱を起こし、栃尾城を攻撃した。しかし景虎は、上杉・長尾氏、阿賀北の安田・本庄氏の名代である小河氏などの国内の諸将を味方につけて鎮圧した。そして、黒田秀忠は処分のため、越後府内に送られた。そこで黒田秀忠は「坊主になって他国に出て行きますので。どうか命はお助けください」と懇願し、守護上杉定実の取り成しによって、許されるという成り行きになってしまった(「謙信公御書案」)。

上杉定実の守護復帰

十月、この乱で戦功のあった阿賀北の国人安田長秀《ながひで》(阿賀野市)に対して、新恩の知行宛行が行われた。ここでは、守護上杉定実の知行宛行状に長尾晴景が副状を共に発給するという形がとられた(新一一四九五・一四九六)。長尾晴景は伊達時宗丸入嗣問題が不調に終わった後、再び上杉定実を推戴して守護の座に復帰させ、自らは背後から国内政治を遂行したのであった。

景虎、栃尾城から府内に戻る

天文十四年(一五四五)

十月、前年に反乱を起こし、頭を丸めて他国へ出奔するという条件で許された黒田秀忠が、配所先に移動した後、程なく再び反乱を起こした(「謙信公御書案」)。怒った長尾景虎は、病弱な兄晴景を援けるため、栃尾から府内に戻る。十二日、景虎は桃井《もののい》氏を説得して黒田秀忠の誅伐に同意させ、村山與七郎に対しても、晴景近仕の奏者として恩顧を感じ入ることがあれば、黒田秀忠の誅伐に参加するようにと求めた(越三一八七四)。

景虎、黒田秀忠とその一族を滅ぼす

天文十五年(一五四六)

二月、景虎は国内の諸将の賛同を得て、黒田秀忠攻めを行っただけではなく、守護上杉定実の同意を得て、黒田秀忠とその一族をことごとく殺害して滅亡に追い込む。阿賀

晴景、足利義輝に太刀等を献上

景虎と晴景の兄弟対立？

北の小河氏などは本庄氏の名代として参陣したようで、景虎はその対応を謝している（越三―八七八）。内乱状況に乗じて暗躍する反乱分子の徹底的な粛清の断行は、晴景とは一線を画した景虎の力を示したことになり、国内の国人衆たちにとっても、結果として新たな若くて有能な国主の登場を予感させるものになった。

十二月、足利義輝《よしてる》が征夷大将軍に補任され、第十二代目の室町幕府の将軍職に就任した。長尾晴景はこれを祝い、太刀一要（備前長光）・駿馬一匹・青銅三千疋を献上した（越三―八八一）。

天文十六年（一五四七）

江戸時代の軍記物『北越軍記』によれば、この年、景虎と晴景の兄弟は対立するに及んだという。これは黒田秀忠の乱を討伐したことによって景虎の武名が一躍高まったため、病弱な晴景の代わりに景虎を擁立しようという動きが生まれたのである。景虎派の代表は、伊達稙宗に属して阿賀北で孤立していた中条藤資とその舅で景虎の叔父にあたる高梨政頼、そして栃尾の本庄実乃《さねより》、財政方の大熊政秀、与板の直江実綱《さねつな》、三条の山吉行盛《ゆきもり》、栖吉の長尾景信《かげのぶ》などであった。これが府内の晴景の耳に入ったため、晴景も景虎討伐を決意したという。晴景方の代表は、晴景の妹を娶っていた上田長尾政景、阿賀北で中条

柿崎からのぞむ米山

長尾景虎、春日山城に入城。晴景隠居

氏と争いを続けていた黒川氏などであった。おおむね蒲原・古志の中郡は景虎、頸城・魚沼の上郡は晴景を押し立てての抗争となった。四月、府内から晴景の軍が栃尾城を包囲し、これに対して景虎は夜討ちを仕掛けて晴景軍を追い落とした。総崩れになった晴景軍は、米山を越えて柿崎に陣を構えて体制を立て直そうとしていた。後を追う景虎方は弱った晴景方が米山峠を上り詰めたところで、一気に米山を駆け上って坂落しにかかり、晴景軍は混乱のまま府内に逃げ帰ったという。なお、この戦いが事実かどうかは明らかではない。

この年、景虎の師天室光育《てんしつこういく》が林泉寺《りんせんじ》において「禁制」と「修養ノ文」を著している(越三─八八三)。

天文十七年(一五四八)

長尾晴景と景虎の対立は深まっていたが、この調停を行ったのは守護上杉定実であった。十二月三十日、この和解・斡旋が実り、長尾景虎が春日山城に入城した。晴景はこの年限りで隠居・引退を余儀なくされ、景虎は晴景の養子となって家督を相続したのである。いよいよ、長尾景虎、のちの上杉謙信の時代を迎えることになる(越四─一)。

天文十八年(一五四九)

前年の大晦日に春日山入城を果たした景虎は、正月四日、上野家成《いえなり》の祝儀に対して返礼した(謙信公御書・上越一〇)。二月十六日、前年二月に四世樵岩昻が死去した頸城郡転《てん》輪《りん》寺《じ》を、古志郡瑞麟寺《ずいりんじ》の千鶴に与え、寺領の郡司不入、諸役免許等を父長尾為景からの先例として認めた(謙信公御書・上越一三)。また、四月十九日には平子《たいらこ》孫太郎に「宇賀之地」を安堵したが、長尾政景《まさかげ》方の金子尚綱《かねこひさつな》はこれを認めなかった(平子文書・上越一四)。

同月二十七日、景虎は府内大橋場の橋銭について掟を定めた。同時に石田惣左衛門尉へその権益を与え、大破した橋の復興を命じた(謙信公御書・上越一五、一六)。大橋は「さんせう太夫」で有名な応化《おうげ》橋のことであり、慶長二年に作製された「越後国頸城郡絵図」(米沢市上杉博物館所蔵・上越付図)にも描かれている。

六月初旬、宇佐美定満《さだみつ》の要害が放火された。宇佐美は、「里被官」の佐藤・重野の仕業だとし、その背後に上田庄の長尾政景がいることを主張した(武州文書・上越一七)。景虎は平子孫太郎にその処分をまかせた(武州文書・上越一八)。

上杉憲政、景虎に援軍を依頼

同じころ、北条氏康《うじやす》と上野で対戦していた上杉憲政《のりまさ》は、景虎に援軍を依頼。景虎は本庄実乃《さねより》を通じ、平子孫太郎に七月十日ごろには出陣することを伝えた(武州文書・上越一九)。

越後守護上杉定実死去

景虎、白傘袋・毛氈鞍覆の使用を許される

十一月初旬、平子孫次郎と山俣をめぐり係争していた松本河内守をおさえ、六日、景虎はひとまずその地を孫次郎に安堵した(平子文書・上越二三)。この後には上杉定実《さだざね》からの安堵状が渡されるはずだったが、これは現存していない。

天文十九年(一五五〇)

二月二十六日、越後守護上杉定実が死去した(天文本上杉長尾系図・越四―一九)。これにより越後守護上杉家の血筋が途絶えることとなった。法名は永徳院殿。

この二日後、将軍足利義藤《よしふじ》(義輝《よしてる》)は、景虎に本来守護の待遇である白傘袋《しらかさぶくろ》・毛氈鞍覆《もうせんくらおおい》の使用を許可した(上杉家文書・上越二九)。大覚寺義俊《ぎしゅん》・愛宕山下坊幸海《しものぼうこうかい》の斡旋によるものであった。景虎は義藤へ礼として、三千疋の銭と太刀一腰を贈っている。白傘袋・毛氈鞍覆の使用は本来守護クラスのものに限られ、これを免許されることは実質的な支配権の公認に値した(二木謙一『中世武家儀礼の研究』吉川弘文館)。兄晴景にかわり家督となった景虎は、一族である上田の長尾政景と抗争の火種を抱えていた。莫大な費用にかえても白傘袋・毛氈鞍覆の免許によって、公的な正当性を得る必要があったのである。白傘袋・毛氈鞍覆を免許した将軍義藤の御内書等は一括されて、四月十七日に景虎の手元へ届けられた(上杉年譜・越四―二五)。閏五月五日には、祝儀の太刀一腰を献上した毛利景《かげ》

コラム　春日山城の成り立ち

水澤幸一

春日山城も例に漏れず、その始まりは南北朝の動乱期と考えられている。しかし、臨時施設であった当時の山城は、いったん不要となる。それが恒常的に維持されるようになるのは、十五世紀半ば以降のことである。ただし、この段階においては、尾根筋を中心としたごく小規模な山城であったのではないかと想定される。

そして春日山城が加速度を増して整備されるのは、永正の大乱が契機となったと思われる。この戦乱において関東管領上杉顕定に一時敗走させられた謙信の父長尾為景は、簡単に落とされない山城を渇望したに相違なく、これが春日山城の整備における画期になったと考えられる。そして為景以後、晴景、謙信、景勝、さらに堀秀治によって、順次整備拡張された後に廃城となった。

そこで問題は、彼らの治世においてどのように郭群が拡張されていったかということである。だがそれは、発掘調査が全面的に実施されたとしても、簡単には解決しない問題である。しかし幸運なことに、春日山城についての文書がいくらか残っており、それを現地の遺構群に対比できる可能性がある。もちろん程度の問題ではあるが、その努力は必要であり、以下遺構に重ね合わせてみることとしよう。

春日山城の郭群は、そのまとまりから三群六単位に分けることができる（図参照）。

実城郭群　尾根の頂部を中心とする郭群で、立地的な制約から比較的小さなものが多く、一〇〇〇㎡を超える郭は二つしかない。位置的にみて、歴史的名称である「実城」に比定される。本郭群は、最も高位にあることから、築城がこの部分の尾根筋から始まったことは、疑いない。なお、総ての郭群に共通することであるが、現在の

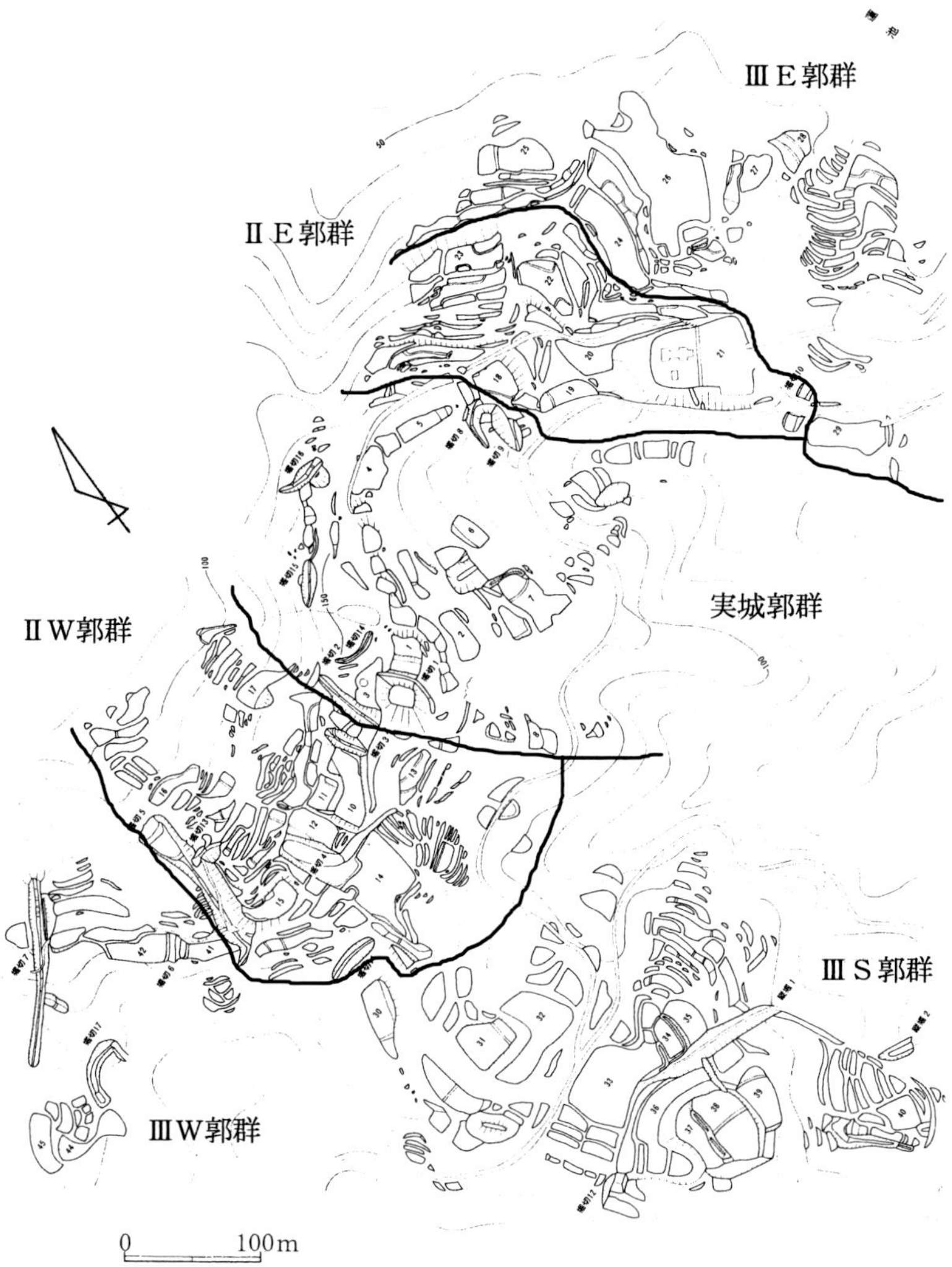

春日山城中心部郭群（S＝1：7,000）

姿には段階を経て徐々に拡張されていったものと考えられる。

Ⅱ郭群　実城郭群に接する東西の郭群である。ⅡW郭群は、実城の後衛をなし、普請後は城の中核となったものと考えられる。ⅡE郭群は、実城の前衛をなす郭群と位置づけられ、「千貫門」に比定される郭の普請により、城が新たな段階へと移行したことがわかる。これらⅡ郭群という緩衝地帯を設けたことで、春日山城は戦国期の城郭へと変貌を遂げたものと評価できる。

Ⅲ郭群　Ⅱ郭のさらに外側に位置する郭群である。ⅢE郭群は、東方の最前列に築かれた郭群である。最も丘陵端に近いこともあって、大きな郭が多いことが特徴である。特に御屋敷郭は、春日山城中最大の郭である。山裾は蓮池で区切られる。ⅢS郭群は、ⅡW郭群の南方に展開する郭群で、概して大規模な郭が並んでいる。ここで注目されるのは、城道を兼ねた竪堀と、それを圧するように両側に築かれた郭群である。春日山城では土塁はあまり目立たないが、この部分には土塁が集中している。ⅢW郭群は、ⅡW郭から西方へと続く主尾根に普請が行われている。ただし、掘り残された尾根筋もあり、当該期の普請の中心がⅢE郭群及びⅢS郭群であったことをうかがわせている。Ⅲ郭群は、城への人員収納能力という点で、旧に倍する規模となり、城主の権力基盤が著しく強大化したことを物語っている。

さて、春日山城を最も整備したのはだれかというと、謙信代（一五四八～一五七七）及び会津移封前の景勝代（一五七八～一五九七）が考えられる。この間の大きな画期として、次の3期があげられる。

弘治二年（一五五六）、謙信は春日山城を出奔するが、それを制止しようとした家臣団が条件として、謙信に人質を出すことを誓った（「中条藤資伝」『中条町史』）。これによって謙信は、実質的に越後を掌握したといえるが、それに伴い人質を保護する義務を負った。それと春日山城の整備は表裏一体のものであり、これ以降山城の整備は急ピッチで進められたと考えられる。

次いで、永禄三年(一五六〇)謙信は、春日山城(要害)の普請等に併せ、不慮の事態が生じた場合に、頸城郡内の地下人を春日山城へ入れることを命じている(新三二七四)。この時点で、多数の地下人を春日山城に収容できるまでに整備されていたことになる。なお、その後永禄十三年(一五七〇=元亀元年)には、謙信が御実城様とよばれており(新四八三)、謙信自身もそれ以前から春日山城の実城に住まいしていることが知られる。

そして、元亀三年(一五七二)には出陣中の謙信が、留守居の長尾喜平次(後の景勝)らを春日山へ移らせている(新八八二)。もちろん諸将より出させた多数の人質及びその付人たちも、春日山へ入ったと考えられる。この時点で春日山城は、現在の構成にかなり近づいていたものと思われる。

以上まとめてみると、永正六年(一五〇九)以前までは大軍に対してまったく役に立たないものであり、その後整備され始めるとはいえ、山城に重点がおかれるのは謙信(景虎)の登場をまたねばならなかったといえる。

そして謙信期には、越後国城(守護の城=国城=公の城)として位置づけられ、各地の遠征に従うようになった国内各地の武士団の屋敷が割り当てられるまでになった。端的にいって現在の山城の基本的な構成は、謙信代三十年間の所産にかかるものと想定される。

御館の乱後の景勝期においては、謙信期につくられた原型の再整備と城下の総構への着手が考えられる。

このように、謙信代の十六世紀半ばになって山城が最も重要な位置を占めるに至ったのである。根小屋式城郭は、十五世紀半ばに成立しているが、居館が麓から山上に上がるにはさらに一世紀の時間が必要であったことになる。

元《もと》へ礼状を出している（越後文書宝翰集・上越三五）。

十二月三日、飯田与七郎は頸城郡夷守《ひなもり》郷上広田の役銭を納めた（東京大学史料編纂所所蔵文書・上越三七）。

天文二十年（一五五一）

景虎と長尾政景との抗争

前年暮れに表面化した景虎と長尾政景との抗争は激化する一方だった。正月十五日、政景は家臣栗林経重《くりばやしつねしげ》とともに、前日景虎方と対峙した発智長芳《ほっちながよし》等へ、金子尚綱が援軍に向かう旨を伝えている（越後文書宝翰集・上越四一）。翌十六日、政景方の宇佐美定満が景虎に応じた。穴沢新右衛門尉等がこれに対処し、政景は感状を与えた（本間美術館所蔵文書・上越四二）。この月下旬に景虎方は古志郡の村松要害を攻め落とした（上杉定勝古案集・上越四七）。二月二十一日、魚沼郡の上野へ政景方が攻めかかり、一戦に及んだ。二十四日、景虎はこの地を守備していた中条玄蕃允《げんばのじょう》へ感状を与え（謙信公御書・上越四八）、三月十三日には本領を安堵した（斎藤秀平氏旧蔵文書・上越五〇）。長期化する争いを収めようと、景虎の奉行衆は政景の弟を人質として出府させる案を示したが、政景方はこれを拒否（武州文書・上越五一）。七月になると景虎自身の出馬の用意をすすめ（武州文書・上越五三）、二十三日には平子孫太郎へ参陣を要請している（平子文書・上越五四）。しかし、結局のと

政景と和議。景虎の姉、政景に嫁す

関東管領上杉憲政、景虎のもとへ逃れる

景虎、弾正少弼の官途と従五位下の位階を得る

ころ政景は起請文を認め、和議を申し入れた。これを受け入れた景虎は、姉を政景に嫁がせた(謙信公御年譜・越四—四六)。後に仙洞院《せんとういん》と号し、上杉景勝《かげかつ》の母となる人物である。

この間、三月二日、常安寺《じょうあんじ》に対し般若院《はんにゃいん》分、法用寺《ほうようじ》分を安堵した(常安寺文書・上越四九)。また、六月二十八日には、大串《おおぐし》某へ在府を条件に、三ヶ津(蒲原津・新潟津・沼垂津)の横目代官職を与えている(謙信公御書集・上越五二)。

十二月十八日、近江の六角定頼《ろっかくさだより》は、太刀一腰と弟鷹一居の返礼に、太刀一腰と紅氈鞍《こうせんくら》覆《おおい》を景虎へ贈った(上杉家文書・上越五七)。このとき使者の神余親綱《かなまりちかつな》は京都へ向かう途中であった(謙信公御年譜・越四—二五)。定頼の贈った太刀と紅氈鞍覆は、定頼の書状とともに翌二十一年六月二十八日に景虎のもとへ到着する。

天文二十一年(一五五二)

正月十日、関東管領上杉憲政は小田原の北条氏康の上野進出によって本拠平井城を追われ、景虎のもとへ逃れてきた(武蔵国龍淵寺年代記・越四—五六)。「謙信公御年譜」のように、憲政の越後入りを永禄元年とする説もある(謙信公御年譜・越四—五八)。

五月二十六日、大覚寺義俊の斡旋により、弾正少弼《だんじょうしょうひつ》の官途と従五位下の位階が景虎に与えられた(上杉家文書・上越七三)。これに対し、志駄《しだ》千代松、平子孫太郎、毛利景元、

力丸中務少輔等が祝儀の品を贈った(志賀槇太郎氏所蔵文書・平子文書・越後文書宝翰集・上越八六、八八〜九〇)。使者の神余親綱は、四月八日に管領細川晴元《はるもと》へ景虎からの贈答品である信太鷹一連と馬一疋を届け(上杉家文書・上越六〇)、六月十四日には朝倉宗滴《そうてき》へ大鷹などを贈っている(上杉家文書・上越八〇)。そして、六月二十八日、数々の贈答品と御内書や書状を携えて越後へ戻った。

景虎、関東へ越山

景虎は関東へ越山すべく準備を進めていた。五月には上野へ遣わした使僧が帰り、上野の情勢を伝えた(伊佐早文書・上越六二)。六月二十日に吉江茂高《しげたか》が、七月三日には上杉憲政が、それぞれ平子孫太郎へ景虎の出陣が迫っていることを知らせている(武州文書・上越八二・八七)。具体的な出陣の時期はわからないが、八月十日付の書状の中で、吉江茂高が平子孫太郎に「関東御出陣御大義、御不如意令察之」(武州文書・上越九五)といっていることから、七月中旬から下旬にかけて行われたとみられる。七月日付で武蔵の岡部左衛門尉在所である北河辺矢島の地での越後軍の濫妨狼藉を禁じる制札が出されている(岡部文書・上越九三)。また、八月上旬には平子孫太郎へ(武州文書・上越九五)、十月二十二日には庄田定賢《しょうださだかた》へ(謙信公御書・上越九七)関東出陣を慰労する書状が送られた。

この時期、景虎はふたつの大きな国内問題を抱えていた。ひとつは平子孫太郎の所領をめぐる問題であり、もうひとつは、中条藤資と黒川実氏《さねうじ》の抗争だった。天文十八年暮

蒋生城遠景(小千谷市)

景虎の兄晴景が死去

後奈良天皇より治罰の綸旨を得る

れ、平子孫太郎は山俣の地をめぐり松本河内守との相論を起こした。一旦は平子孫太郎へ渡されたが(平子文書・上越二三)、松本河内守は簡単には承引しなかったとみえ、この年八月七日、再び平子氏に安堵されている(平子文書・上越九四)。結局、この山俣については幕府にまで持ち込まれ、翌二十二年四月二十一日、将軍義輝の裁断をうけることになった(謙信公御書集・上越一〇五)。また、多劫《たこう》小三郎の当知行する堀内を平子氏に与える件については、宇佐美定満から異議の申し立てがあったが(武州文書・上越九六、一〇〇)、これは受け入れられなかったようである。

伊達時宗丸入嗣問題に端を発する揚北の中条藤資と黒川実氏の抗争は、山吉政応《せいおう》と色部勝長が間に入り解決を試みたが(越後文書宝翰集・上越八一など)、和解には至らなかった。この争いは弘治元年まで持ち越されることになる。

天文二十二年(一五五三)

二月十日、景虎の兄晴景が死去した。享年四十五歳。法名は千巖寺殿花嶽光栄(花嶽院古牌・越四―八一)。

四月十二日、景虎は後奈良天皇から「住国」である越後と「隣国」の「挿敵心之輩」を罰してよいとする「治罰の綸旨」を得た(上杉家文書・上越一〇二)。これにより越後国内と隣国

景虎、信濃出陣。武田氏との抗争始る(第一次川中島合戦)

景虎上洛

景虎、宗心と名乗りを変える

である信濃などで、景虎に敵対する勢力を排除する大義名分を手に入れた。

六月十八日には、延暦寺大講堂造営のための助成を求めた書状が、天台座主堯尊《ぎょうそん》親王から景虎のもとに届けられた(上杉家文書・上越一〇三)。

このころ武田晴信《はるのぶ》は、信濃の東信から北信へ勢力をのばしつつあった。八月には村上氏の塩田城をはじめ、一日で十六もの城が落とされたという(勝山記・山梨県史資料編6)。これを迎えた景虎は信濃へ出陣した。世にいう川中島合戦、足かけ十二年間にわたる武田氏との戦いのはじまりである。

秋には、景虎ははじめて上洛した。京都では、参内し、後奈良天皇に謁見。剣と杯を下賜された(上杉家文書・上越一一二)。十一月十三日には堺への途中、本願寺の証如《しょうにょ》に太刀と馬、銭千疋を送っている(本願寺証如上人日記・越四-九五)。太刀と馬は目録が届けられただけで、後日越後から送られる約束であった。十二月八日、臨済宗大徳寺の徹岫宗《てっしゅうそう》九《きゅう》からは宗心《そうしん》の法号と五戒を授けられた(上杉神社所蔵文書・上越一〇八)。以後、花押も変えて、弘治二年夏ころまで、宗心と名乗り続ける。

こうして慌ただしく京都での生活を過ごした景虎(宗心)であったが、年末には帰国した模様である。この間、越後では在京のための費用を補うため、本庄実乃《さねより》らの公銭方により段銭が集められていた(越後文書宝翰集・上越一〇七、一〇九)。

安田城遠景（柏崎市）

天文二十三年（一五五四）

前年上洛し、徹岫宗九から宗心の法号を授けられた景虎だが、この年の動静ははっきりしない。三月十三日、本庄宗緩《そうかん》と庄田定賢は、浄土真宗の本誓寺へ、景虎の上洛にあたり便宜をはかったことに対して礼を送っている（本誓寺文書・上越一一二）。

同じころ、上野家成と下平修理亮の公事（裁判）がはじめられたが、その中途で隠居の意志を表明し、そのために公事が中座してしまうこととなった（越後文書宝翰集・上越一一五）。結局、八月になっても決着がつかなかった（越後文書宝翰集・上越一一七）。

天文二十四年・弘治元年（十月二十三日改元　一五五五）

刈羽の安田景元から「柿中（柿崎氏か）」が上条《じょうじょう》に在陣したという知らせをうけた宗心（景虎）は、正月十四日に使者を送り、景元に上条・琵琶島等へ意見を加えることを依頼し、様子を注進することを求めた（越後文書宝翰集・上越一二一）。二月初旬に宗心自ら出馬したが、安田景元へは本庄宗緩らが連署した起請文を与えた上での出陣であった（越後文書宝翰集・上越一二二）。同月十三日に景元へ参陣に対する礼状を送っている（越後文書宝翰集・上越一二三）。

コラム　武田信玄と上杉謙信

片桐昭彦

弘治元年(一五五五)七月、越後の長尾宗心《そうしん》(景虎＝上杉謙信)は、信濃の善光寺平へ出陣し、旭山城(長野市)に立て籠もる善光寺別当の栗田氏と対峙した。そして、栗田氏を援護して三千人の兵と弓八百張、鉄炮三百挺を送り込んだ甲斐の武田晴信(信玄)と戦った。これが二回目の川中島合戦である。この合戦は、駿河の今川義元の仲介・調停により、閏十月になってようやく講和が成立した(『勝山記』)。

善光寺の別当栗田氏は、天文二十二年(一五五三)の最初の川中島合戦では、景虎に救援を求めて武田氏に対抗したにもかかわらず、二年後には武田晴信の誘いによって寝返ったのである。この年の正月、越後刈羽郡の領主善根《ぜこん》毛利氏と柿中(柿崎氏一族か)が兵を挙げている(「毛利安田文書」)。また翌弘治二年八月には重臣の大熊朝秀が晴信の調略により謀反を起こし出奔している。この頃の長尾景虎の権力内部は非常に不安定なもので、その隙をついた武田晴信に景虎は翻弄されていたといえる。

さて、この弘治元年の善光寺栗田氏の寝返りは、長尾景虎にとって大きな事件であった。

景虎は、合戦の際に善光寺にあった仏像や仏具などを越後に持ち帰っている。しかし、景虎が持ち去ったのは善光寺の本尊(善光寺如来)ではない。おそらく、栗田氏が旭山城に籠城した際、あらかじめ善光寺如来を避難させておいたと思われる。その善光寺如来は、晴信の手により信濃佐久郡の祢津村に移され、三年ほど安置されたのち、永禄元年(一五五八)九月に甲府へと移された。

なぜ、晴信は如来をすぐに甲府へ運ばず、祢津村に安置しておいたのだろうか。状況をみて落ち着いてから如来を元の善光寺に戻そうと思っていたのだろうか。そうではない。弘治三年(一五五七)四月〜八月、三回目の川中島合戦が行われた結果、信濃は飯山領と野尻城周辺を除いてほぼ晴信の分国となる。如来を元に戻すなら、この時期にすべきだが、晴信は翌年に善光寺如来を信濃ではなく自らの本拠甲府に移してしまう。

三回目の川中島合戦は、京都を追われて近江国朽木《くつき》にいた室町幕府の将軍足利義輝の仲介により和睦した。このとき晴信は、和睦の条件として信濃守護職補任《ぶにん》を望んだとみられる。長尾景虎を上洛させて、その力で幕府を回復させようと考えていた将軍義輝は、晴信の条件をのんで、翌永禄元年秋ころ信濃守護職に任命する。これにより晴信は、信濃を支配するための正当的な名目を得ることになった。そして、補任要請と並行して同年九月二十五日、晴信は善光寺如来を甲府に移したのである。晴信は、善光寺本尊の略奪者という汚名を付されないために佐久郡祢津村に安置して、信濃守護職任命までの三年間を待っていたのではなかろうか。

では、なぜ晴信や景虎は、善光寺の本尊や仏像・仏具等を自分の本拠地にそれぞれ持ち去ったのであろうか。

長尾景虎は、越後府内に隣接する直江津地域(のちの善光寺浜)に如来堂を建て、持ち去った善光寺の仏像・仏具を安置している。永禄五年(一五六六)三月、関東在陣中の輝虎(謙信)は、越後留守居役に「春日・府内・善光寺門前」等の火の用心を命じている。とくに「善光寺町」には「信州の者共」が多いから、放火などにも警戒し、新発田忠敦には如来堂の警備を堅固にするよう指示している(『歴代古案』)。このことから、善光寺門前が春日山・府内とならぶ町になっていたことがわかる。そして、善光寺町には信濃からやってきた人々が多く居住していたことがうかがえる。善光寺から仏像・仏具を移してから十年ほどでその門前は町になったのである。

永禄六年(一五六七)十月、北国へと下った京都醍醐寺のある僧侶が、越後府内にも立ち寄っている。その際に「宝積寺・善光寺等への案内者」に対する礼として酒などを購入している(『永禄六年北国下り遣足帳』)。おそらくこの僧侶は宝積寺や善光寺を参詣したのであろう。このときすでに越後の善光寺は、宝積寺と並んで、旅先の観光名所(参詣地)にもなっていたのである。

一方、永禄元年(一五五八)九月に善光寺如来を甲府に移した武田晴信は、翌二年二月に板垣の地に建てた仮殿に移し、このころ出家し信玄を称する。そして、同六年三月甲斐善光寺の棟上をして、同八年三月に入仏したという(『王代記』)。信玄が建てた甲斐善光寺は、安置されたのが善光寺の本尊であり、信濃から善光寺大本願や別当栗田氏なども移住していたことから、謙信が建てた越後の善光寺よりもさらに長い時間と費用をかけて大規模に寺内・門前の普請が進められたと考えられよう。

天正九年(一五八一)七月に武田勝頼が、前代信玄の定めを追認する形で栗田永寿とその他善光寺衆に対して定書を出している。そこでは「善光寺小御堂・坊中ならびに町屋敷等」については栗田氏の仕置きに任せており、また「信州本善光寺より集来の僧俗」が罪科人を守ったり、罰銭等を出すことを禁止している(「栗田文書」)。このことから、当時甲斐善光寺には、小御堂や坊が建ち並び、門前には町屋敷が存在したこと、そして、そこには信濃の善光寺から「僧俗」、つまり僧侶だけでなく多くの寺侍や職人等の俗人も移り住んできたことがわかる。甲斐善光寺の門前も越後の善光寺と同様、あるいはそれ以上に町として栄えたと考えられる。

その後、天正十年(一五八二)三月、織田信長によって武田氏が滅ぼされると、善光寺如来は、信長嫡男の信忠によって美濃岐阜城下へ運ばれ、同年六月本能寺の変後には、信長次男の信雄により尾張清洲城下へ移され、そして翌十一年六月、徳川家康によって三河吉田から遠江浜松を経て、再び甲斐善光寺に戻った。

そして、さらに慶長二年(一五九七)七月には、豊臣秀吉の要請により、地震で倒壊した京都東山の方広寺の大仏の代わりとして善光寺如来は上洛する。上洛の路次には、人足五百人と伝馬二百三十六疋、迎えには天台衆百五十人、真言衆百五十人の僧侶等が動員された。七月十八日に入仏すると、善光寺如来が安置された大仏殿には「貴賤万民が群集し米銭金銀寸絹尺布の参供を施入すること雨を降らす如し」といわれるほどの大盛況であったという(「甲斐善光寺文書」、『御還座縁起』)。しかし、翌三年(一五九八)八月、秀吉の没する前日十七日に、善光寺如来は甲斐ではなく、信濃の元の善光寺に四十三年ぶりに帰還したのであった。

このように善光寺の本尊が、時の権力者によって運ばれ、流転するありかたをみても、この本尊のもつ信仰的・宗教的な力やそこから生み出される経済的な効果がうかがえる。すなわち、長尾景虎(上杉謙信)と武田晴信(信玄)はともに、それぞれ善光寺の仏像や仏具を持ち去り、本拠地の一角にそれを安置する如来堂を建て、その門前に信濃善光寺の僧俗を集めて都市化させた。それにより、善光寺の信仰的・宗教的な権威だけでなく、そこから生じるさまざまな経済的な力を、自らの権力や本拠地の都市(首府)に取り込んで、それらの拡大をねらったものと思われる。

それゆえに善光寺を支配していた別当栗田氏の寝返りは、長尾景虎にとっては、単なる領主や家中の謀叛とは別の意味で大きな問題だったのである。つまり、弘治元年の二回目の川中島合戦は、北信濃最大の都市であった善光寺町の諸要素・諸機能を争奪する争いだったのである。そして、その主要な役割を担った善光寺本尊と別当栗田氏を真っ先に手に入れた武田晴信が、以後の川中島合戦や信濃支配を有利に展開していったのは当然であったといえよう。

景虎、信濃出陣。武田氏と戦う(第二次川中島合戦)

信濃善光寺

今川義元の媒介により武田氏と和議

上杉景勝(幼名卯松)生れる

七月中旬から、宗心(景虎)は信濃へ出陣し、武田氏と戦った(古文書・越四─一一九)。いわゆる第二次川中島合戦である。七月二十三日、信濃へ出馬してきた武田晴信を恐れ、村上義清《よしきよ》・高梨政頼《まさより》らが宗心を頼り、越後へ逃れてきた。宗心も信濃へ出陣し、同日、善光寺へ陣を張った(勝山記・山梨県史資料編6)。武田方の善光寺堂主栗田氏は、善光寺裏の旭山《あさひやま》城に籠もっていたが、武田晴信は援護として三千人の兵とともに、弓八百張、鉄炮三百挺を入れたという(勝山記・山梨県史資料編6)。大きな合戦もなく、膠着する戦いの最中、宗心は動揺する家中に対し、誓詞の提出を求めた(謙信公御書集・上越一二九)。結局は、駿河の今川義元《よしもと》が媒介に乗り出し、和議が結ばれた。この和議により旭山城に対峙して築かれた上杉方の城は破却され、閏十月十五日お互いの兵を引き上げた(勝山記・山梨県史資料編6)。このとき宗心は、善光寺の大本堂本尊や什物《じゅうもつ》を持ち帰ったと伝えられている。この本尊を迎える如来堂が直江津に建立され、すくなくとも永禄初年には門前に町場が形成されている様子がうかがえる(関口直甫氏所蔵文書・上越三一三)。ここには「信州之者共」が多く居住し、春日や府内に匹敵するほどの大きな町になっていた。

十一月二十七日、上田の長尾政景と宗心の姉の間に子供が誕生している。幼名を卯松といい、元服して顕景《あきかげ》を名乗った。後の上杉景勝である(景勝公御年譜)。

年末には、長年の懸念であった中条藤資と黒川下野守との抗争を、長慶寺の天室光育《てんしつこういく》

旭山山頂部から善光寺を望む

景虎の隠遁騒動。法号宗心から景虎に名乗りを戻す

が仲介し解決した(山形大学附属図書館所蔵文書、常安寺文書・上越一三〇〜一三二)。

弘治二年(一五五六)

六月二十八日、宗心は長慶寺の天室光育にあてて長文の書状を認め、隠遁したいとの意を伝えた(歴古・上越一三四)。この後、いったんは実際に越後を離れていた宗心であったが、長尾政景らの諫言もあって、隠遁を取りやめた(上杉家文書・上越一三六)。これを機に宗心という法号から景虎に名乗りを戻している。

この間、大熊朝秀《ともひで》が出奔するという事態が起きていた。朝秀は武田晴信を頼り、会津の蘆名氏へも通じていた(山内文書・越四—一三五)。この事態の裏には、おそらくは天文二十三年の上野・下平両氏の公事以来の確執があり、上杉家中の内部分裂があったとみられる。

八月十四日、景虎は庄田定賢らを西浜口へ遣わし、大熊朝秀へ対処させた(上杉定勝古案集・上越一三五)。二十三日には駒帰で合戦があり、二十五日、景虎は上野家成に感状を与えた(上杉定勝古案集・上越一三七)。破れた朝秀は武田晴信の許に走り、譜代の家臣なみの待遇で扱われたという(石水寺物語・越四—一三六)。

九月一日、頸城郡夷守郷の段銭が納められた(謙信公御書集、上越一三八)。また、十二

小菅神社護摩堂(飯山市)

武田晴信、信濃葛山城を攻め落す

月二十二日には真砂保《まなごのほう》の役銭について取り決められている(色部文書・上越一三九)。

弘治三年(一五五七)

正月二十日、景虎は信濃の更級《さらしな》八幡宮に願文を捧げた(歴古・上越一四〇)。ここで景虎は武田晴信が信濃の諸士を滅亡に追いやろうとしていることや、神社仏閣などを破壊していることを挙げ、自ら信濃への出兵の正当性を訴えた。

二月十五日、武田晴信は落合備中守の拠る信濃葛《かつらやま》山城を攻め落とした。島津忠直《ただなお》も太蔵城へ逃れた(狩野享吉氏所蔵文書など)。景虎は一旦途中まで出陣し、十六日には、揚北の色部勝長へ出陣を求めている(古案記録草案・上越一四一)。しかし、勝長はこれにこたえず、三月十八日にも参陣を要請した(越後文書宝翰集・上越一四二)。

このころ、飯山城の高梨政頼から、「出馬が遅れるのなら、飯山城を明け渡す」との連絡があり、あわてた景虎は、二十三日長尾政景に書状を送り、翌二十四日に出馬することを伝え、政景の参陣を要請した(長野県立歴史館所蔵文書・上越一四三)。結局、景虎は四月十八日に信濃へ向かい越山(鴨井英雄氏所蔵文書・上越一四八)、善光寺に着陣した。二十一日には出陣の要求に応じない色部勝長に対し、改めて参陣を促している(越後文書宝翰集・上越一四五)。二十五日には、破却された「旭要害」を再興し、そこへ陣を据えた(鴨

景虎、信濃に向かい武田晴信勢と直接衝突(第三次川中島合戦)

将軍義輝、景虎と晴信の講和を促す

井英雄氏所蔵文書・上越一四八)。

五月十日、小菅山元隆寺《こすげさんがんりゅうじ》へ願文を納めた(謙信公御年譜・上越一四七)。

八月下旬には、ついに上野原で武田晴信勢と直接衝突した。その戦功に対する景虎や政景の感状が八月末から九月にかけて出されている(新編会津風土記・上越一五一など)。

十月十八日、広泰寺《こうたい》へ頸城郡榎井保《えのいのほう》の湧光寺領が与えられ、郡司不入・諸役免許が認められた(謙信公諸士来書・上越一五五)。

弘治四年・永禄元年(二月二十八日改元　一五五八)

十月晦日、頸城郡夷守郷の「京都御要脚公田段銭」が山田帯刀左衛門尉により納められている(歴古・上越一六〇)。

この年、将軍義輝は、景虎と武田晴信の間を取り持ち、講和を促した(上杉家文書・上越一六一)。武田晴信が翌年大館晴光《おおだてはるみつ》に語ったところによると、景虎はこの申し出に従わず、信濃へ出兵し、海野の地を放火したという(編年文書・越四─一七三)。

永禄二年(一五五九)

二月二十三日、飯田与七郎は夷守郷の「京都御要脚公田段銭」を納めた(東京大学史料編

景虎、二度目の上洛

纂所所蔵文書・上越一六二)。この段銭が課された内、横曽根にある地は弘治二年に寺社方が横領し、相論の最中であった。

三月二日、景虎の重臣直江実綱《なおえさねつな》は、黒川孫五郎の知行地である上条の地の郡司不入を安堵した(歴古・上越一六三)。

この春、景虎は京都へ向かって越後を発った。天文二十二年以来二度目となる上洛である。四月中旬には坂本に着いたが、足留めにあっていたようで、二十一日、早々の参洛を求める将軍足利義輝の御内書をうけている(上杉家文書・上越一六五)。二十四日には幕府の相伴衆に任じられた(『言継卿記』)。結局、数ヶ月に渡る在京の最中、景虎は坂本を拠点として過ごしたようだが、京都では近衛稙家《このえたねいえ》・前嗣《さきつぐ》父子や将軍義輝らと交流した。

そのなかで、景虎は歌書を集めることに努め、西洞院時秀《にしのとういんときひで》に依頼した「三智抄《さんちしょう》」という歌集は手に入れられなかったが(上杉家文書・上越一六七)、近衛稙家からは「詠歌大概《えいがたいがい》」を書写してもらうことができた(上杉家文書・上越一七二)。また、前嗣には隼一居を贈り、自筆の和歌懐紙も得ている(上杉家文書・上越一九四)。前嗣も知恩寺岌州《ちおんじきゅうしゅう》へあてた書状の中で「歌道執心之由、一入奇特」と評価した(上杉家文書・上越一七六)。景虎を交えた酒宴も幾度か催されたようで、酒の席には「きやもしなる若衆」が呼ばれることもあった。近衛前嗣は、景虎の風評として「少弼ハ若もし数寄のよし及承候」と岌州に伝えている(上

裏書御免

杉家文書・上越一七二）。

六月二十六日、景虎は三管領・将軍家一族に準ずる待遇である裏書御免と、塗輿の使用を認める将軍義輝の御内書を得た。同時に「関東管領上杉憲政の進退を景虎に任せ、信濃国の諸侍に対し、景虎が意見を加えるべし」という旨の御内書も手にした（上杉家文書・上越一七七、一七九〜一八一）。また、出羽の山形孫三郎からの早馬が越後を問題なく通過できるようにとの依頼もうけた（上杉家文書・上越一八二）。しかし、このころ景虎は腫れ物を患っていたようで、六月二十九日、義輝は病状を見舞う御内書を届けた（上杉家文書・上越一八三）。また、豊後の大友義鎮《よししげ》から義輝へ献上された「鉄放薬之方并調合次第」と題する鉄砲火薬の調合書が景虎へ贈られた（上杉家文書・上越一八四、一八五）。

この月、近衛前嗣は景虎に対し血書起請文を認めた（上杉家文書・上越一八六）。兼ねてから京都に嫌気が差し、「西国辺」への下向を考えていた前嗣であったが（上杉家文書・上越一九五）、懇意となった景虎を頼り越後へ向かおうと決意した。血書起請文は景虎にその決意を示したものである。しかし、この企ては七月に入ると露見することとなった。あわてた義輝は景虎に御内書を送り、予定されている正親町《おおぎまち》天皇の即位式に現職の関白が不在であっては不都合なので、前嗣の下向を引き延ばすよう依頼した（上杉家文書・上越一九一）。結局、前嗣の越後行きは即位式を終えた翌年九月まで待たねばならなかった。

景虎の帰国時期は明らかではない。

十月五日には直嶺《のうみね》百姓中により、五十公《いじみ》郷内小黒保綱越《おぐろのほうつなこし》分の公田段米が納入された(謙信公御書集・上越一九九)。また、十二月二十六日、応永二十九年四月五日の長尾性景《しょうけい》の安堵に任せて、頸城郡夷守郷榎井保内の湧光寺領の郡司不入を許し、斎藤朝信《とものぶ》・北条《きたじょう》高広《たかひろ》・柿崎景家《かきざきかげいえ》・長尾藤景《ふじかげ》四名連署の証文を広泰寺へ与えた(謙信公諸士来書・上越二〇〇)。

永禄三年(一五六〇)

景虎、はじめて越中へ出陣

三月二十六日、景虎ははじめて越中へ向かい出陣した。同月晦日には神保長職《じんぼながもと》のいた富山城が自落し、長職は増山へ移った(新編会津風土記・上越二〇五)。この間、新川郡の太田上郷道場寺家と門前へ越後の兵士の濫妨狼藉を禁止する制札を与えた(玉永寺文書・上越二〇三)。四月中旬、景虎が帰国すると、府内に寓居していた上杉憲政は、長尾政景に書を送り、景虎の凱旋をたたえ、この勢いで関東へ越山することを願った(伊佐早文書・上越二〇四)。

五月十三日、景虎は府内を御料所とし、町人へ往古からの諸役・地子を五年間免除することを約束した(上杉家文書・上越二〇七)。また、「府内掟」を定め、制札として掲げた(伊佐早文書・上越二一二)。この月、景虎は八幡宮と居多《こた》社に制札を与えている(居多神社文書・

上越二〇八、二〇九）。この制札には「不可放鉄炮事」という一項がみられ、越後における鉄砲の事例として注目される。

六月、景虎は禁裏修理のための料所を進上することを広橋国光《くにみつ》・知恩寺岌州へ伝えた（御湯殿上日記・越四―二四八）。使者である速水右近《はやみうこん》は、祝儀の金襴一端と引合十帖を携え、越後に下った（上杉家文書・上越二一〇）。景虎は返礼として越後布十端を贈ったが、約束の料所は翌春にということで、速水右近は九月二十日京都に戻った（御湯殿上日記・越四―二六〇）。

八月二十五日、景虎は関東遠征に備えて、長尾源五をはじめとする春日山在陣衆へ景虎の留守中の掟を示した（伊佐早文書・上越二一一）。同時に蔵田五郎左衛門尉に対し、先に掲げた「府内掟」を府内町人が遵守するよう求めた（伊佐早謙採集文書・上越二一二）。

景虎、上杉憲政を奉じ、関東へ進発

八月末には、上杉憲政を奉じ、関東へ進発した。九月二十七日、憲政（光哲）は赤城神社に越山《えつざん》の成功を祈り、以後ここを祈願所と定め不入とした（奈良原文書・上越二一三）。

関東へ入った景虎は、まず上野の明間《あきま》・岩下《いわした》・沼田《ぬまた》の城を攻め落とし、北条《ほうじょう》孫次郎をはじめ、数百人を討ち取ったという（歴古・上越二一四）。これに対し北条氏康《うじやす》は、九月二十八日武蔵河越へ出陣し、景虎を牽制する動きを見せた（真壁文書・越四―二六五）。景虎は九月中には那波・厩橋《まやばし》の城も攻略し、厩橋城へ入った（和光院和漢合運・越四―二六六）。

その後の経過は明らかではないが、いったんは下野方面へ向かったとみえ、十一月九日、北条高広《きたじょう》・長尾当長《まさなが》は、景虎へ巻数・酒肴などを進上した足利の鑁阿寺《ばんなじ》へ礼状を認めた(鑁阿寺文書・上越二二五、二二六)。戦況が進むにつれて、上野・武蔵の武士たちが多く参陣したのに対し、常陸・下野の諸将は景虎の思うようには催促に従わず、二十九日、龍渓寺《りゅうけいじ》へ彼らへの説得を依頼した(謙信公御書・上越二二八)。

この間、近衛前嗣は九月十九日に暇を乞い、西洞院時秀《にしのとういんときひで》らを随えて越後へ向かった(御湯殿上日記・越四―二五六)。

十二月二十四日、武蔵岩付《いわつき》城の太田資正《すけまさ》へ書状を送り、正木時茂《まさきときしげ》への取り成しを依頼した(上杉家文書・上越二一九)。時茂は安房里見義弘《あわさとみよしひろ》の家臣で、当時北条氏康の後ろ盾を得た下総の原胤貞《はらたねさだ》と抗争中で、十月はじめに時茂からの書状が届いて以来(歴古・上越二一四)、連絡が途絶えていた。この書状の中で景虎は正木・原両氏の講和の仲介を資正へ依頼している。

同月二十七日には、長尾藤景と北条高広が連署し、武蔵半沢郡内拾箇村の修験道の年行事職を宝積坊へ安堵した(武州文書・上越二二〇)。またこの月、鎌倉の妙本寺へ関・越の軍勢の濫妨狼藉を禁止する制札を与えた(妙本寺文書・上越二二一)。

景虎は厩橋城で年を越した。

永禄四年（一五六一）

上野厩橋城で新年を迎えた景虎は、小田原の北条氏康との戦いに備えていた。二月になると府内に残っていた直江実綱が招集され、関東へ向かった（長野県立歴史館所蔵文書・上越二五三）。また、留守にしている府内警備の徹底を蔵田五郎左衛門尉へ命じた（伊佐早謙採集文書、上越市教育委員会所蔵文書・上越二五五、二五七）。

二月下旬、景虎は武蔵松山城へ着き、二十七日、鎌倉鶴岡八幡宮寺へ願文を捧げ、勝利を祈願した（妙本寺文書、上越二五八）。この月、高尾山薬王院や鎌倉の「比企谷法花堂」へ制札を与えた（薬王院文書、妙本寺文書・上越二五九、二六〇、二六三）。

三月になると、参陣が遅れていた北関東の武士たちが集まりだした。下野の小山秀綱《おやまひでつな》がようやく腰を上げ（小山氏文書・上越二六五）、また、那須資胤《なすすけたね》からも榎本まで出馬したとの連絡が入った（那須文書・上越二六七）。年明けからこの時期までには、景虎のもとに結集した武士たちを書き上げた「関東幕注文《かんとうばくちゅうもん》」を作成した（上杉家文書・上越二七二）。

景虎、小田原近辺に迫る

小田原へ向かい南下する景虎勢に対し、北条氏は河越城などに籠もり抵抗を続けた（武家事紀・越四―二八六）。景虎勢は、遅くとも三月下旬には小田原近辺へ迫り、酒匂川《さかわ》辺に陣を張った（古今消息集・越四―二八五）。しかし、直接両軍がぶつかりあうことはなく、

景虎、上杉憲政の名跡を継ぐ。上杉政虎と改名

景虎勢も小田原城下を放火する程度にとどまった(上杉家文書・上越二七八)。

このころ越後では、関東へ向かう兵や荷物の輸送にかかわり、各地で紛争が起こっていたようで、景虎は伝馬・宿送などについて定めた制札を与えている(相沢清右衛門所蔵文書・上越二六八)。また、三月十一日、昨年の水損により困窮していた上田庄・妻有《つまり》庄・藪神《やぶかみ》へ、徳政令を発布した(上杉家文書・上越二六四)。

閏三月はじめ、景虎は鎌倉へ移り、上杉憲政(憲当)の名跡をついだ。これにともない、憲政の一字をうけ、名を上杉政虎《まさとら》と改めた。閏三月十六日、政虎は古河公方《こがくぼう》重臣の簗田《やなだ》晴助《はるすけ》へ起請文を与え、公方の家督相続にあたっては、晴助の意見に従うことを誓った(簗田家文書・上越二七一)。古河公方は、先代足利晴氏《はるうじ》が既に隠居しており、北条氏康が妹の息子である義氏《よしうじ》を推していた。これに対し政虎は、この後、簗田晴助の娘の子藤氏《ふじうじ》を擁立する。四月二十一日、鎌倉鶴岡八幡宮若宮へ参詣した(謙信公御年譜・越四一三二〇)。

この間、閏三月四日、足利義輝は、小笠原長時《ながとき》が信濃へ帰国できるよう援助するように政虎へ命じた(上杉家文書・上越二七〇)。長時は天文十九年武田信玄に信濃を追われ、このときは摂津芥川城に身を寄せていた。政虎にとってこれは信濃へ兵を出す大義名分となった。

四月二十七日、府内の蔵田五郎左衛門尉へあてて、大刀一対と文台・筆台・短冊箱を

政虎、信濃へ出陣。川中島で武田・上杉両軍が激突(第四次川中島合戦)

政虎、関東遠征。北条氏は武田氏と手を結ぶ

急いで届けるよう依頼した。また、翌月一日には宝生・金剛の能を興行することを告げ、府内や御蔵の用心を命じた(関谷清治氏所蔵文書・上越二七四)。

六月はじめ、将軍義輝から関東出兵をねぎらう御内書をうけたが(上杉家文書・上越二七六)、このころ政虎は体調を崩していたようで、近衛前久《さきひさ》(前嗣)がしきりに気遣っている(上杉家文書・上越二七七)。二十一日、上野厩橋城を発ち(謙信公御年譜・越四―三三五)、約十ヶ月にわたる関東遠征を終えた。

しかし、帰国した政虎には息をつく暇もなかった。八月二十九日、長尾政景に対して武田氏に煽動された越中一向一揆の動きを牽制することを命じ(上杉家文書・上越二八〇)、自身は信濃へ出陣した。九月十日には川中島で武田・上杉両軍が激突した(越後文書宝翰集・上越二八二～二八八など)。いわゆる第四次川中島合戦である。このとき武田方では信玄の弟信繁《のぶしげ》が戦死した(勝山記・山梨県史資料編6)。政虎は、近衛前久へこの戦いで自身が直接太刀打ちしたことを伝えた(太田作平氏所蔵文書・上越二九〇)。

この当時、近衛前久は下総古河城にいた。古河城には上杉憲政、簗田晴助らとともに政虎の擁立した公方足利藤氏がおり、前久も彼に連れだって古河へ入った。しかし、政虎が越後へ帰国すると、北条氏康が勢いを盛り返し、武蔵松山城へ兵を進めたとの雑説が流れた。不安を感じた前久は政虎に関東遠征を求めた(同上)。政虎はこれに応え、

政虎、名乗りを輝虎と改める

十一月、関東へ越山する。北条氏は武田氏と手を結び、政虎に対抗した（高崎市所蔵文書・上越二九六）。

十二月九日、政虎は翌日下野佐野へ出馬し、その際、古河で藤氏と対面するつもりであることを長尾満景《みつかげ》へ伝えた（歴古・上越二九七）。

この暮れ、政虎は名乗りを「輝虎《てるとら》」と改めた。将軍足利義輝の一字をもらったものとされる。

輝虎は、この年も関東で年を越した。

永禄五年（一五六二）

年が明けると、輝虎はすぐに佐野へ出馬するつもりでいたが、それを牽制するように武田信玄が西上野へ攻め入ってきた。輝虎は安中《あんなか》でこれを破ると、二月五日を佐野出陣の日と決め、富岡重朝《しげとも》へ参陣を求めた（富岡家古文書・上越三〇六）。

二月にはいると、北条氏と通じていた赤井文六《ぶんろく》の館林《たてばやし》城をまず攻略し、十七日、文六が城を明け渡すと（上杉家文書・上越三一〇）、輝虎は長尾景長《かげなが》に城を預けた（高橋義彦氏所蔵文書・上越三〇九）。この後、佐野へ向かい三月初めまで在陣したが、厩橋へ引き上げた（栃木県庁採集文書・越四―三八四）。この際、古河の上杉憲政・近衛前久を引き取り（同上、高橋義彦氏所蔵文書・上越三〇九)、後ろ盾を失った足利藤氏は、安房里見氏のもとへ逃れた(秋田藩家蔵文書・上越三二二)。輝虎は、四月初めまでには越後へ帰国した。この後、近衛前久は輝虎の説得を振り切り、京都へ戻った。輝虎はかなり腹を立てたらしい(尊経閣文庫所蔵文書・上越三三七)。

この関東出兵の最中、府内、春日や善光寺門前の町の火の用心と春日山の普請を、輝虎は蔵田五郎左衛門尉や吉江忠景《ただかげ》らに、再三にわたって命じている(高橋義彦氏所蔵文書、関口直甫氏所蔵文書・上越三〇九、三一三)。

五月三日、河田長親《かわだながちか》は、輝虎の判物を継承し、椿沢寺《ちんたくじ》の守護不入を安堵した(椿沢寺文書・上越三一六)。

越中出陣

越中の神保長職《ながもと》が再び抵抗をはじめたので、七月に越中へ出陣し、これを破った。しかし、九月には味方中が破れるという事態となり、輝虎はあらためて出馬し、増山城《ますやま》へ追い込んだ。神保長職は能登守護の畠山義綱《よしつな》を頼り、講和を求めてきた。輝虎はこれに応じ、十月十六日、越後へ引き上げた(本田清氏所蔵文書・上越三二六)。

北条氏と武田氏は武蔵松山城を攻撃

輝虎が越中への対応に追われている間、北条氏と武田氏は結んで太田資正《すけまさ》が抱える武蔵松山城を攻めていた。資正は輝虎に越山を求めたが、輝虎が関東に向かったのは十一月下旬だった(伊藤本文書・上越三三九)。越山にあたって、長尾政景を横目として府内の統治にあたらせた。政景は起請文を提出し、これをうけた(伊佐早文書・上越三二八)。

輝虎、再び関東に出陣

十二月十六日、輝虎はようやく倉内に着いた(歴古・上越三三一)。

永禄六年(一五六三)

輝虎、佐野城攻略後、帰国

前年秋から北条・武田両軍の攻撃にさらされていた上杉方の松山城が二月四日開城した。輝虎は武蔵石戸《いしと》まで出馬していたが、松山に籠城していた兵たちはそれを知らないで城を明け渡してしまったのである。輝虎は成田長泰《ながやす》の弟小田伊賀守が守備している騎西《さい》城に向かった。成田長泰は永禄四年の関東幕注文(上杉家文書・上越二七二)に「武州之衆」としてみえており、一時期輝虎の配下にいたが、このときには北条方となっていた。騎西城が落ちると成田長泰もふたたび輝虎のもとに下った。輝虎はさらに下野へ兵を進め、小山秀綱の祇園《ぎおん》城、佐野昌綱《まさつな》の佐野城を攻めた。秀綱は剃髪し、人質を差し出して赦しを乞い、昌綱も侘びを入れてきた(伊藤本文書・上越三三九)。四月二十六日、輝虎は厩橋城へ引き上げ、二十八日に沼田に着くと越後へ帰国した(謙信公御書集・上越三四〇)。

七月十八日、輝虎は飯塚八幡別当極楽寺の一如阿闍梨、薬師寺へ願文を捧げ、武田信玄・北条氏康の調伏と分国中の豊饒を祈念した(飯塚八幡宮文書、薬師寺文書・上越三四四、三四五)。八月には比叡山でも根本中堂で七千夜叉供を行わせ、武運長久を祈願した(上杉家文書・

武田・北条氏の連合軍、金山城や足利を攻める

上越三四八）。このとき武田信玄は北条氏康を語らい、輝虎調伏の祈禱を行わせようとしたが、正覚房《しょうかくぼう》重盛はこれを拒んだ（上杉家文書・上越三四九）。

八月三日、信濃の岩井昌信《まさのぶ》へ下条宮内少輔分と念仏寺領を堪忍分として与えた（徳富猪一郎氏所蔵文書・上越三四六）。また、十一月八日、柿崎景家に山室など長尾土佐守の旧領を与え、子の「おひこ丸」に土佐守の跡職《あとしき》を相続させた（柿崎文書・上越三五六）。

十一月から十二月にかけて、色部勝長《かつなが》と平賀重資《ひらがしげすけ》との間で、小旗の文をめぐって相論が起こった。これは重資の文が、輝虎から拝領した勝長の文と似ていたためで、結局勝長の言い分が認められた（越後文書宝翰集など・上越三五九〜三六五）。

十一月下旬、輝虎は関東へ向けて出陣したが、雪のためなかなか思うようには進めず、結局厩橋城へ着いたのは閏十二月十九日であった（妙本寺文書・上越三七五）。この間、武田氏は西上野へ兵を出し、十二月倉賀野《くらがの》へ迫った（豊岡一夫氏所蔵文書・上越三六六）。これに対抗した橋爪《はしづめ》若狭守へあてた感状が残されている（高崎市所蔵文書・上越三六九）。閏十二月にはいると、武田・北条氏の連合軍は、利根川を越え、横瀬成繁《よこせなりしげ》の金山《かなやま》城や足利などを攻めた。輝虎は太田資正らに羽生《はにゅう》城へ入るよう命じ、対処にあたった（群馬県立歴史博物館所蔵文書、保阪潤治氏氏所蔵文書・上越三七一、三七二）。厩橋へ着いた輝虎は、安房里見氏へ北条氏を滅ぼす覚悟を伝えた（妙本寺文書・上越三七五）。輝虎自身は二十七日利根川

コラム　謙信の手紙

市村 清貴

現代の私たちが手紙について、自分の用件や気持ちを相手に伝えるための文書というイメージを持つなら、中世の古文書でこれに該当するのは「書状」と呼ばれる形式である。上杉謙信の書状は数多く残されており、『新潟県史』中世資料編三冊に収められているもので二三二点、謙信の文書全体の七〇パーセント近くにのぼる（福原圭一「上杉謙信の書状」『定本上杉謙信』高志書院）。その中身を確認すると、圧倒的多数が軍事関係の内容である。軍事作戦上の指示・戦況の連絡・外征留守中の指示・同盟関係の調整等々、まさにいくさに明け暮れた日々である。殺伐とした雰囲気の漂うこれらの手紙は、戦国の世に生を受けた人間の、すさまじいばかりの緊張感を今に伝える。

しかしこれらの手紙にまじって、いくさ人謙信が軍事的生活からほっと息を抜き、意外な一面を見せた手紙がただ一つ残っている。甥の喜平次に宛てた次の手紙である（『新潟県史』資料編3八八〇）。

返々、いんしん（音信）よろこび入り候、手弥あかり候へば、手本まいらせ候、以上、

入心さひく〳〵音信、ことに祈念としてまほり巻数《かんず》、よろこび入り候、爰元《ここもと》やがて隙《ひま》あけ帰府のうへ申すべく候、謹言、

二月十三日　　　　　　　　　　早虎（花押）

喜平次殿

「喜平次」とは、謙信の一族上田長尾氏の当主長尾政景の子で、弘治元年（一五五五）生まれの顕景、のちに謙信の養子となった景勝のことである。『上杉家御年譜』や『謙信公御書集』によると景勝は永禄二年（一五五九）から謙

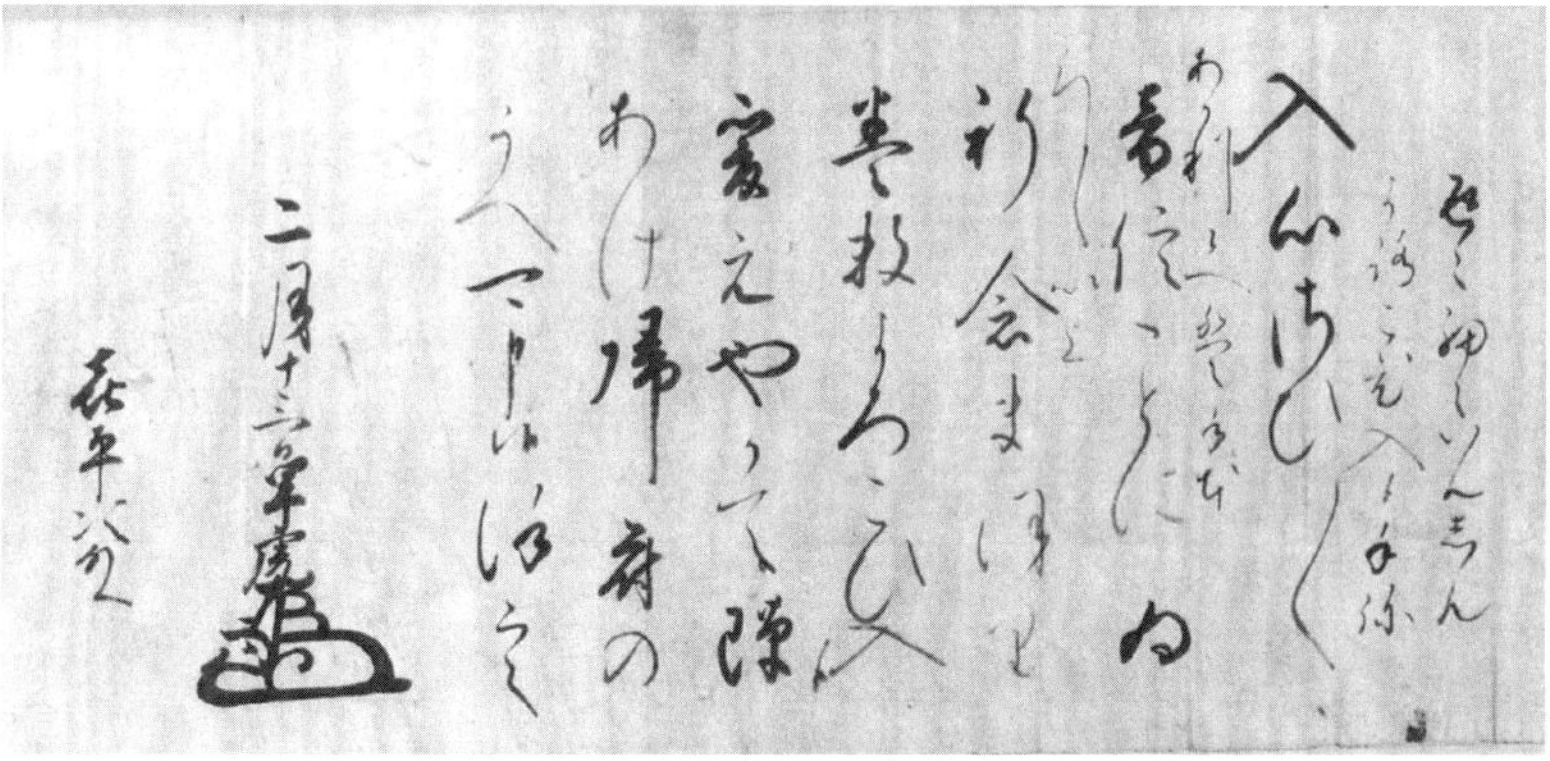

喜平次宛上杉輝虎書状（米沢市上杉博物館所蔵）

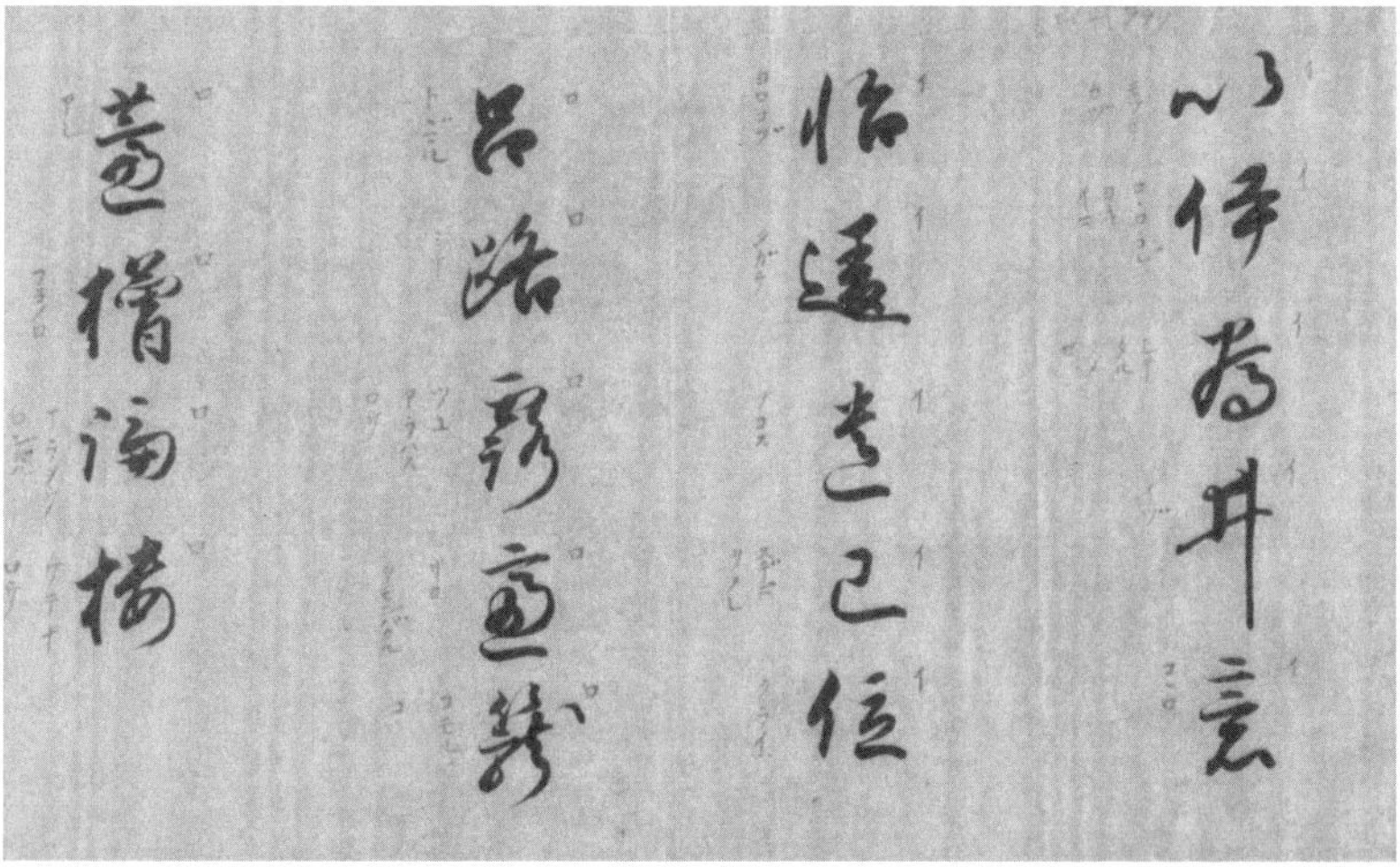

伊呂波尽手本の部分（米沢市上杉博物館所蔵）

信の側にいたとする。幼い景勝に宛てたこの手紙の文意は、「心のこもった詳細な便り、特にお守りとしての巻数(僧侶が読んだお経の名称・数量などを記録して依頼人に送った文書)が届きました。大変喜んでいます。こちらはやがて用事も済み、もうすぐ帰るので、そのときにいろいろと話をしましょう。かえすがえす便りを喜んでいます。(喜平次の)書の腕がいよいよ上達したので習字の手本を送りましょう」というものである。

この手紙はいつ頃のものであろうか。ポイントは以下の二点である。①書の上達に励んでいる景勝は、謙信の言葉づかいからして明らかにまだ幼く、現在の小学校低学年くらいの年齢ではないか。②謙信は春日山城に不在で、おそらくは国外遠征の最中である。二月にこの手紙を書いているということは、国外で越年した可能性が高い。これらの点からして、手紙は永禄三年より始まった関東侵攻時に書かれたと思われ、関東各地を連戦して越年した永禄五年(一五六二・景勝六歳)・永禄六年(一五六三・同七歳)・永禄七年(一五六四・同八歳)のいずれかではないかと思われる。

謙信の関東侵攻は、永禄四年三月の小田原城包囲、およびその後の関東管領就任を頂点として、永禄五年以後は関東の領主たちの離反に悩まされる。しかし『関八州古戦録』にみる謙信の戦いぶりはすさまじい。武蔵国忍城攻撃の際には無数に飛び交う銃弾の中に身をさらして平然と物見をした。無謀をいさめる近臣に対して謙信は、「生きようと思えばかえって死に、死のうと思えば逆に生きるものだ」とうそぶいたという。また下野国佐野城を救援する際には、城を取り囲む後北条氏の大軍の真っ只中を、わずか四十五人の主従だけで一文字に切り開いて押し通り城に入った。あまりのすさまじさに敵は誰一人手出しをするものがなかったという。まさに軍神毘沙門天の化身、鬼神も顔をそむけるばかりの勇猛ぶりである。

しかし、同じ時期に書かれた喜平次宛ての手紙の、なんと心やさしいことか。当時三十代前半の謙信は妻も子もなかったわけだが、幼少の肉親に対する愛情があふれており、実の子に対する以上の思いやりを持って接している。たどたどしい文字で書かれた手紙を見てほほ笑んでいる謙信の顔が目に見えるようではないか。「習字の手本を送る」とあるが、実際このとき景勝に与えられたといわれる謙信自筆のいろは四十八文字の手本が現存する。丁寧な筆致で書かれた手本の文字からも、甥の成長を願う心やさしき謙信の姿がにじみ出ている。

前述のような戦場での謙信の逸話は誇張されたものが多いが、実際に謙信の生涯は戦争の連続で、越後国内はもとより関東・信州・北陸へと遠征を繰り返し、目前の戦いに勝つことを至上の命題としてきたことは事実である。軍事に関係した膨大な手紙がそれを証明している。そのなかで、谷間に咲いたゆりの花のごときこの短い手紙が残されていることが、謙信の性格や人物像を今に伝える手がかりとなっている。代表的な戦国大名が、戦争から離れた日常生活での「顔」を、これほどストレートに文面のなかで見せている手紙は珍しく、現代人が読んでも心情的に共感できるものである。それが、上杉謙信という人間に対する想像力を限りなく膨らませるものとなっている。「帰ったらいろいろな話をしよう」と手紙に書いた謙信が、このあと実際に喜平次と対面して、どんな表情でどんな話をしたのかを想像して楽しい気分に浸っているのは私だけではあるまい。

を越え、武田方となっていた和田城を攻めた(白川証古文書・越四—四四九)。

永禄七年(一五六四)

年が明けると、佐竹義昭《よしあき》の要請もあって、輝虎は常陸の小田氏治《おだうじはる》を攻めた(白川証古文書・越四—四四九)。正月二十九日、小田氏治は退散した(増修和漢合運・越四—四五一)。

このとき黒子千妙寺、小茎の東林寺は制札を求め、千妙寺には二月五日付で河田長親・北条高広・横瀬成繁が、東林寺には二月九日付で河田長親と佐竹義昭(現在残っていない)が制札を与えた(千妙寺文書、長林寺文書・上越三七九〜三八一、三八四・三八五)。東林寺の長親制札は、黒印を使用しており、印文は「調量富」と読める。

小田城が落ちると、輝虎は佐野へ向かった。二月十七日、輝虎方が城を攻め破ると(越後文書宝翰集・上越三八六〜三九一)、佐野昌綱は佐竹義昭・宇都宮広綱《ひろつな》を通じ輝虎へ下った(島津文書・越四—四五五)。三月七日からは昨年末に引き続き和田城を攻めた。越後の国衆のみならず、白井城の長尾憲景《のりかげ》、新田《にった》金山城の横瀬成繁、下野の宇都宮広綱、常陸の佐竹義昭らが加わった大規模なものであったが、武田氏により増強されていた和田城は落城しなかった(三州寺社古文書・上越三九五)。

三月二十四日、昨年から長尾景長と相論となっていた石打郷《いしうち》以下、および当知行分を、

佐竹義昭の要請もあり、輝虎は常陸の小田氏治を退治

佐野昌綱、輝虎に下る

長尾政景急死

長尾政景公墓碑(南魚沼市)

富岡重朝《しげとも》に安堵した(群馬県立歴史博物館所蔵文書・上越三九八)。

越後へ戻った輝虎は、四月二十日、柏崎町へ六ヶ条の制札を与え、町の再興を図った(上杉家文書・上越四〇四)。また、五月十三日、柏崎の飯塚八幡宮へ願文を捧げ、五檀護摩を執り行わせ、越後国の豊饒や武田信玄を滅ぼすことを祈らせた(飯塚八幡宮文書・上越四〇五)。

この日、足利義輝は北条氏康と和睦するよう輝虎へ命じた(上杉家文書・上越四〇六)。同月十六日、輝虎は安房里見氏のもとから帰城した梶原政景の無事をよろこび、来秋関東へ越山するつもりであることを伝えた(青木十郎氏所蔵文書・上越四〇八)。

六月三日、飯田長家《ながいえ》ら四名が連署し、頸城郡内の村の納めるべき貫高を定めた(飯原澄氏所蔵文書・上越四〇九)。この貫高は「百性こたへ」とあり、上杉氏と村の百姓との間での応報があり、その上で貫高が決められていることがわかる。

このころ輝虎は信濃へ出馬することを宣言し(伊佐早文書・上越四一二)、弥彦神社などへ願文を納め、自分が信濃へ出陣する正当性と武田信玄の不当を訴えた(弥彦神社文書など・上越四一二〜四一五)。

七月五日、長尾政景が急死した。野尻《のじり》池に船を浮かべての遊興の最中の溺死であったという(謙信公御年譜・越四−四九二)。

この月末、輝虎は信濃へ向かった。出陣の直前、七月二十三日には岩付城《いわつき》が北条氏によって落城し、太田資正は宇都宮へ逃れた（謙信公御書・上越四二九）。輝虎は動揺する上野の富岡重朝へ書状を送り、佐久郡へ抜け、碓氷峠《うすい》を越えて、上野へ向かうつもりであることを伝えた（富岡家古文書・上越四二六）。八月朔日、川中島にほど近い更級八幡宮へ願文を捧げ、戦勝を祈願した（上杉家文書・上越四二七）。同月三日、輝虎は犀川《さい》を越え、川中島へ着いた。

最後の川中島合戦（第五次川中島合戦）

八月二十四日、蔵田五郎左衛門尉へ府内・春日町の火の用心を命じ、武田勢が塩崎まで出てきたことを伝えた（荻野周次郎氏所蔵文書・上越四三二）。川中島には約二ヵ月の間陣を張ったが、結局武田氏との大きな戦いには至らなかった（窪田宗則氏所蔵文書、飛州志・上越四三九、四四〇）。信越国境の飯山城の普請を終えた十月一日、春日山へ馬を納めた（上杉定勝古案集・上越四三六）。この後、信濃で武田氏と対陣することはなく、直接対決のないままこれが最後の川中島合戦となった。

夏以降、飛騨の三木氏・江馬《えま》氏や織田信長との交流が盛んになった（渡辺謙一郎氏所蔵文書・上越四二五など）。飛騨《ひだ》では武田信玄の後押しをうけた江馬時盛《ときもり》が、三木良頼《よしより》と江馬輝盛《てるもり》と戦い、時盛に対抗する良頼・輝盛は輝虎と結んだ。輝虎は越中衆を送るなど援助を行ったが、十月には時盛と輝盛が講和した（窪田宗則氏所蔵文書、飛州志・上越

輝虎、織田信長と懇意になる

四三九、四四〇)。また、武田信玄という共通の敵をもつこととなった信長とは急速に懇意となった。輝虎から信長の息子を養子に迎えたいという申し入れをするほどであったが(上杉家文書・上越四四二)、これは実現しなかった。

十二月十九日、揚北の色部勝長の息子、弥三郎に顕長《あきなが》という実名を与えた(越後文書宝翰集・上越四四五)。

永禄三年以来、連年関東で年を越していた輝虎であったが、五年ぶりに春日山での正月を迎えることとなった。

永禄八年(一五六五)

二月中ごろ、北条氏の脅威にさらされていた上総の酒井胤治《たねはる》が、輝虎へ越山を求めてきた(早稲田大学図書館所蔵文書・上越四五一)。輝虎は二十四日、小山高朝《おやまたかとも》らに書状を送り、越前の朝倉義景《よしかげ》の求めに応じて加賀へ出馬する予定を変更し、関東へ越山することを伝え、厩橋に参陣して欲しいと要請した(歴古など・上越四五二、四五三)。しかし、このとき輝虎自身は越後にとどまり、四月になって河田長親をはじめとする諸将がまず関東へ向かった(早稲田大学図書館所蔵文書・上越四五六)。結局、五月下旬、越山無用との連絡があり、輝虎は関東へは出ていかなかった(上杉定勝古案集・上越四五八)。

将軍足利義輝切腹

五月十九日、将軍足利義輝が三好義継《よしつぐ》・松永久秀《ひさひで》より切腹に追い込まれるという事件が起こった。この情報は六月はじめに輝虎のもとに届き、あわてた輝虎は直江政綱《まさつな》に情報収集を命じた。政綱は越前朝倉氏を通じ情報を求めたところ、朝倉氏は事件の顚末を知らせ、加賀への出陣を要請してきた(上杉家文書・上越四五九、四六〇)。また、河内守護畠山氏の家臣安見宗房《やすみむねふさ》からも上洛を催促してきた。しかも、京都近辺では、輝虎が上杉家を嗣いだ礼に上洛すれば、義輝は輝虎と語らい三好成敗を断行するだろうとのうわさがあったために、三好らがこの凶事に及んだというものもいたらしい(長岡市立科学博物館所蔵文書・上越四六二)。

興福寺一条院にいた義輝の弟覚慶《かくけい》は、七月二十八日、甲賀和田城へ引き退いた。いったんは出家していた覚慶であったが、義輝の突然の訃報に後継者としての地位が急遽浮上した。これにより三好義継らによって軟禁されていたのを、朝倉義景らが救い出したのである(上杉家文書・上越四六八・四六九)。八月五日、覚慶は自分の進退を輝虎に任せるとまで伝えてきた(上杉家文書・上越四六七)。この後もたびたび上洛の催促をうけたが、最後まで輝虎の上洛はなかった。

輝虎、関東出馬

十一月末、輝虎は関東へ向け出馬した(音喜多勝氏所蔵文書・上越四七八)。

小田城跡

輝虎、人身売買を許可

輝虎、下総臼井城で北条氏に大敗
関東の諸士は輝虎から離れる

永禄九年（一五六六）

年が明けると輝虎は、正月末佐野に向けて兵を進めた（富岡家古文書・上越四八三）。この後、いったんは攻略したものの、輝虎の帰国後小田氏治によって奪回されていた小田城を攻めた。二月十日、小田氏治が城の破却を条件に、結城晴朝《はるとも》を通じて身の保障を求めてきた（楓軒文書纂・上越四八六）。輝虎はこれを受け入れ、十六日には開城させると、城内に籠もっていた人びとの売買を許可した（別本和光院和漢合運・越四—五五三）。

二十一日、佐野に駐留する吉江忠景らに、隠密に使用する判・印判や表向きの用所の判など、花押や印判の使用規定を定めた（吉江文書・上越四八七）。

輝虎は館林に移り、兼ねてからの約束であった総州への出馬に備えた（上杉家文書・上越四八八）。二月から三月にかけて、下総の本土寺《ほんどじ》や意富比《おほひ》神社などに制札を与え、越・関の軍勢の乱暴狼藉を禁止した（本土寺文書、意富比神社文書・上越四九一、五〇五）。三月二十三日、千葉胤富《たねとみ》の家臣原胤貞《たねさだ》の守る下総臼井《うすい》城を攻めた。しかし、北条氏からの援軍が来ると、輝虎方は敗北、数千人の死傷者があったという（戦九三九）。輝虎は四月中に帰国したが、この臼井城での敗戦をきっかけに、関東の諸士は輝虎から離れていった。

還俗して足利義秋《よしあき》と名乗りをかえた一条院覚慶とその側近から、三月、輝虎や家中の諸士にあてて、北条氏と和睦し、輝虎が上洛するよう要請した御内書や書状が送られた(上杉家文書・上越四九三、四九七など)。

五月九日、輝虎は五ヶ条の願文を捧げ、祈願した(上杉家文書・上越五一二)。第一条には輝虎の分国として、越後・上野・下野・安房をあげ、その拠点として、佐野・倉内(沼田)・厩橋の長久無事を祈願している。関東管領として広く関東を治めたいという理想と、現実にはこの三ヶ所しか支配できていないという危機感が現われたものだろうか。また、後半では武田氏とは徹底的に戦い、北条氏に対しては義秋の意志に従い、和睦を遂げ、上洛することを誓った。

八月二十四日、輝虎は越山のため府内を発った(安得虎子・上越五三三)。閏八月中ごろには上田庄に着き(長府毛利文書・上越五二四)、越山すると由良氏の拠る新田金山城を攻めた(早稲田大学図書館所蔵文書・戦九七八)。四月に輝虎が帰国すると、由良氏は輝虎を離れ、北条氏へ下ってしまったからで、九月五日、由良成繁《なりしげ》・国繁《くにしげ》父子は、北条氏康・氏政《うじまさ》連署の起請文を手にした(由良文書・戦九七九)。

いったん帰国した輝虎は、十月十一日、この年三度目の越山を果たした(中曽根文書・上越五三四)。十一月八日、大胡に着陣し、翌九日、迎え出た北条氏に対抗し、高山から深谷にいたる一帯を放火した(群馬県立歴史博物館所蔵文書・上越五三八)。十九日には佐野

厩橋城の北条高広、輝虎から離反

へ陣を移し、新田を攻める用意を進めた(群馬県立歴史博物館所蔵文書・上越五四〇)。

十二月、関東進出の要である厩橋城の北条《きたじょう》高広が、輝虎から離反したことが露見した。厩橋へ遣わした松本景繁《かげしげ》を高広が捕らえ、北条氏へ引き渡してしまったのである。輝虎はこれを「天魔之所行」と罵ったが(京都大学総合博物館所蔵文書・上越五四三)、後の祭りである。高広は武田氏とも通じており、十二月五日、武田信玄は高広へ書状を送り、今後の入魂を約束した(江口正紀氏所蔵文書・上越五四二)。このころ館林の長尾景長も北条方に付いてしまい(鑁阿寺文書・上越五四四)、関東の諸士はことごとく輝虎から離れていってしまった。輝虎にとって北条高広の離反は大きな痛手であり、新田攻めも覚束《おぼつか》ないまま年を越すこととなった。

永禄十年(一五六七)

佐野の陣で正月を迎えた輝虎のもとに、正月七日、佐竹義重《よししげ》が出陣したとの連絡が入った(阿保文書・上越五四六)。二十八日、陣に着いた義重へ、輝虎は新田攻撃の決意を伝えたが(謙信公御書・上越五四七)、これは果たせず、越後へ帰国する。

同じ日、楡井《ゆい》治部少輔の軍役を定めた(志賀槇太郎氏所蔵文書・上越五四八)。また、二月九日には北条右衛門尉に小串新助分などを与え、軍役奉公を命じた(歴古・上越五四九)。

足利義秋、上杉・北条・武田三氏の和睦を命じる

野尻城遠景

二月二十四日、足利義秋は、上杉・北条・武田三氏の和睦を命じ、上洛を求めた(上杉家文書・上越五五〇、五五二)。このときには、自分の進退を輝虎に任せるという起請文も送っている(上杉家文書・上越五五一)。

三月七日、越後からの荷物毎月十五疋分の過所を、小川可遊斎《かゆうさい》に与えた(米沢市立米沢図書館所蔵文書・上越五五三)。この過所には印文「梅」の朱印を用いており、前年二月に定めた規定によれば、この朱印は「所帯かた、万調かた」に使われることになっている(吉江文書・上越四八七)。

四月になると、沼田にいる松本景繁らに、上田から増援の兵を送ることを伝え、北条高広への攻撃を命じた(謙信公御書・上越五五四)。

このころ根利に関所をたてた(越後文書宝翰集・上越五五六)。根利は沼田から桐生へ山を越えていく途中にある。沼田から佐野へ向かう際、いままでは厩橋・新田を経由していたが、北条高広・由良成繁がともに北条方となってしまったために、あらたに使われるようになったルートである。

帰国した輝虎は危機に見舞われる。武田信玄が信越国境の野尻城を攻め、これを落としてしまった。おなじころ会津蘆名盛氏《あしなもりうじ》が菅名庄《すがなのしょう》へ乱入してきた。野尻城は、すぐに取り返すことができ、菅名庄へも足軽を遣わして、五百人余を討ち捕らえたという(謙信公

駐留していた越後勢を引き連れ帰国、十一月二十一日、越後へ着いた(謙信公御書・上越御書集など・上越五五八～五六〇)。

　とりあえず事なきを得たが、関東の前線基地である佐野城には厭戦気分が高まっていた。佐野に駐留していた五十公野《いじみの》玄蕃允が断りもなく佐野を離れ、捕らえられてしまった(越後文書宝翰集・上越五六〇)。玄蕃允は蘆名盛氏を頼り、自身の在所へ戻ろうとしたが、盛氏はこれを捕らえ、北条氏へ引き渡してしまった(会津四家合考・越四―六〇〇)。輝虎は佐野の増援のため色部勝長を向かわせた。五月十六日、勝長に起請文を与え、佐野在陣は「輝虎一世中忠信」であると誓った(越後文書宝翰集・上越五六一)。

　七月はじめ、足利義秋が輝虎の上洛を再度求めてきた(上杉家文書・上越五七〇など)。しかし、輝虎は応じなかった。

　八月になると輝虎は太田資正に書状を送り、留守中の備えである信濃飯山城の普請で遅れたものの、今月中には佐野へ向けて出馬することを伝えた(謙信公御書集・上越五七九)。実際には十月半ばになって出陣し、十月二十四日、沼田へ着いた。このとき佐野昌綱と結んだ北条氏政が赤岩へ船橋を架け、利根川を越えようとしていた。輝虎はこの船橋を切り落とし、援軍を断って佐野を攻撃した。二十七日に佐野城を攻め落としたが、城は降伏した昌綱に預け、輝虎自身は、昌綱の子虎房丸らを人質として預かり、

関東の拠点は沼田のみとなる

五八六)。輝虎の抱える城は、沼田だけとなってしまった。

十二月十四日、大石右衛門、楠川左京亮の軍役を定めた(歴古、謙信公御書集・上越五八八、五八九)。

越・甲・相三和

永禄十一年(一五六八)

正月八日、沼田に在城している松本景繁らに書状を送り、武田勢が岩櫃《いわびつ》城へ兵を移し、沼田を攻める準備をしているという風説を伝え、沼田城と猿京など周辺の警備を厳重にすることを命じた。輝虎は佐野城を明け渡したことでさえ無念であるのに、この上沼田までも攻め落とされることになったら、「天下之嘲」であるというのである。また、沼田には越後から駐留していた「一騎合之者」や佐野から引き上げてきた者などがいたが、彼らは城外に寄宿しており、これではいざというときに役に立たないので、城内の以前申し付けた「廻輪」に差し置くよう命じた(雙玄寺文書・上越五九一)。

三月初め、足利義秋は上杉・武田・北条三氏が和睦し、同心して義秋の上洛を援助することを求めた。すでに武田・北条の両氏へは和睦を命じてあり、両氏ともに「請状」を提出しているという(上杉家文書・上越五九六)。越・甲・相三和の風聞は、駿河今川氏のもとにも届き、あわてた今川氏は、四月下旬、「もしこのうわさが本当であるなら、当

祢知城跡（糸魚川市）

武田氏と通じた本庄繁長が本拠村上で挙兵

国を証人として欲しい」と輝虎へ申し入れた（上杉家文書・上越六〇五）。

三月十三日、武田氏と通じた本庄繁長《しげなが》が本拠村上で兵を挙げた。このとき輝虎は越中へ出陣していた。繁長挙兵の報を得た輝虎は、二十五日未明、放生津《ほうじょうのつ》の陣を引き払い、帰国した（寸金雑録・越四—六五四）。

四月中旬、安田能元《よしもと》と岩井信能《のぶよし》を飯山城へ向かわせ、信越国境の警備にあたらせた（伊佐早文書・上越六〇四）。村上へは先発隊として、柿崎景家《かげいえ》と直江政綱《まさつな》らを派遣し、本庄氏と隣接する黒川・鮎川《あゆかわ》家中へも書状を送り協力を求めた（黒岩高氏所蔵文書、渡辺謙一郎氏所蔵文書・上越六〇六、六〇七）。

八月中旬、飯山から武田勢が信濃長沼へ在陣したとの連絡があった。これに対処して、関山へ上杉景信《かげのぶ》・山本寺定長《さんぽんじさだなが》と黒瀧《くろたき》衆を向かわせた（片山光一氏所蔵文書・上越六一二）。飯山へは新発田忠敦《しばたただあつ》・五十公野重家《しげいえ》・吉江忠景《ただかげ》の三人を投入、祢知《ねち》城や不動山城へも「旗本之者共」を入れ、越中からの敵に備えた（柿崎文書・上越六一三）。

十月二十日、いよいよ輝虎自身が出陣した。出陣にあたっては、沼田の松本景繁らに人留めを命じ（謙信公御書・上越六一九）、栗林次郎左衛門尉へは沼垂《ぬたり》・蒲原・新潟の三ヶ津へ参陣するよう求めた（東京大学史料編纂所所蔵文書・上越六二〇）。

十一月晦日、輝虎は起請文を認め、中条藤資《ふじすけ》の忠信をたたえた（山形大学附属図書館所蔵

コラム　謙信と上野国

黒田 基樹

上杉謙信は、永禄三年(一五六〇)に初めて関東に侵攻して以降、天正六年(一五七八)に死去するまで、上野の一部はその分国として存在した。しかも謙信の関東侵攻において、上野はその前線基地としての性格にあったのであり、その意味においても、上野は謙信にとって重要な分国の一つであったといっていいであろう。

いうまでもなく、上野は謙信の本国である越後の隣国であり、しかも越後と上野とは南北朝期以来、上杉氏が両国守護を歴任していくという、密接な政治的関係を有していた。越後守護職を相承する越後上杉氏は、関東上杉氏の惣領であり、また関東管領や上野守護職を相承する山内上杉氏から分出したものであった。とりわけ室町後期の関東管領として最も著名な上杉憲実は越後上杉氏の出身であり、以後における山内上杉氏はその子孫にあたっていた。関東では康正元年(一四五五)から享徳の乱が展開され、山内上杉氏は越後上杉氏の後援をうけながら上野・北武蔵を勢力圏としていき、さらにその過程において越後上杉房定の子顕定が同氏に養子に入って継承しているのであり、両上杉氏はほぼ一体的ともいうべき関係を形成していた。

しかし、謙信の父である越後守護代長尾為景による越後守護上杉房能(顕定の弟)の討滅という下剋上、すなわち越後永正の乱が展開され、顕定はその報復として越後への侵攻をおこなうが、逆に為景のために戦死、撤退するに至っている。これによって両国の関係は大きく変化し、決裂的な状態になったといっていい。その後、越後においては長尾氏による領国化が展開されていき、一方の山内上杉氏はその後における内訌の結果、上野を本国とし、北武蔵までを領国とする、事実上の戦国大名化を遂げていった。ところが、大永四年(一五二四)になって新興の北条氏によってその領国への侵攻をうけ、ついに天文二十一年(一五五二)には、最後の当主憲政は本拠平井城から没落、さらには上野からも没落して、越後国主である謙信(当時は長尾景虎)を頼ることとなったのである。

山内上杉氏を没落させて上野に進出した北条氏は、次々と上野国衆の従属をすすめ、永禄二年頃にはほぼ一国を勢力下におくようになっていた。ここに謙信は、北条氏と領国を接することとなり、さらにその軍事的脅威をもうけることとなっていた。そのため翌三年になって、謙信は庇護していた上杉憲政の本国復帰を名目に掲げ、関東への侵攻を開始し、北条氏に対抗していくことになったのである。上野に侵攻した謙信は、沼田衆・岩下斎藤氏・白井長尾氏・惣社長尾氏・箕輪長尾氏・新田横瀬氏・桐生佐野氏といった有力国衆を相次いで服属させ、あるいは赤石那波氏・厩橋長野氏・大胡氏を没落させ、国峰小幡氏についても一時的に没落させている。そして那波氏領は横瀬氏に恩賞として与えるとともに、沼田領・厩橋領・大胡領は自らの支配領域として接収したのである。その結果、依然として抵抗を続けるのは、館林赤井氏のみという状況になったが、その赤井氏も同五年に滅亡させ、その支配領域は下野の足利長尾氏に与えた。同氏は、戦国期以来、山内上杉氏の家宰を相承してきた存在であり、謙信の関東侵攻の開始にあたっても、積極的に要請していた存在であり、これはその功績に報いるものであった、と捉えられる。

侵攻当初において、謙信は厩橋長尾氏の本拠であった厩橋城を関東進出のための拠点とした。最初の侵攻時に謙信は関東で越年するが、それもこの厩橋城でおこなわれている。そして翌四年における北条氏の本拠である相模小田原城攻撃も同城から出陣している。そして小田原城攻囲後の閏三月に、鶴岡八幡宮の社前において上杉憲政の養子となって、その名跡を継承して、上杉政虎(翌五年に将軍足利義輝から偏諱を得て輝虎に改名)と名乗るのである。これによって謙信は、越後国主という関東政治社会においては他国者であった立場から、関東管領を家職とする山内上杉氏当主として、山内上杉氏被官や従属国衆に対しては「御屋形様」、関東諸領主に対しては「山内殿」として、俄かに君臨することとなったのである。そのうえで、謙信は六月に越後に帰国するが、その後、北条氏による反撃が展開されるとともに、十一月からは甲斐武田信玄による西上野への侵攻が展開されることとなった。これ以後、謙信は北条氏・武田氏と関東支配をめぐって抗争を展開することになり、とりわけ上野は、三者の勢力の接点に位置するという激突の舞台になっていくのである。

当初こそ謙信は上野を勢力圏とし得たが、その後の抗争によって、その勢力圏は縮小の方向をたどっていった。武田氏の西上野支配は、永禄九年の箕輪長野氏攻略、同十年の白井長尾氏・惣社長尾氏攻略によってほぼ完成をみて、西上野一円は武田領国化を遂げた。一方、同じ頃に新田由良氏(もと横瀬氏)・小泉富岡氏・館林長尾氏(もと足利長尾氏)らは北条氏に従属し、以後において彼らは基本的には北条氏方勢力として存在した。したがって、その後において謙信の支配領域として一貫的に維持されたのは、ほぼ沼田領と厩橋領にすぎなかったのである。とはいっても、謙信の関東における実質的な支配領域は、この二領であったことからすれば、これは関東への入口として重要な位置を占めるとともに、まさに謙信にとって関東支配のための前線拠点、あるいは橋頭堡としての機能を有するものであった。

謙信の関東支配は、関東管領という政治的立場としてすすめられ、そのため関東全域の支配を対象とするものであった。しかし、実際には関東支配を実現するというよりも、北条氏の討滅を目的としていたため、反北条氏勢力の糾合とその敵対勢力への攻撃が、当面の課題となっていた。そこにおいて有力な味方勢力として存在したのが下野宇都宮氏・常陸佐竹氏・房総里見氏らであった。当初、謙信は関東全域を直接的に支配しようとしていたようであるが、その後における北条氏・武田氏との抗争の展開状況により、彼らの協力が何よりも必要であったため、下野・常陸についてはそれぞれ宇都宮氏・佐竹氏に委ねるものとしている。これは彼らが室町期以来の「大名」という、関東領主層のなかでも最高位の家格にあったためでもあろう。

ところが、永禄十一年末になって、そもそも討滅を目的としていた北条氏から同盟を申し込まれ、結局、謙信はこれに応じ、翌十二年六月に正式に北条氏との同盟を成立させることとなる。この直前の時点において、謙信の関東における支配領域は沼田領・桐生領のみとなっており、謙信自身も越中侵攻を当面の課題としていた。いわば関東侵攻は頓挫状態にあったといえ、そのため謙信は再び関東における政治勢力の拡張の好機として、この同盟に応じたのであろう。同盟締結にあたって北条氏との領土協定として国分交渉がおこなわれたが、ここで謙信は関東管領としての政治的地位を北条氏に承認させ、同時に山内上杉氏の本国であることによって上野領有権をも承認させ、北条氏勢力部分の割譲を取りつけている。これによって、現状として武田氏に領有されている西上野を含めて、上野全域の支配権を確保し、由良氏・富岡氏も従属してくるのである。

その後、元亀二年(一五七一)末になって、この北条氏との同盟は崩壊し、由良氏・富岡氏・館林長尾氏は北条氏への従属を継承し、さらにその後において由良氏によって桐生領を経略されたため、謙信の支配領域はたちまち沼田領・厩橋領に縮小することとなる。しかしながら、この国分交渉によって注目されるのは、謙信が上野を山内上杉氏本国として、その領有を主張していることである。現実にはその全域の領有を遂げてはいなかったものの、謙信は、山内上杉氏当主・関東管領という政治的地位とその自負に基づき、上野を関東における本国として認識し、位置付けていた、といえるであろう。

武田信玄は駿河府中へ乱入
「駿・甲・相三国同盟」は崩れ、北条氏は一転して輝虎と和睦

文書・上越六二六)。藤資は本庄繁長から来た書状を輝虎へ届けたり、黒川家中の石塚玄蕃允の問題を解決するなど輝虎に協力し、「輝虎一世中は忘失あるまじく」という賞賛ぶりであった。

十二月五日、北条氏が輝虎を牽制するため沼田へ出馬した。北条氏は本庄繁長と結ぶ武田氏と同盟しており、繁長はそのまま上田口まで兵を進めることを依頼した(歴古・上越六三〇)。

同月十三日、武田信玄は駿河府中へ乱入し、今川氏真《うじざね》はいったん掛川へ逃れた(謙信公御年譜・上越六三二)。突然の攻撃に、今川氏はまったく対応できなかった様子で、北条氏康が伝えるところによると、氏真と一緒に掛川へ向かった氏康の娘早河殿は、輿にも乗れない有様であったという(歴古・上越六三六)。信玄は北条氏に対し、「自分が今川氏真を攻めたのは、今川・武田・北条の三氏は同盟して輝虎と対抗しているのに、氏真が輝虎と内通したからだ」と告げた(志賀槇太郎氏所蔵文書・新三四六一)。こうして「駿・甲・相三国同盟」は崩れ、今川氏を保護する北条氏は一転して輝虎へ和睦を求めることとなった(庄司喜與太氏所蔵文書・上越六二九)。

輝虎は陣中で年を越した。

永禄十二年（一五六九）

前年末、同盟の意志を伝えてきた北条氏からの連絡が、年を越えると頻繁に届くようになった。北条氏康は上野家成《うえのいえなり》ら沼田衆を通じ、信玄乱入の様子を伝え（歴古・上越六三六）、北条氏照《うじてる》からも同様の連絡があった（上杉家文書・上越六三七）。いったんは北条氏に従い、輝虎から離反していた由良成繁も交渉を求めてきた（謙信公御年譜・上越六四三）。

正月十日、色部勝長が死去した。輝虎は三潴長政《みづまながまさ》に書状を送り、勝長の子、顕長《あきなが》に跡目を相続させるよう家中を説得することを命じた（謙信公御書・上越六四〇）。

本庄繁長との抗争終結

正月なかごろ、後藤勝元《かつもと》が会津の蘆名盛氏《もりうじ》、ついで米沢の伊達輝宗《てるむね》のもとへ使者として向かった。勝元は本庄繁長を赦免してもよいという輝虎の意向を内々聞かされており、講和のための根回しとみられる（上杉家文書・上越六四一）。実際、二月二十九日、輝虎は輝宗・盛氏に免じて、繁長を許す覚悟であることを関東の里見義弘《よしひろ》・太田資正《すけまさ》に伝えている（中村直人氏所蔵文書、太田文書・上越六六九、六七〇）。飛騨の姉小路自綱《あねがこうじよりつな》・三木良頼《よしより》からも「伊達・蘆名両氏の仲介もあり、たしかな人質を繁長が差し出せば、赦免してやるべきだ」という助言が届いた（斎藤宣三氏所蔵文書、村上家文書・上越六六七、六六八など）。こうして、三月末に繁長の子、千代丸（顕長）が人質として差し出され、本庄繁長との抗争が終結した（稲月

北条氏は駿河薩埵山で武田氏と対陣

文書・上越六九一)。輝虎は半年近くの出陣を終え、四月二日府内に着いた(上杉定勝古案集・上越六九七)。

二月十八日、徳川家康は河田長親《ながちか》へ書状を送り、掛川で今川氏真と対陣していることを伝えた(上杉家文書・上越六六一)。家康の出陣は、武田信玄に呼応したものであった。

一方で、北条氏との交渉はなおも続けられていた。二月十日、北条氏康の使僧天用院《てんよういん》が、今川氏真からの使僧善徳寺《ぜんとくじ》と同道し、小田原を発った。しかし、沼田までは着いたものの、風雪のため越山することができず、ここに留まった。天用院は今川氏真からの書状や氏康・氏政の起請文を携え、同盟を結ぶ両氏にとって重要な使者であった。天用院らに代わり、いったん松本景繁が輝虎のもとに向かった(上杉家文書・上越六七三など)。天用院らは三月二十六日になってようやく沼田を発った(上杉家文書・上越六九二)。

このころ北条氏は駿河薩埵《さった》山で武田氏と対陣しており、輝虎へ飯山口へ出馬し武田氏を牽制するようしきりに求めていた(上杉家文書・上越六七三、六七五)。しかし、輝虎が兵を動かすことはなかった。

ここまで北条氏は、北条氏照と藤田氏邦《うじくに》の二系統で交渉を行っていた。三月三日、氏康はこれを統合し、今後は新田金山の由良成繁を間に立て、松本景繁・河田重親《しげちか》・上野家成の沼田三人衆を窓口として、交渉を続けることを伝えた(歴古・上越六七八)。

四月になると具体的な交渉内容が協議されるにいたった。問題となったのは、輝虎を関東管領として認めるかどうかであったが、氏政の実子を輝虎の養子とすることで容認された。以後、北条氏は輝虎を関東管領家として「山内殿《やまのうち》」と呼ぶようになる。関東公方《くぼう》については、輝虎の擁立していた藤氏《ふじうじ》は永禄九年に死去しており、北条氏の推す義氏《よしうじ》を公方とすることとなった(庄司喜與太氏所蔵文書・上越七一三)。また北条高広《きたじょう》の赦免については、輝虎重臣の山吉豊守《やまよしとよもり》に対し、氏康が直接依頼した(謙信公諸士来書・上越七一〇)。

五月十八日、塩沢の進藤家清《いえきよ》から連絡があり、天用院ら一行が着いたことを知らせてきた。それによると天用院は年ごろ五十ばかりで「いかにもじんなる御出家」で「上戸」だという。一行はこの後、下倉《したくら》・小千谷《おぢや》・北条《きたじょう》を経て柏崎にいたり、二十四日には柏崎へ着く予定であった(本間美術館所蔵文書・上越七二六)。

閏五月十五日、同盟を誓う輝虎からの起請文を携えた使僧広泰寺昌派《こうたいじしょうは》が沼田まで到着した(上杉家文書・上越七四六)。六月初旬には、この起請文が北条氏のもとに届けられ、折り返し、氏康・氏政からは同盟締結として交換する人質を氏政の次男国増丸《くにますまる》とすることを伝えてきた(上杉家文書・上越七五五)。

輝虎が氏康父子の血判を据えた起請文を求めたので、氏康・氏政父子は使者進藤家清・広泰寺昌派の眼前でこれを行った(伊佐早謙採集文書・上越七六〇)。

越相同盟の締結

こうして半年間にわたる交渉を経て、越相同盟が結ばれることとなった。

七月末、輝虎は、以前から北条氏がもとめていた信州への出馬のため、動員をかけたが、これは延期されることとなった(森山八郎氏所蔵文書・上越七八〇)。

八月初め、弘治元年に解決した中条氏と黒川氏の所領争いが再燃した。老齢の中条藤資が本庄宗緩《そうかん》をはじめ、新発田忠敦《ただあつ》・山吉豊守らを頼りふたたび相論を起こそうとしたのである(山形大学附属図書館所蔵文書・上越七八三など)。しかし、「かたん気成儀」を嫌う輝虎の意向もあり、これは受け入れられなかった(同・上越八〇二)。一連のやりとりの中で、本庄宗緩が家中合議の場を「公界《くがい》」といっているのが注目される(同・上越七八四、七八七)。

輝虎、越中出陣後、関東に向け越山

この月下旬、輝虎は兵を率いて越中へ出馬した。八月二十日に境河を越え、翌日金山城の椎名康胤《しいなやすたね》を攻め、要害際に陣を張った(謙信公御書・上越七九九)。九月二十五日、森尻庄内の乱暴狼藉を禁止する制札を与えた(栄行寺文書・上越八〇九)。十月二十七日、約八十日の遠征を終え、春日山に戻った(歴古・上越八二三)。休む間もなく輝虎は関東へ向かい越山、十一月二十日、倉内城(沼田)に着陣した。梶原政景《かじわらまさかげ》へ参陣を命じ(風軒文書纂・上越八三五)、藤田氏邦・遠山康光《やすみつ》を通じ、北条氏康父子にも同陣をもとめた(謙信公御書集・上越八三七)。輝虎の苦労をねぎらい、北条氏政は蜜柑と江川酒を届けた(上杉家文書・上越八四二)。

輝虎はこのまま沼田で年を越した。

永禄十三年・元亀元年（四月二十三日改元　一五七〇）

正月早々、上野沼田城（群馬県沼田市）で越年した輝虎は、離叛した佐野氏攻略のため下野佐野（栃木県佐野市）に出陣、これを攻略した（上杉文書・新―一〇一〇）。二月二日、輝虎は、下平右近亮《しただいらうこんのすけ》らに佐野飯盛《いいもり》山での戦功を賞する感状を与えた（歴代古案・越五―五）。

この戦には輝虎養子の顕景《あきかげ》（のちの景勝）も同陣したと思われ、広井忠家《ただいえ》・下平右近亮・小山弥兵衛らに感状を与えている（新―三四三四、三四六八など）。また、長尾時宗《ときむね》も下平右近亮や内田らに感状を出している（謙信公御書集十）。輝虎はまた同二十八日、戦功のあった武蔵の広田出雲守に館林《たてばやし》長尾氏から奪取した館林城と知行を与えた（歴代古案・越五―二）。

しかし、この輝虎の佐野攻めは、昨年の冬以来連携して信濃・甲斐の武田領へ出陣することを求めていた北条氏康・氏政父子を無視する形となった。このまま越相同盟が破綻することを恐れた北条父子は、以前からの輝虎の要求を受け入れた。条件は、武蔵の岩付《いわつき》城（埼玉県岩槻市）を太田資正《すけまさ》に渡すこと、そして人質（養子）については、氏政の子ではなく弟（氏康の子）の三郎を、用意が調い次第渡すことであった（上杉文書・新―九九、五七〇、一〇二二）。

輝虎、北条氏政と人質交換

信玄、駿河・伊豆侵攻

三月五日、上野沼田城に帰陣していた輝虎は、これを承知して、北条氏康の子三郎と上杉家年寄の柿崎景家《かきざきかげいえ》の子晴家を交換し、三郎に輝虎の姪（長尾政景の娘・顕景の姉）を娶らせることを約束した（上杉文書・新—一〇一五）。

四月五日、小田原を出発した三郎は、上野に入ると北条氏に命ぜられた金山城主由良《ゆら》成繁《なりしげ》の警護のもと厩橋《うまやばし》（前橋市）まで送られ、そこからは上杉家年寄山吉豊守《やまよしとよもり》と厩橋城主北条高広《きたじょうたかひろ》の迎えと供を得て、同十日に倉内（沼田）に到着した（上杉文書・新—七〇三、歴代古案・群—二五九三）。翌十一日、輝虎と対面した三郎は、ともに越後へ戻り、二十五日、約束どおり春日山城において輝虎の姪との祝儀が行われ、正式に輝虎の養子となり、景虎と名乗ることになった。

四月中旬、甲斐の武田信玄は、輝虎が越後へ戻るのを待ったのち駿河・伊豆方面に兵を進めた。北条氏康・氏政は、輝虎に何度も信州口へ出陣し武田の背後を牽制してくれるよう頼んだが（上杉文書・新—六八六、六九二）、輝虎が信濃に出兵することはなかった。

八月初旬頃から再び信玄に伊豆を攻められた北条氏政は、輝虎に上野への出兵を再三催促したが（新—四一四、四七九、四八四、四〇七六など）、輝虎はなかなかこれに応じなかった。その後九月中旬、武田勢が、信濃岩村田から碓氷峠《うすい》をこえて上野に侵入、上杉領の厩橋へ向け進軍したため、ようやく輝虎は板屋光胤《いたやみつたね》や本庄清七郎《ほんじょうせいしちろう》などの軍勢をいそぎ上野

家康、輝虎に同盟締結の起請文

沼田に派遣し、輝虎本人が越山したのは十月二十日であった(北条文書・新―三三八九)。すぐに出陣しなかった輝虎は、その頃三河の徳川家康と結ぶために交渉していた。

八月、家康から使僧叶坊光播《かのうぼうこうばん》を遣わされた輝虎は、その意を承諾し、十月八日家康は輝虎に同盟締結の起請文を送った(上杉文書・新―三九一、九一〇など)。その内容は、武田信玄と手を切ること、織田信長と輝虎が入魂となるよう信長に進言すること、信長と武田氏との縁組も破談するよう諫言することであった。輝虎・家康の間を取り次いだ両家の年寄や側近は、上杉方は直江景綱《かげつな》・河田長親《ながちか》・村上国清《くにきよ》ら、徳川方は酒井忠次《ただつぐ》・石川家成《いえなり》・同数正《かずまさ》・松平真乗《さねのり》らであった(上杉家文書・新―三八〇・三九一・九三三、本光寺文書・新―四三二三、歴代古案巻一など)。

輝虎にとって家康との同盟は、武田氏を南北から挟撃するだけでなく、信長との接点を深める必要からも重要なことであった。北条氏と同盟して上野国と関東管領職を確保した輝虎の視線は、家康や将軍義昭を擁して京都にあった信長にも注がれていた。

十月下旬、上野に出陣した輝虎は、武田勢を退散させすぐに帰国したと思われる。その間、養子の三郎景虎は信越の仕置のため越府に留められていた。十一月下旬、信玄が再び上野へ向け出陣したとの噂が流れたが、輝虎が出陣することはなかった(栗林文書・新―三九八三)。

コラム　徳川家康と上杉謙信

栗原　修

永禄十一年三月より前、徳川家康は、使者を遠く越後国の上杉氏のもとに送り、上杉謙信とよしみを結ぼうとした（本光寺文書）。徳川氏と上杉氏との交渉の始まりだった。徳川氏は、なぜこの時期に上杉氏との交渉を始めたのであろうか。それには交渉開始後まもなく起こった事件が関わっていたのである。

徳川氏が上杉氏に初めて使者を送ったその年の十二月、甲斐国の武田信玄が突如として駿河国に侵攻して今川氏を攻撃する事件が発生した。武田氏と今川氏は、相模国の北条氏もまじえて、三者で同盟を結んでいた間柄であったから、信玄はその同盟を破ったことになる。これを見た北条氏康・氏政父子は、今川氏真を助けるため、長年の宿敵であった上杉謙信と手を結ぶことを考え、永禄十二年閏五月に同盟を結ぶにいたる。これが越相同盟であり、今川氏をめぐって、武田対北条・上杉という構図ができあがったのである。このように信玄の駿河国侵攻は、東国の政治状況を大きく変え、新たな大名間の同盟が結ばれていくきっかけとなった。しかし、信玄は何も単独で今川氏を攻撃したわけではなかった。実は、信玄は家康との間に、協力して今川氏を攻撃することを約束していたのである。それは駿河国侵攻に先立つ永禄十一年二月のことであった。

そのころ家康は、永禄三年に今川義元が桶狭間で戦死したのち、今川氏のもとを離れ、尾張国の織田信長と同盟を結び、ほぼ三河国を制圧していた。家康は、さらなる領国拡大の大きなチャンスとして、信玄の提案を受け入れたのであろう。そして信玄の駿河国侵攻と時を同じくして、家康も遠江国に侵攻したのであった。このように、家康は上杉氏との交渉を始めた時には、すでに遠江国侵攻の意図を持っていたことは明らかである。家康は、武田氏が駿河国侵攻ののち、遠江、ひいては三河に攻め込んでくることを警戒し、武田氏と敵対関係にある上杉氏と結ぶことによって武田氏を牽制することをねらったのである。

だが上杉氏との交渉には一つの問題があった。それは今川氏の存在である。というのも上杉氏は今川氏との間に、さる永禄十年十二月に武田氏を共通の敵とする同盟を結んでいたからである。謙信は、この今川氏との同盟関係のほかに、徳川氏と同盟関係を結んでも齟齬をきたさないかどうか、徳川氏と今川氏との政治的関係を確かめる必要があったのである。そこで永禄十一年三月に謙信は家康に対して今川氏との政治的関係を尋ねている(本光寺文書)。

家康は、すでに今川氏攻撃を考えていたが、謙信には少しもにおわせず、ようやく永禄十二年二月になって謙信に返事を出した(上杉文書)。家康は、今川氏と武田氏との抗争が起こった際に、遠江国に出陣したところ、意外にも同国の諸将が降参してきて、今は懸川城のみ敵対しており、同城には今川氏真が籠城しているが、まもなく落城するだろうと説明をしたのである。返事が遅れたのは遠国のためもあろうが、遠江国侵攻という既成事実を謙信に認めさせるために意図的に遅らせたとも考えられる。このように家康は武田氏を牽制することを目的として上杉氏との関係強化に乗り出したのである。

元亀元年十月八日に家康は謙信に対して起請文を提出した(上杉文書)。家康は、武田氏と関係を断つこと、織田信長と謙信がより昵懇の間柄となるように信長に対して意見をすること、また武田氏と織田氏との縁組を破談にするように信長に諫言することなどを誓約している。謙信は、宿敵信玄を上杉・徳川・織田三者によって包囲することを考え、すでに永禄七年十一月から同盟関係にあった織田氏への働きかけを徳川氏に期待したのである。家康は、このような謙信の要望に応じ、織田氏への働きかけを起請文によって約束したのであった。

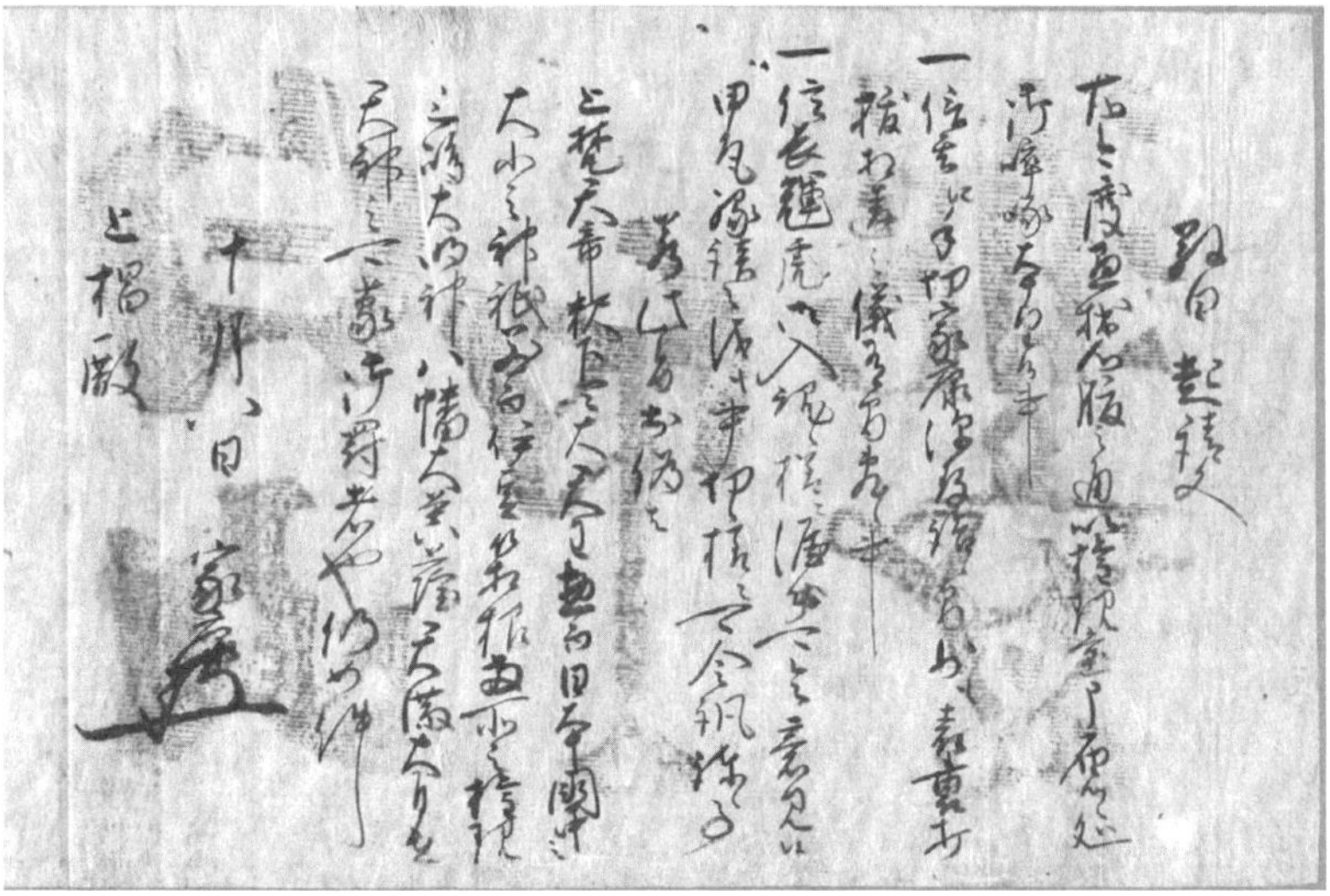

元亀元年10月8日 徳川家康起請文（米沢市上杉博物館所蔵）

このころ家康は、同盟者の信長が武田氏との間で縁組を計画するなど武田氏と表面上は友好関係を保っているため、信長からの全面的な支援を期待できない状況にあった。このため上杉氏との軍事的連携の実現に期待を寄せ、謙信の要望を全面的に受け入れることによって、同盟をこの元亀元年十月時点で実現させたのである。なお同盟実現の背景として、永禄十二年三月の徳川・今川両氏間での和睦成立、同年五月の懸川開城は見逃せない。これにより、今川氏と同盟関係にあった上杉氏にとっても、矛盾なく武田氏を共通の敵とする同盟を徳川氏と結ぶことができたのである。

上杉氏との同盟に成功した家康は、その後人生最大の危機を迎える。元亀三年十二月二十二日の三方原合戦における敗北である。その後、武田軍は天正元年二月十日に三河国野田城を攻略するなど一段と攻勢を強めており、同年四月の突然の信玄死去にも関わらず、攻防は一進一退を続けていた。当時、家康の一番の同盟者であり、また元亀三年十一月に謙信と誓詞を交換して提携を強化していた信長は、織田氏包囲網の中で身動きの取れない状況にあり、家康への支援は難しかった。ここで家康は上杉氏との同盟が今こそ生きると考えたのであろう。家康は、武田氏の背後をつくように謙信に信濃国出陣をしきりに要請した。天正元年七月、家康は来たる秋に互いに出陣することが肝心であること、信長は信濃・甲斐へ出陣することに消極的であるのかという謙信の疑心についてはこれを否定し、信長への諫言を約束すること、秋に信濃へ出陣することについては近日中に使者を送って相談したいことを申し入れている（「謙信公御書」）。しかし、謙信は北陸作戦に忙しく、結局、上杉氏と武田氏との直接対決は実現しなかった。

天正二年三月、ようやく謙信は出陣した。しかし、信濃へではなかった。謙信は、関東方面の味方中を支援するべく、武田氏との同盟を復活させていた北条氏との対決を優先させたのである。そのため、家康が望む信濃国出兵は果たされなかった。家康は、上杉氏との軍事的連携がうまくいかないことから、状況打開のために織田氏への従属度を深めていく。天正三年に入ると、謙信の上野国出陣に応じて家康が駿河国に出兵するという状況となり、また同年五月二十一日の長篠合戦で武田氏に大打撃を与えたこともあって、このころの家康は上杉氏との同盟に意義を見出してはいなかったのであろう。そして、天正四年六月ごろに織田氏と上杉氏が敵対関係に入ると、家康も織田氏に同調したとみられる。ところが、同年七月、家康のもとで遠江国牧野城に在城していた今川氏真が、謙信に今川・上杉同盟にもとづく信濃出兵を求めている（「古案 義元」）。氏真の背後には、駿河進出の正当性を得るために旧駿河国主の氏真を前面に押し立て、さらに武田氏を牽制するために氏真を通して謙信を動かそうとする家康の意図があった。しかし、謙信と敵対した信長との関係上、家康の目論見はあまりにも危険であり、また謙信も動かないことから、家康は翌五年三月にその役割を終えた氏真を浜松に戻した。ここに徳川氏と上杉氏との断交は決定的となったのである。

輝虎出家、謙信と称す

この頃、輝虎は出家し、謙信と称するようになる。

十二月十三日、謙信は願文を捧げ、来春二月・三月に越中へ出馬し、留守中に越後と関東が何事もなく、無事に越中一国を入手できたなら、明くる年一年は必ず日々看経することを誓った(上杉文書・新一八八八)。

元亀二年(一五七一)

謙信、越中出陣

正月、武田信玄は北条方の駿河深沢城を攻略した。同月二十日、北条氏政は、謙信と実弟の景虎両名に宛て援軍を要請した(新田文書・新一四〇九二)。謙信は、昨年末から越中への出陣を準備していたため、自身が出陣することなく、年寄の直江景綱や養子顕景《あきかげ》(のちの景勝)とその家中栗林政頼《まさより》・上田衆などの軍勢を上野沼田へ派遣した。ところが、二月二十八日、厩橋城主北条高広から武田勢退散の報をうけた謙信は、沼田に派遣した軍勢を至急呼び戻した(栗林文書・新一三九七五)。

三月上旬、謙信は、越中日宮城主神保《じんぼ》長職《ながもと》の要請を名目に越中へ向け出陣した。十七日には神通川を越え、十九日には敵城を落居させ、さらに反上杉方の守山・湯山両城を攻めようとした。しかし、六渡寺川《ろくどうじ》(小矢部川)増水のため渡ることができず、他の敵城十余ヶ所を落城させて帰陣した(上杉文書・新一七〇一)。

謙信、織田信長と鷹の贈答交換

四月、信玄が西上野に出陣するという情報が流れたが、その頃信玄は三河の足助城や吉田城を攻め、徳川家康と二連木《にれんぎ》(豊橋市)で戦っていた。五月二日、信玄の西上野侵入が延引したことを知った謙信は、顕景と栗林政頼・上田衆などを派遣し、関越国境の警戒とともに浅貝に寄居城を築かせた(栗林文書・新―三九八五、三九六九)。これより先、北条氏と武田氏が和を結んでいるという噂が流れたため、謙信は北条氏に誓詞を送りこれを詰った。それに対し、四月十五日、北条氏康はそのような噂は事実無根であると弁解し、「讒言の所行」は昔も今もよく使う手段であるから、念を入れ糾明してほしいと訴えている(上杉文書・新―六八八)。

一方、七月徳川家康は、謙信とさらに提携を深めようと植村家政・菅沼定盈《さだみつ》両名を使者に遣わし「虎のかしら」を贈った。謙信はこの申し入れを快諾し、誓詞を交換して鴾毛の馬を贈った(越五―八四、八五)。二月にも、家康と謙信は新暦吉兆の挨拶をかわすなど(上杉文書・新―九一二)、対武田を目的とした上杉・徳川の同盟は順調に進んだ。

そして、謙信は、家康だけでなく、織田信長とも順調に交流を重ねている。三月二十日、信長は、謙信のもとに「珍しき鷹」がいると聞き及んで鷹師を遣わしており(上杉文書・新―七五三)、九月にはその鷹が信長に届けられたのだろうか、謙信から希有な鷹を贈られたことを謝し(上杉文書・新―七五二)、礼として「弟隼」や五種の進物を贈っている(堀江文書・

北条氏政、上杉との同盟を破棄し、武田との甲相同盟を復活

新―四一九三）。

このように謙信が織田・徳川との関係を深めていくなか、十月三日、前年秋頃から病気を患っていた北条氏康が小田原城で死去した（五十七歳）。すると氏康の子氏政は、積極的に機能しない上杉との越相同盟を破棄し、再び武田信玄と同盟を結ぶ交渉をひそかに始めた。

十一月、常陸の小田氏治《うじはる》が、信玄と結んだ佐竹義重に攻められた。氏治から援軍要請を受けた謙信は越山した（歴代古案・越五―一八八）。小田と上杉のやりとりは、小田側は菅谷全久、上杉側は飯田与三左衛門尉を介して上杉年寄の山吉豊守と厩橋北条高広が行っている（歴代古案・越五―一九一、一九二など）。

十二月末、北条氏政は、ついに上杉との同盟を破棄し、武田との甲相同盟を復活させた。これにより、上杉氏と北条氏は再び対立することになり、関東への脅威をなくした信玄は西上作戦を展開できるようになった。

元亀三年（一五七二）

上野で越年した謙信は、敵城を落とした小田氏治にさらなる出兵を求められた（歴代古案・越五―一〇一、一〇二）。しかし閏正月三日、武田方の上野石倉城（群馬県前橋市）を陥れ

たあと、信玄が西上野へ出陣してきたため、厩橋付近の利根川で対陣してから馬を納めて帰国した。

二月十六日、謙信は厩橋の北条《きたじょう》高広から北条《ほうじょう》軍の厩橋在陣の報をうけたが、栗林政頼や上田衆を先陣として派遣し、板屋光胤に沼田へ移るよう命じたのみで、自身は出陣していない(栗林文書・新―三四〇七、板屋文書・新―四五九六)。

謙信、対北条の包囲網を築く

越相同盟が破綻し、再び武田・北条の上野侵入に対する警戒が必要となった謙信は、四月十六日、厩橋北条高広のもとへ高広の子景広《かげひろ》を送り込んだ(妙満寺文書・新―四二四七)。そして、また常陸の佐竹氏や安房の里見氏などと連携を深め、対北条の包囲網を築き始めた(吉川文書・新―三七〇九)。二十八日、謙信は、厩橋の北条景広から北条・武田両氏の軍勢出陣の注進をうけ、栗林政頼に関越国境のさらなる警戒を命じた(栗林文書・新―三九七二)。

武田氏との連携で越中では反上杉方が軍事行動

五月、越中では、武田氏との連携で松倉城主椎名康胤《やすたね》などの反上杉方が軍事行動に出た。そこで十九日、魚津城主河田長親から派遣された吉江忠景《ただかげ》が太田保本郷(富山市)に陣取った(上杉文書・新―四〇三)。二十三日、武田と結んだ本願寺顕如《けんにょ》の意を受け加賀一向一揆勢が河上五位庄《かわかみごいのしょう》(富山県高岡市)へ向け侵攻していたので、日宮城(同射水市)に在城していた神保覚広《さとひろ》とその家中は、新庄城の鰺坂長実《あじざかながざね》らに後詰めを求めた(上杉文書・新―

五二二)。

意を受けた長実や長尾景直《かげなお》らは、謙信へ越中出兵を求めるとともに、河田長親や山本寺《さんぼんじ》定長《さだなが》の軍勢と合流し、日宮在城衆救援のために五福山《ごふく》(富山市)へ入り陣を張った。けれども、一向一揆は大軍で攻め込んだため、六月十五日、鰺坂・河田・山本寺らの軍勢は神通川《じんつう》の渡し場で戦い敗北した(上杉文書・新—三九〇、三九七)。

援軍を絶たれた神保覚広ら日宮在城衆は、上杉方に相談なく一揆勢と和睦して越中と能登の境にある石動《いするぎ》へと退去してしまった(上杉文書・新—四八〇)。さらに一向一揆勢は神通川以西を制し、川を越えて富山に布陣したため、鰺坂長実ら上杉勢は、新庄に在陣して謙信の出陣を待つこととなった。

神通川で上杉方が敗れた六月十五日、謙信は春日山で、加賀と越中瑞泉寺《ずいせん》・安養寺《あんよう》の一揆がことごとく退散するよう願文を捧げている(上杉文書・新—二六〇、入沢文書)。しかし、直江景綱らを援軍として越中へ派遣するのみで、上野への武田・北条軍の動向が気にかかり、謙信自身はなかなか出陣できなかった。

七月二十三日、北条勢が上野石倉城へ押し寄せているという報をうけた謙信は、養子顕景(景勝)を派遣し、後見役の栗林政頼に対して、地下人《じげにん》まで召し連れ沼田へ移り、厩橋城を援護するよう命じている(栗林文書・新—三九七七)。

謙信、関東出兵の予定を変更し、越中に出陣

その後、越中では七月末、加賀の一向一揆勢から山浦国清《やまうらくにきよ》の陣が攻撃されたが、援軍の河田長親がこれを撃退した（歴代古案・富―一七六七）。そこで謙信は、関東出兵の予定を変更し、八月六日越中に出陣、十八日に新庄に着陣して、富山に布陣する一向一揆勢と対峙した（富―一七七一、一七七六、一七七七、一七八七）。対する一揆勢の指揮者杉浦玄任《げんにん》らは、再三金沢御坊へ援軍を要請したが、この時期御坊では越前・近江へも軍事行動に出ていたのでなかなか援軍は来なかった（富―一七七一、一七七二など）。

九月十日、謙信は、上野の北条・武田両軍退散の報を得て、上田衆を急ぎ越中へ呼び寄せるよう命じ、栗林政頼に越中進軍の方法を具体的に指示した（栗林文書・新―三九七九）。十七日には謙信の要請を受けた飛騨の江馬輝盛《てるもり》が出陣してきており（富―一七八四）、これらの上杉方の軍勢増強をみて富山に在陣していた一向一揆勢は日宮方面に退去した。翌十八日、謙信は滝山城の攻撃を始め、二十三日には攻略し、在城していた水越某は河田長親のもとへ投降し赦免されたが、城内は焼き払われ破却された（富―一七八八）。

十月、謙信を越中へ釘付けにした信玄は、本願寺や越前の朝倉・近江の浅井《あざい》氏と結んで西上作戦を開始し、遠江を攻略、三河へと進出した。その間、武田・本願寺・朝倉・浅井の連合に対して、謙信は織田信長と交渉していた。

九月、謙信は山崎秀仙《しゅうせん》を信長のもとへ派遣し、それをうけ、二十六日付の返事を携え

謙信・信長・家康の同盟

謙信、加賀・越中の一向一揆方と和睦

た信長の使者が、上杉・武田の和与をあつかうための将軍足利義昭の使者とともに、謙信留守中の越後へ来訪した(温故足徴・越五—一四一、上杉文書・新—八五三)。信長と信玄の間に疑念をもった謙信は、長景連《ちょうかげつら》を使者とし起請文二通を持たせて信長のもとへ派遣した。十一月二十日、信長は景連の眼前で起請文に血判を押し、信玄と義絶することを再確認し、ともに攻撃することを誓った(真田宝物館文書・群—二七一九)。

このとき信長は書状で、もし二十、三十日ほどで越中制圧が可能ならそのまま越中に留まること、来春までかかるようなら引き返して信濃か上野に出兵するよう申し入れた。また、このとき信長は、謙信の求めた「両瓶」がなかったため、その代替品とともに南蛮笠と筒眼三つを贈っている(雑録追加三・上越一一三二)。しかし、謙信は、そのまま越中にとどまり越年した。

元亀四年・天正元年(七月二十八日改元　一五七三)

正月、越中の長期在陣が不本意であった謙信は、加賀・越中の一向一揆方の懇望により和睦した(上杉文書・新—二五八)。この時、松倉城主椎名康胤《やすたね》も、長尾顕景(景勝)や栗林政頼らを介して謙信に許しを請い認められた(歴代古案・越五—一五五、栗林文書・新—三九八八)。その後謙信は、富山城を接収、守備兵を置き帰路についた。

将軍足利義昭、信長と義絶

　ところがその途中、武田信玄の使僧長延寺実了《ちょうえんじじつりょう》の策略で、撤退したはずの一向一揆勢が再び戻り富山に入ったため、謙信はそれに応じてまた軍勢を引き返すことになった。謙信は、稲荷・岩瀬・本郷・二宮・押上(富山市)に富山城への向城《むかいじろ》(付城)を築いたので、富山在城以外の加賀・越中の一揆勢は、神通川の川向に陣取るばかりであった(上杉文書・新一一五八)。これにより、謙信は越中の神通川以東を制圧することとなった。

　正月二十八日と二月十日、越中在陣中の謙信は、織田信長に相次いで使者と書状を遣わしたが返事はなかった。三月七日、将軍足利義昭は信長に人質を返し、義絶を表明した。本願寺・武田・朝倉・浅井の連携動向の背後にいた義昭は、公然と信長と敵対することになったのである。

　そのような状況下、十九日、信長は謙信に条目を送り、近江や義昭についての情勢とともに、武田氏の軍勢が撤退したことを知らせ、信濃への侵攻作戦は上杉・織田・徳川三者で示し合わせることを確認し、さらに謙信との連携を固めようとした(謙信公御書集巻十二)。

　四月、謙信は、魚津等の城普請を指示し、また上杉十郎・上条政繁《じょうじょうまさしげ》・琵琶島《びわじま》弥七郎・山本寺定長・柿崎景家・斎藤朝信《とものぶ》・本庄清七郎・吉江景資《かげすけ》ら多くの軍勢を越中に配備・在番させてから帰国の途につき、十九日糸魚川を経て、二十一日春日山に到着した(歴

コラム　寵臣河田長親

広井　造

河田長親（生没年一五四三頃〜一五八一頃）の没後、およそ二二〇年を経た寛政九年（一七九七）、米沢藩士として続いた河田家の関係者は次のように述懐している。「河田家の系図之通、同苗数多ニ候（中略）同名共、我も我もと豊前守（河田長親のこと）之本家を争ひ、他名之者迄豊前守跡とて系図・ゆかり・古実もし（知）らすして公（米沢藩主上杉家）辺迄も申上候と見えたり」（「田代資盈覚書」長岡市立科学博物館所蔵）。

河田長親は、永禄期には①上杉軍の関東侵攻軍指揮官の一人として、また、②将軍足利義昭や江馬・太田・河上・佐竹・徳川・由良・六角など、対大名間交渉の担当官として、さらには、永禄末年から天正期には③越中・能登侵攻軍指揮官の一人として大きな力を発揮している。そこで、謙信からは、有能な官僚という高い評価を受けていたことはまちがいない。謙信自身の発給文書には、長親に対して細やかな心遣いが見られる。しかし一方で、『上杉家御年譜』等の所伝では、近江国出身の長親が謙信に仕えることになったきっかけとして、謙信と親しかった関白近衛前嗣が「どうも謙信は若衆が好きらしい」という証言をまるで裏付けるかのように、長親の「容貌佳麗」を強調していることなどから、単なる官僚という評価とは別の、きわめて親密な関係（男色？）があったのではないかという説が近年浮上している。

ところで、長親には妻もいたし、「岩鶴丸」という子供もいた（「河田殿後室様」県史三一三一、「岩鶴老母」県史三一七五、「岩鶴殿御老母」県史四九一一）。「藤原氏河田家系図」（長岡市立科学博物館所蔵）によると、「河田岩鶴丸　母北条安芸守輔広女、十三歳ニシテ早世、父豊前守卒去後、依幼稚天正九年八月家督」とある。また「御家中諸士略系譜」（『上杉家御年譜

二三　上杉氏系図　外姻略譜　御家中諸士略系譜（一）』三六一頁）では「同（天正）十四年八月五日行年十三ニテ卒」とある。すると、岩鶴丸の出生年は、天正二年（一五七四）頃ということになるし、長親の婚姻は少なくとも天正元年（一五七三）頃以前、三一歳頃（「藤原氏河田家系図」による）以前ということになる。なお、史料上、河田岩鶴丸の名は、天正十一年霜月二十八日舟橋名兵衛宛知行宛行状（「覚上公御書集」之九）までみえる。

さて、天正元年といえば、長親は謙信から十月十九日付けで、「太田之下郷」（現富山県上新川郡）を「料所」として預けられた記念すべき年にあたる。「上杉家御年譜」においても少し前の八月条で「長親近年魚津城ニ居住シ軍功比類ナケレハ　管領（謙信）モ報賞有テ御感状二十七万石ノ地ヲ差添賜ル　長親如何ナル御夙縁ヲ結ヒケルニヤ昔時江州守山ノ者ニテ側陋ノ身也ト雖モ　如此管領ニ吹挙セラレ　行年二十八歳ニテ伎倆ノ大身トナリ　武名ヲ後代ニ輝ス事タメシ少キ次第ナリ　是ヨリ先越後古志ノ内山東郡ヲ賜リ　長尾ノ姓ニ改メラレントナリ長親是ヲ辞シ　願ハ本姓ヲ以テ御取立ニ頂ラハ　此上ノ御芳恩タルヘキ旨　頻リニ言上スレハ　管領モ此道理ニ感シ玉ヒ　其意ニ任セラレ　長尾ノ姓ヲ不賜　然レ共長尾家ノ紋ニ相並　河田ノ紋トス　弥寵遇ノ餘リ古志ノ諸士ヲ付給フ」（『上杉家御年譜一　謙信公』四二三頁）として、長親の人生にとって一大画期ともいうべき時期にあったことを記している。こうした長親にとっての栄達時期が、ちょうど婚姻や嫡子の誕生と近い時期にあることは、はたして偶然だろうか。

長親には何人かの養子がいたらしい。前掲「御家中諸士略系譜」には「河田貞親」を載せ、「八左衛門　貞親養子実折下士佐男、豊前守長親ハ従弟之由、長親松倉在城之時、織田信長方ヨリ佐々内蔵之助差向申ニ付、長親実子無之ニ依テ手立ヲ以テ貞親養子ト成リ、内蔵之助方エ証人ニ相渡ル由、其後志賀新兵衛清親名跡ト成ル後詳ナリ」とある。「信長公記」巻一四にある天正九年（一五八一）三月頃のことであろうか。また、長親の出身地といわ

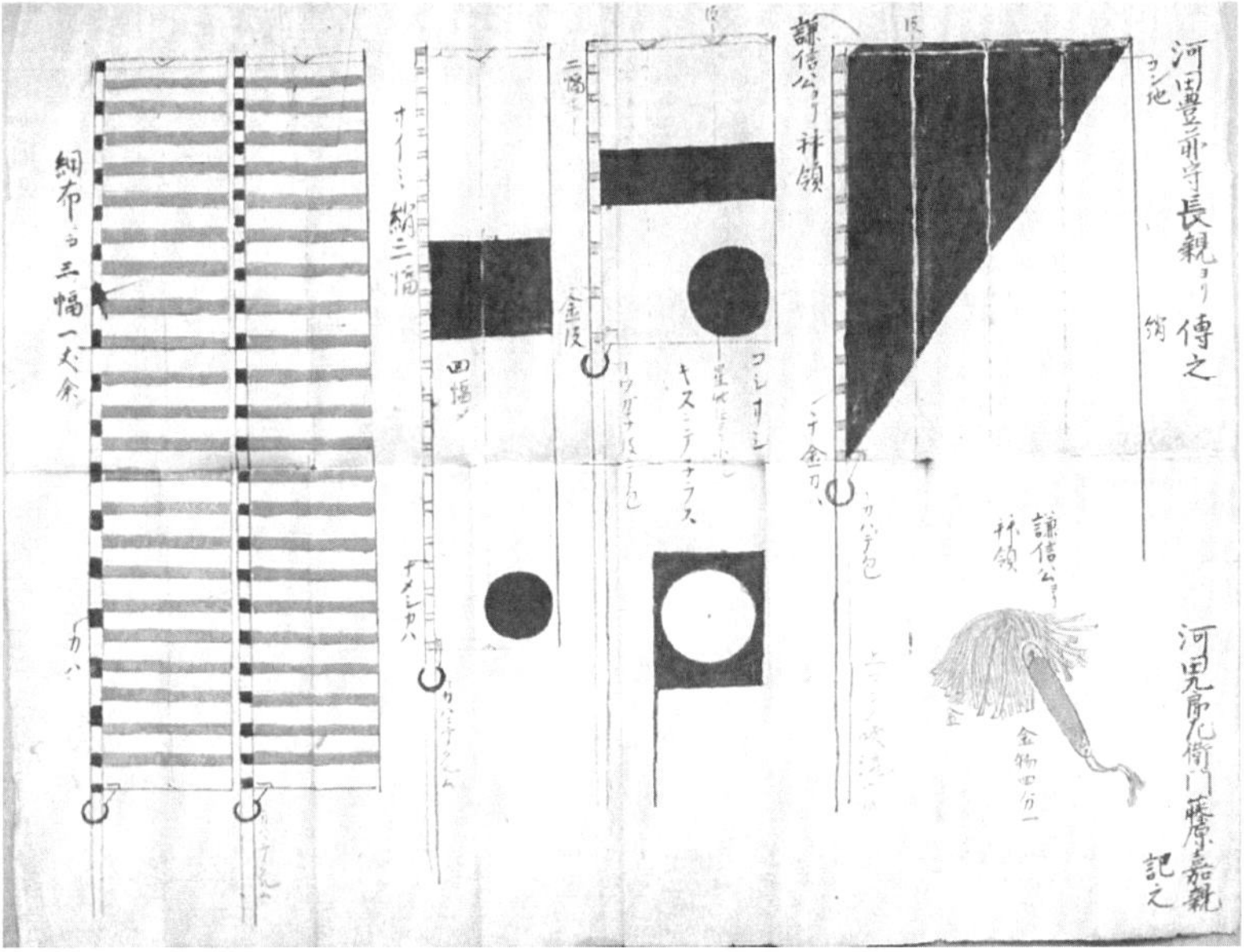

河田家に伝来した采配・旗指物の写

れている滋賀県守山市在住の川田家所伝の系図では、岩鶴丸の他に二人の実子と二人の養子がいたことも伝えられている。一方、長親は元亀二年（一五七一）十二月十一日付で、河田孫五郎に知行宛行状を発給しているが（鳥取県立博物館所蔵「池田藩家譜　土肥蒡家」）、土肥家では河田孫五郎は土肥孫十郎の弟としている。土肥家は越中侍である。この河田孫五郎は、翌元亀三年（一五七二）十月十五日付で謙信から「右衛門佐」の官途名を受領するなど厚遇されている。天正九年二月五日付で長親は河田右衛門佐（孫五郎）の遺児猿千代に知行安堵・軍役賦課を行っているので、年齢的に考えて、土肥から河田への改姓は、土肥孫五郎が長親の養子となったことを示すとは考えにくい。あるいは長親と長尾姓の関係と同じく、河田姓の授与を通して、親密な関係を構築しようとしたのだろうか。そうだとすれば、長親のとった行為は謙信に通じるところが大いにあるといえるだろう。ただし、冒頭で触れた後々起きたという河田家の本家・分家騒動の一因にもなりそうな事例である。なお、長親は、従弟の河田源七郎に天正二年(一五七四)八月六日付で知行宛行状を発給しているが、「藤原氏河田家系図」に記載された源七郎の父の没年齢から考えると、このとき源七郎は十三歳前後である。河田家の所伝では、この源七郎も長親の養子として大切に成長が見守られ、長親の遺児岩鶴丸の没後、慶長二年(一五九七)に河田長親家の相続が認められ、長親ゆかりの品々も相伝されたという。ただし、冒頭で示したように、その相続は必ずしも河田家一族すべての合意のもととはいかなかったようである。

そうした中で、長親ゆかりの品々を相伝するという行為は、本家と主張するためには不可欠で、そのための記録も怠らなかった。その一つが采配や旗指物の写しである(写真)。金の采配や、右下が白色、左上が黒色の旗には「謙信公ヨリ拝領」という注記がある。残念ながら現物は、万治三年(一六六〇)に焼失したとのことで現存せず、真偽のほどは確かめようもないが、謙信と長親に関わる情報だけにきわめて重要である。

こうした河田家の記録は他にも「金覆輪鞍　是者将軍義輝公より謙信公へ御進入御鞍ト申伝(延宝二年〈一六七四〉「河田家重器之覚」)「君(謙信)より拝受ノ宝剣・九ツ巴ノ御紋」・「昔御上洛之時騎馬ニて御付仕候由、其時馬のさんづかけとて(中略)くじやくの羽を柿色の布にとち付たるもの也」・「御上洛之時被為持拵候刀筒とて有之候、十曜ノ紋警有くわ(家)紋なり」(「田代資盈覚書」)などがみられる。将軍足利義輝からの拝領品を謙信は長親に与えたと伝えられているなど、長親への厚遇ぶりが窺えて興味深い。

河田長親は、天正九年(一五八一)三月二十四日、越中松倉城で病没する。墓所は現在、山形県米沢市の曹洞宗報恩林清滝山常安寺にある。謙信の栃尾時代以来、ゆかりの深い禅寺で、謙信を開基とする。法名は「普済寺殿英光恭雄禅斎大善定門」。「普済寺殿」は、現在栖吉城(新潟県長岡市)の城下に所在する、越後守護上杉家祈願所の一つで、古志郡司長尾家ゆかりの「普済寺」との深い関わりを想起させる。

代古案・富ー一八一一)。ところが、謙信がいなくなった越中では、椎名氏の牢人衆が越中・越後国境近くの海岸の境・市振《いちぶり》・宮崎あたりに出没して海賊行為を始めた。そこで謙信は、五月十四日、河隅忠清《かわすみただきよ》と庄田隼人《しょうだはやと》に海賊行為に対処するため、直江景綱・鮎川盛長を派遣し、近辺の村々と協力して警備を厳重にするよう具体的に指示している(岡田文書・新ー三八六三)。

武田信玄病死

四月十二日、三河から撤退し南信濃に在陣中の武田信玄が病死した(五十三歳)。信玄の死はすぐに広まったらしく、同月三十日越中の河田長親が謙信の側近吉江資堅《すけかた》に宛てた書状では、織田・徳川へ遣わした飛脚の情報によると信玄の死は必定であるとし、詳しい情報は近日また知らせると述べている(吉江文書・新ー三六八六)。

信長、越前朝倉氏、近江浅井氏を滅ぼす

信玄の死が明白となり、危機を脱した信長は、七月に足利義昭が籠城する山城槇島城を攻略、義昭の子(義尋)を人質にとり退城させた。八月には、越前一乗谷へ攻め込み朝倉氏を滅ぼし、さらに近江小谷を囲んで浅井氏も滅ぼした。

謙信、加賀侵攻

八月、信長の動きに合わせたのか、謙信も越中へ出陣し、一向一揆勢力と戦い、越中の諸城を落居させ、進んで加賀朝日(金沢市)まで攻めている(山形大学図書館文書・新ー一八六六)。ところが、謙信の越中出陣の隙をみた北条氏政が上野厩橋へ向け出陣した。白井八崎城の長尾憲景らの越山要請をうけたため、謙信は八月下旬には帰国した(志賀文

謙信、越中西部まで支配

書・新一三四四四、歴代古案・越五一一九四)。しかし、越中出兵の疲労のため年内は休息するとし、越山は年を明けてから行うことにした(下条文書・新一三九三七)。

十月、謙信は、越中の神保家中小嶋職鎮《こじまもとしげ》・狩野道州《どうしゅう》の望みにより、永禄五年九月に上杉方として戦死した神保民部大夫跡職を弥次郎に相続することを承認している(上杉文書・新一五一五)。昨夏に日宮城から石動に退去していた神保家中は、ようやく日宮城に復帰できたと思われる。これにより謙信の権力は、越中東部だけでなく西部にまで及んだ。

また謙信は、十月十九日、越中へ派遣している河田長親と村田秀頼《ひでより》に対し、太田保の下郷と上郷をそれぞれ料所(直轄領)として預け、「人家」を立てるよう命じた(上杉文書・新一八七四、八七六)。太田保はもともと広大な国衙領を起源とし、中世後期には管領細川家領として越中における重要な地域であったが、謙信はここから一向一揆勢力を排除、直轄化して越中の拠点地域として復興しようとしたのであろう。

天正二年(一五七四)

越相同盟破綻以後、北条氏政が関東の上杉方、とくに下総関宿《せきやど》(千葉県関宿町)の簗《やな》田晴助《だはるすけ》への圧迫を強めると、謙信の出陣が望まれていた。正月九日、春日山で年を越した謙信は、徳川家康に十八日に西上野へ出陣することを告げ、織田信長とともに信濃・甲斐へ出兵して武田勝頼の背後を牽制してくれるよう求めた(榊原文書・群―二七四九、二七五〇)。家康はこれに呼応して駿河へ向け出兵した。謙信は吉日を選んで二十六日に陣触《じんぶれ》を行い、二月五日に上野沼田に着陣した(後藤文書・新―三四一四)。

謙信、上野沼田着陣

すでに上野新田表(群馬県太田市)では、後藤勝元《かつもと》などの先勢が北条方の金山城主由良成繁らの軍勢と戦闘を始めていた。後藤は勝利を得て、討ち取った首を上杉方の前線拠点である厩橋城主北条高広のもとへ送っている。

謙信は、三月十日には由良氏方の赤堀・善《ぜん》・山上・女淵《おんなぶち》の各城を攻略、さらに桐生領の深沢城を攻撃し(鶏足寺文書・群―二七五三)、十三日には深沢の阿久沢兄弟が従属、そして桐生領御覧田城も攻略した(西沢文書・新―三五五二)。二十六日、謙信は、桐生の陣から由良成繁の本拠金山城を攻めるべく新田藤阿久《ふじあく》に陣取り、武蔵羽生(埼玉県羽生市)の菅原為繁《ためしげ》・木戸忠朝《ただとも》らに軍勢を催促した(中山文書・新―三五四九)。

謙信、利根川を挟んで氏政の軍勢と対陣

しかし、氏政が羽生近辺に出陣したため、謙信も金山城攻めを取りやめ館林領大輪に陣を移し、利根川を挟んで氏政の軍勢と対陣することとなった(秋元文書・越五―一二二一、志賀文書・新―三四六五)。

ところが、利根川の増水で上杉・北条両軍ともに川を渡ることができず、北条軍は十五日に武蔵本田まで引き上げ、謙信は西庄赤石城(群馬県伊勢崎市)に対し今村城を取り

謙信、信長から狩野永徳作「洛中洛外図屏風」を贈られたか

立てた（歴代古案・越五―一二二三）。五月、結局、謙信は金山城を攻略できないまま、武蔵羽生の菅原為繁や下総関宿の簗田氏らに堅固の備えを命じ、秋に再び越山することを約束してから帰国した（歴代古案・越五―一二二六）。

この上野出陣に際し、家康は連携して武田氏領の駿河を攻撃したのに対して、信長は信濃・甲斐へ出兵しなかった。謙信は、早速信長のもとに使者山崎秀仙《しゅうせん》を遣わしその違背を責めた。六月二十九日、信長は謙信に対し、畿内・北近江・越前の鎮定に取り紛れていて出兵できなかったと弁解し、来秋の信濃・甲斐出陣については承知したので、双方で確かな日限を定めたいと返答した（村山文書・越五―一二三一など）。七月九日、家康からも謙信に書状があり、この秋に互いに計って出馬すること、信長に信濃へ出兵するよう諫言することを約束している（歴代古案・越五―一二三四）。

ところで諸書によると、この年三月、謙信は信長から狩野永徳《かのうえいとく》作の「洛中洛外図屏風」一双を贈られたとみえる（年譜、謙信公御書集など）。事実ならば、この屏風は謙信の関東越山中に届けられたことになろう。

六月二十日、謙信は、重臣吉江景資の子与次景泰《よじかげやす》に、昨年九月に死去した揚北（阿賀北）の有力領主中条景資《かげすけ》の娘を娶らせ、中条家の名跡を継がせ軍役を定めた（吉江文書・新―三六九八）。中条景資娘の母は、謙信の養女（高梨政頼の実娘）であり、与次景泰は謙信が

寵愛する近習である。謙信は、揚北の有力領主中条家の存続を名目に、自身の信頼できる者を送り込むことにより、上杉家中の統制と権力の強化を図ろうとした。しかし、実際には中条家中の反対があったためか、中条景泰が現地へ赴き支配した形跡はみられず、伝統ある有力領主の家への介入は容易なことではなかった(矢田俊文「序論上杉謙信をどのように理解すべきか」『定本上杉謙信』)。

七月下旬、氏政の軍勢が上野厩橋まで向かっているとの注進を受けた謙信は、二十六日に先勢を沼田に遣わし、八月初めに自身も関東へ出陣した(歴代古案・越五一二三五、二三三八)。謙信は、まず北条方の由良氏の領内を攻撃し、十月中に桐生谷山砦・猿窪砦を攻略、十一月七日、利根川を越えて武蔵鉢形《はちがた》城下(埼玉県寄居町)・成田(同行田市)・上田領(同東松山市)を攻撃した。すると深谷上杉憲盛《のりもり》から、北条勢が撤退したとの注進(偽情報か)を得て、利根川を越えて返し、再び新田領を攻撃した。

ところが、簗田晴助から北条勢は未だ退散せず関宿は攻囲されているとの報をうけた。あわてた謙信は、新田・館林・足利領を放火してから(那須文書・群一二八〇一)、二十日に下野只木山(栃木県足利市)、二十二日に沼尻(同藤岡町)に着陣した。二十三日、小山秀綱《ひでつな》と簗田晴助を招いて談合し、常陸の佐竹義重《よししげ》の参陣を求めた後、下野小山(同小山市)に陣を進めた(小田部文書・新一三七六二)。

佐竹義重・宇都宮廣綱は北条氏と和睦

上杉氏の拠点は上野厩橋にまで後退

そこで謙信は、義重と合流し相談したが、意見は合わず決裂した。関宿については義重に任せて、謙信は下総古河(茨城県古河市)・栗橋(埼玉県栗橋町)・館林の各城を攻めて通過し、再び利根川をこえて武蔵の崎西・菖蒲・岩付(同岩槻市)など敵地を放火した。そして、上杉方の武蔵・下総国境の拠点であった羽生城を破却し、在城衆らを引き連れて、閏十一月十九日上野厩橋城に帰陣した(名将之消息録・群―一二八〇七)。帰陣したその日に関宿城は落城し、簗田晴助・持助《もちすけ》父子は北条氏に従属した。この際、佐竹義重・宇都宮廣綱《ひろつな》は北条氏と和睦しており、また、この頃にはすでに深谷上杉氏や下総結城氏も北条氏に従属していた(由良文書・群―一二八〇八、高橋文書・群―一二八〇五など)。その後、謙信は二十四日には帰国した。

謙信は、この年二度の越山で敵領内の多くの城や砦を攻撃し放火した。しかし、上杉方の下総・武蔵の拠点である関宿と羽生両城を失い、関東諸氏の多くが北条氏に従属したり和睦してしまった。これにより関東に向けての上杉氏の拠点は上野厩橋にまで大きく後退することとなった。

翌十二月十九日、謙信は、高野山無量光院の宝幢寺清胤《ほうどうじせいいん》を師として出家し、四度の法会灌頂《かんじょう》を行い法印大和尚《ほういんだいおしょう》となった(上杉文書・新―八八七、高野山文書・越五―三〇七)。そして、二十四日、春日山林泉寺において父為景の三十三回忌を厳重に執行したという(謙信公御

養子の顕景、景勝と改名

謙信、越後諸侍の軍役帳を作成

書集)。

天正三年(一五七五)

正月十一日、謙信は吉日を選んでこの日、養子の長尾顕景を上杉景勝《かげかつ》と改名させ、自身の官途弾正少弼を譲り与えた(上杉文書・新一八九〇、八九一)。

二月十六日、謙信は、越後諸侍の軍役帳を作成した(上杉文書・新一八三九、八四〇)。七日前の同月九日、景勝は自身の軍役量を記した覚書を謙信側近の吉江資堅《すけかた》に提出している(吉江文書・新一三六八二)。このように、他の諸氏にも軍役量を謙信のもとへ提出させて、作成したとみられる。軍役が記載された者は、謙信の養子景勝を筆頭として越後守護上杉家一門、越後の有力領主と譜代の重臣たちである。上野や越中に派遣された譜代の重臣や他国衆たちは記載されていないことから、この軍役帳はあくまで越後国限定のものであったと考えられる。軍役帳作成の主目的は不明だが、謙信は昨年末に出家し、正月に養子顕景を景勝へ改名させている点などを考慮するならば、昨冬の関東での上杉領後退をうけ、改めて地盤である本国越後における上杉家中の秩序を明確に正し、軍事力の把握およびその整備・強化を意図したのではなかろうか。

四月二十四日、謙信は多聞天《たもんてん》に願文を捧げ、北条氏政の非道を並べ立て氏政一類を退

信長・家康の連合軍、武田勝頼の主力軍勢を三河設楽原で圧伏

治できるよう祈った(上杉文書・新一八八七)。このとき、謙信は再び関東越山を意図していたのだろうか。五月十九日、謙信は織田信長に書状を送った。しかし、事態は急変する。同月二十一日、信長・家康の連合軍が、武田勝頼の主力軍勢を三河設楽原で敗ったのである。信長・家康と謙信は、武田氏を共通の強敵とすることにより繋がっていたが、その武田氏の圧倒的敗北は、今までの三者の同盟バランスを大きく変えてしまう。

六月十三日、信長は、謙信へ返事を送った。内容は、長篠《ながしの》合戦で勝頼に大勝利したこと、武田方の美濃岩村城を落としたら信濃へ進出するので、ともに信濃・甲斐を挟撃する絶好の機会であること、家康は駿河へ進出し伊豆境まで放火すること、兵粮の準備が調わないので納馬し来秋に重ねて出陣することであった(謙信公御書集巻十二)。これ以降、信長と謙信の書状の往来は確認できなくなるが、七月二十日、信長は越中在番の村上(山浦)国清に対し、今こそ信濃出陣の好機なのに捨て置くのは口惜しいと述べている(諸州古文書十六)。信長は、信濃出身の村上国清を本領復帰の好機だとけしかけ、信濃への出陣とともに上杉氏からの離叛を促したのだろうか。

六月二十八日、飛騨の江馬輝盛は、この年初めて直江景綱を介して謙信へ書状を送り、越中表における寺島の逆心を鎮めたことを祝している(上杉文書・新一三九九)。これより先、越中で寺島氏が反上杉氏の行動をとったことがうかがえるが、すぐに上杉方の越中在番

衆により鎮圧されたのであろう。

六月五日、前年末に伝法灌頂をうけた謙信は、師僧である宝幢寺清胤を介して高野山の学侶方に黄金百両、宝性院に十両を献上し、一院を再興して菩提所に定めてくれるよう求めた（高野山文書・新五―三〇七）。また御願寺とした無量光院の宥義《ゆうぎ》や、快慶《かいけい》・快宣《かいせん》にもそれぞれ黄金十両ずつ献上している（上杉文書・新―八四八、八四九、柳沢文書・越五―三〇九）。

六月、謙信は、和田六右衛門を大崎郷荒井町の問屋に任じて、町中へ申し付けて伝馬・宿送を油断なく勤めるよう命じた（新井和田文書・越五―三一七）。この定書の署判者は謙信本人ではなく、新発田長敦《ながあつ》・竹俣慶綱《たけのまたよしつな》・斎藤朝信《とものぶ》の三名である。彼らはいずれも前述した軍役帳にも記載される有力な領主である。阿賀北出身の新発田・竹俣の両名が、以前からの年寄斎藤とともに、上杉家の公的文書に署判できる年寄として登場してきたことは注目される。

九月五日、上野の沼田衆は金山城主由良国繁の軍勢と戦闘になり、桐生領黒河谷の寄居二ヵ所を破られ、八日には御覧田城を攻略され、沼田衆三百余人が討ち取られた（集古文書・群―二七八三）。そこで謙信は越山し、新田領各所を攻撃したが、安房の里見義弘《よしひろ》と対陣している北条の軍勢と衝突することはなく、十一月には帰国したと思われる。

信長の軍勢は、越前府中に侵入し一向一揆を潰滅

将軍足利義昭、謙信に幕府再興を働きかける

一方、信長の軍勢は、八月に越前府中に侵入、一向一揆を潰滅して柴田勝家《かついえ》らを置き、さらに加賀に攻め入る勢いを示していた(高橋文書・富—一八四五)。十一月二十八日、信長は、小笠原貞慶を使者として関東の佐竹・小山秀綱らに書状を送り、去る五月に武田軍を壊滅させ勝頼一人討ち漏らしたから、信長に一味して武田を退治するよう要請した(小林文書・群—二八二八、松井文書・群—二八二九)。いままで関東諸氏との交渉には謙信を介していたにもかかわらず、信長は直接彼らと交渉し始めるようになった。

十二月、京を追われ紀伊にいた将軍足利義昭は、使者大館藤安《ふじやす》や常在院・富蔵院を謙信のもとへ相次いで遣わし、武田、北条、加賀一向一揆と和睦して幕府再興に尽力するよう依頼した(謙信公御書集巻六、歴代古案・越四—五五一など)。その意をうけた謙信は「種々入魂之由」を示した(歴代古案・越五—三三二)。この頃、謙信と信長の同盟は表面的には継続していたが、内実はすでに崩壊しつつあった。

天正四年(一五七六)

この年、将軍足利義昭は、紀伊国由良の興国寺から備後国鞆《とも》に移った。そして二月、吉川元春《きっかわもとはる》に命じて安芸の毛利輝元《てるもと》に幕府再興に尽力するよう依頼した。さらに義昭は、本願寺とともに謙信に対しても本格的に働きかけ始めた。

謙信、本願寺との講和を承諾

謙信、織田信長と断交。足利義昭・本願寺・毛利輝元らと同盟

四月、織田信長との和約を破って再度蜂起した本願寺は、謙信との和睦を望み交渉に入った。謙信は、五月中旬頃には本願寺との講和を承諾し、その旨を山崎秀仙を使者として加賀一向一揆にも伝えた(河田文書・越五―一三三三)。同二十八日には、加賀一向一揆の洲崎景勝ら十名が、金沢御坊の七里頼周《しちりよりちか》らに謙信へ出陣要請してくれるよう求めている(笹生文書・越五―一三三四)。

一方、五月十六日、義昭の意を受けた六角義堯も、謙信に書状を送り、北条・武田と和睦して上洛し幕府再興に力を貸してほしいと訴えた(歴代古案・越五―一三三二)。続いて、五月に義昭と結ぶことを承知した毛利輝元も同じく謙信に依頼した。六月十一日、謙信はその旨を承諾し、越前・加賀の一向一揆との講和により北国情勢は別状ないので、秋には兵を調え西上することを小早川隆景《たかかげ》に申し送った(福山志料・越五―一三三七)。これにより謙信は、名実ともに織田信長と断交し、足利義昭・本願寺・毛利輝元らとの同盟が成立した。

七月十三日、毛利氏重臣の児玉就英《なりひで》らは、水軍を率いて大坂付近の木津川口に来襲して信長の水軍を破り、大坂本願寺に兵粮を運び入れた。そして、毛利輝元・吉川元春は、謙信も遅れることなく出兵するよう求めた(上杉文書・新―一三八八、六七三)。義昭の斡旋で武田・北条氏とも和すことにより(上杉文書・新―一三八八、越五―一三三九、一三四〇など)、背後

に憂いをなくした謙信は、八月末頃に越中へ向け出陣した。

謙信、越中平定

九月初めには、越中の栂尾《とがのお》・増山両城を陥れ、飛騨口には城を二カ所築いて仕置を堅固にし、さらに能登を目指して湯山城(富山県氷見市)を攻囲していた(栗林文書・新―三九八六、河田文書・新―三三七八)。これにより越中平定がほぼ実現し、さらに西進しようとしたところ、加賀一向一揆内で問題が生じた。本願寺から派遣された七里頼周と鏑木《かぶらぎ》右衛門・奥政尭《まさたか》ら一揆の首領層の間で、一揆内の権限をめぐって対立したのである。結果として十一月十六日、本願寺から下間頼純《しもづまらいじゅん》が下向し、謙信の求めで鏑木・奥の両名は赦免された(歴代古案・越五―三六七)。

謙信、能登へ侵攻

ようやく西上できた謙信は、十二月、能登へ侵攻し、守護畠山氏重臣の長続連《ちょうつぐつら》・綱《つな》連《つら》父子らの楯籠もる七尾城を攻囲した。その一環で石動山《いするぎさん》城を取り立て山吉米房丸・吉江資堅・河田吉久・直江景綱らを入れて守らせた(歴代古案・越五―三六八)。

この年、越中をほぼ平定した謙信は、越中魚津城主河田長親と新庄城主鰺坂長実の連署による制札を越中に掲げた(鞍馬寺文書・新―二二四八)。ここで謙信は、闕所地については直轄領、また放生津《ほうじょうつ》(富山県新湊市)と伏木浜《ふしきはま》(同高岡市)を港湾都市として認定、さらに放生津については楽市化して、町人の諸役を三ヶ年免除し、津料・渡役も免除するなど都市の振興・保護政策を示した。謙信は、越後における港湾都市府内と柏崎の直轄化

コラム　謙信と経典

竹田 和夫

新潟県小千谷市土川に所在する魚沼神社には、数多くの大般若経が伝えられてきた。これは、長らく門外不出のものとして、その存在は知られつつも、氏子以外の目にふれることは少なく、県が行った経典調査等の対象とされることもなかった。実は、近世(文化年間)に編纂された『新編会津風土記』巻之百八、外篇越後国魚沼郡之三、弥彦神社(西蒲原郡の弥彦神社ではなく、魚沼郡の上弥彦神社すなわち現在の魚沼神社に比定される)の項に、「上杉謙信越中国に乱入の時七社明神より乱妨し来て当社に奉納すと云、闕巻ありて全きからず」と大般若経に関わる記事がある。この他同書には、巻数や経典を書写した僧侶名等の識語も記載されている。この記事については、富山県側からの研究(長島勝正『富山の美術と文化』等。七社明神は、現在の富山県小矢部市長岡神社に比定している)でも、以前から意識されていたが、いずれも現地調査が今後の課題となっていた。

その後平成十年に新潟県を襲った台風により、経蔵が損壊し、大般若経は他の文献史料とともに、緊急避難が行われ、現在は、小千谷市立図書館に寄託されたのである。皮肉なことに、災いが転じて、この時点で、経典の内容の実態把握が可能となったのである。

まず、存欠状況を確認してみると、重複している巻もあるが、これを含めて、本文について首尾の整わない不完全なものが百一帖ある。その中には、数葉のみのものや表紙のみのものも若干含まれている。逆に重複分も含めて本文が整っている完本は合計四百五十八巻ある。

識語から以下のことを知ることができる。まず、書写年次であるが、至徳三年(一三八六)から応永三年(一三九六)

までの間に作成されたことがわかる。応永元年(一三九四)書写にかかるものは一切みられない。経典書写にかかる発願人・書写者・寄進者が数多く確認できるのも特徴であり、いずれも、越中国の荘園及び保や寺院名を冠した場合が多い。人名に注目して整理すると、写経・寄進が十巻一帙単位でなされたことがわかる。また、写経僧と寄進者に分けてみると、現在の神通川流域を中心にしているものの、それぞれ別々の居住域に属していたことが推定される。まず写経僧として、具体的には船峅寺の住僧である玉心・慶禅・長円坊や、太田保経力長福寺の僧侶了尊さらに鵜坂社僧侶光実等が見られる。これに対して寄進者は、神通川流域宮川荘の関係者が多く見られるが、中には、倉垣荘や宮島保のように離れた地域の者が見られるのが興味深い。

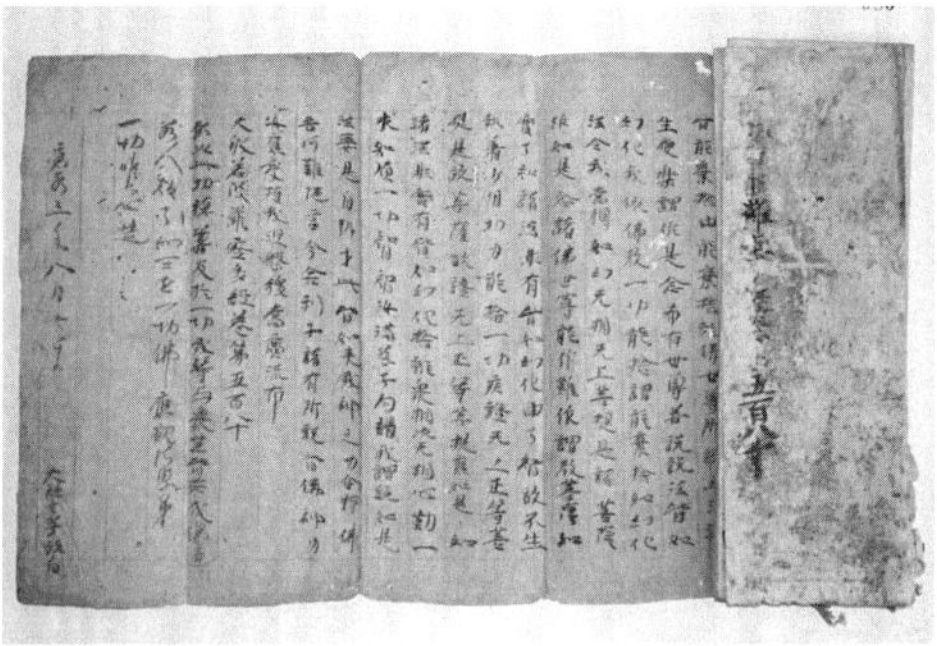

大般若経(小千谷市魚沼神社蔵)

魚沼神社に残されている「天正日記」(現存する日記自体は、近世段階の写)という記録から、同年間に神前で、大般若経を転読した記載も見ることができる。

一般的に大般若経が一括または分割され、その所在場所を転々と移動することは、中世社会においては、起こりうる現象であるが、今回のように移動の契機や媒介者が明確になるケースは極めて珍しい。また、移動前、移動後もそれぞれの土地で信仰の対象として大切に扱われており、現在も関係者の交流がなされつつあることも特筆すべきである。奇しくも、謙信により過去につながれた越中・越後の宗教文化の縁《えにし》が現代人のつながりをも生み出していることは、歴史の不思議さを感じざるをえない。

謙信、能登半島北部にも侵攻

政策を越中では放生津で展開しようとした（市村清貴「謙信と都市」『定本上杉謙信』）。

天正五年（一五七七）

年が明けると謙信は、さらに能登半島北部にも侵攻し、富木《とぎ》・熊木《くまき》・穴水《あなみず》などの諸城を攻略、三月十五日には飯田長家《ながいえ》に能登珠洲《すず》内の所領を与えている（飯田文書・越五―三七五）。しかし、同月十八日、謙信は、以前から佐竹義重・宇都宮国綱・結城晴朝らの関東諸氏から再三の越山要請があったため（上杉文書・新―七三五など）、分国中に陣触れをして来月中旬には越山するとした（森山文書・新―二八三九、相馬文書・新―三七七八）。そして二十七日、河田窓隣斎《そうりんさい》・同吉久・栗林政頼らに石動山城の普請と守備を命じ（栗林文書・新―三九七三）、一時的に帰国した。

三月五日、譜代の年寄直江景綱《なおえかげつな》が死去した（諸士略系譜）。景綱は、謙信が家督を嗣いで以降一貫して上杉の内政・外政どちらもこなしてきた年寄の筆頭的存在であり、与板《よいた》衆を抱える有力な領主でもあった。この景綱の死去が上杉家内部に与える影響は大きかったとみられる。息子のなかった直江家は、上野惣社《そうじゃ》の長尾平太の二男が景綱の一人娘おせんの婿となって跡を継ぎ、与兵衛尉信綱《のぶつな》と名乗った。

同月二十七日、足利義昭と毛利輝元は、謙信に対し、信長が紀伊の雑賀《さいか》攻めをしている隙をついて、京都に出兵することを求めた(上杉文書・新―七六七、九四四)。けれども、すでに謙信は越後へ帰国した後だった。越後に戻った謙信は、五月中旬には関東へ越山し、上野新田領・足利領を攻撃したが(野呂文書)、すぐに越後へ帰ったと思われる。

一方、能登においては、越中の河田長親・吉江景資・鯵坂長実らの率いる軍勢が、鹿島郡大呑口《おおのみぐち》(石川県七尾市)に出陣して放火し謙信に賞されている(吉江文書・越五―三八一)。閏七月初め頃、謙信は、再び越中魚津に出陣し、飛驒の江馬輝盛に信長出陣への警戒を指示してから(河上文書・富―一八七四)、能登七尾城を攻めた。

対する信長は、二十三日、米沢の伊達輝宗《てるむね》に揚北の本庄繁長《しげなが》を誘って挙兵してくれるよう求めたが(伊達文書・越五―三九二)実現せず、七尾城の長続連《つぐつら》らの救援要請をうけ、八月八日、柴田勝家を大将として滝川一益・羽柴秀吉・丹羽長秀らの軍勢を加賀へ侵入させた。この動きに対し、加賀の七里頼周《よりちか》は謙信に援軍要請をしたが、能登末森《すえもり》に在陣中の謙信は身動きとれず、加賀御幸塚《みゆきづか》の備を堅固にして防戦するよう指示し、河田実清《じっせい》軒《けん》を遣わした(水野文書・越五―三九五)。

九月十五日、謙信は、七尾城に籠城する遊佐続光《ゆさつぐみつ》が内応し城内へ引き入れたため、一気に軍勢を突入させ七尾城攻略を果たした。その際、長続連の一族百余人を討ち取り、温井景隆《ぬくいかげたか》・三宅長盛《ながもり》ら畠山家の重臣たちの命は助けた。さらに謙信は、十七日、加賀・

信長の軍勢、加賀へ侵入

謙信、能登七尾城攻略

柿崎家の菩提寺楞厳寺(上越市)

謙信、能登をほぼ平定

能登間に立地する末森城を攻略し、山浦国清《くにきよ》と斎藤朝信を配した。その間、織田勢が加賀へ侵攻し、十八日には加賀湊川まで押し寄せていたが、対する謙信は、勢いに乗った越後・越中・能登の軍勢を出陣させた。自身出陣しようとした二十三日夜に織田勢を敗り、千余人を討ち取った。二十六日、謙信は七尾城の普請に着手し(歴代古案・越五—四〇九)、ついで奥能登の松波《まつなみ》城も落とし、能登をほぼ平定した。

十月二十五日、謙信は、能登の各城に鯵坂長実・遊佐盛光《もりみつ》の連署による十三箇条の制札を掲げた(上杉文書・新—一二六八)。昨年越中に出した制札が上杉氏の都市や直轄領の支配に重点が置かれていたのに対し、今回の制札は、無道狼藉・押し買い・博奕の禁止をはじめ、親・妻の敵討ちを禁じ、喧嘩両成敗を記すなど、分国内全体に対する内容のものである。また年貢収納については能登国に配置する鯵坂・遊佐両人に一任し、黄金商売については京目でなく田舎目(現地で行われている量目)に統一するよう定めている。

謙信は、越中・能登諸城への越後衆の配備を定め、越中新庄にいた鯵坂長実を七尾城、遊佐盛光・上条《じょうじょう》政繁(能登畠山出身、謙信の養子となり上杉一門上条家を嗣いだ)を能登に配置し(石坂文書・新—三三三七)、越中増山へは吉江景資を入れた。また謙信は、十一月十六日に飯田長家・島倉泰明《やすあき》らに能登珠洲郡内の知行を宛行い(歴代古案、島倉文書・越五—四一四、四一五)、能登一宮気多《けた》神社の社領を一時的に三宅長盛に預ける(気多文書・越五

－四一六）など、能登国内における知行の把握と整理を行った。

ところで、九月に上杉の年寄で三条城主の山吉豊守《やまよしとよもり》が死去した。また十一月七日、柿崎景家《かげいえ》が逆心を企てたとして誅罰され、同時に景家の長男晴家《はるいえ》と二男弥次郎も連座している（諸士略系譜）。景家は、前述の直江景綱や山吉豊守とならぶ上杉家筆頭クラスの年寄である。企てた逆心の内容は未詳であるが、三月の直江景綱死去、九月の山吉豊守死去等の影響をうけて、上杉家の中枢部で内部抗争が起き始めていたのであろう。

謙信、春日山城に帰陣

十二月、謙信は、足利義昭・本願寺・毛利氏との連携した西上作戦をとることなく、能登から春日山城に帰った。その際、謙信は七尾城に残されていた能登畠山義隆の後室（京の三条殿息女）と息子（義春か）を連れて帰った。十八日、謙信は、厩橋の北条高広に書状を送り、子の景広は三十歳になるのに妻女がいないからとして、義隆の後室を娶らせるよう指示し、義隆の息子は謙信の養子にするとした（歴代古案・越五－四一七）。これにより謙信は、景虎・景勝に次いでまた新たな養子をとることになった。

十二月二十三日、謙信は「名字尽」と題箋の付された手本を作成した（上杉文書・新－八八六）。ここにはほぼ上野・越後・越中・能登・加賀の順で上杉家の一門・年寄・城代や従属した領主など八十一名の氏名が列記されている。

謙信、「不慮の虫気」で倒れ、死去。四九歳

天正六年(一五七八)

年が明け正月十九日、謙信は、下総の結城晴朝からの再三の越山要請をうけて、能登・越中・加賀と越前半国まで上杉方に属したことにより、この上は関東へ出陣するとして陣触れを行った(仁科文書・富―一八八六)。この陣触れは越中にまで及び、魚津城主河田長親と増山城代吉江景資を通じて、小嶋職鎮《もとしげ》をはじめとする越中の領主や給人たちに申し届けられた(歴代古案・越五―四二二、四二三)。しかし、この関東への出陣が実現することはなかった。

三月九日、謙信は「不慮の虫気」(脳卒中か)により倒れ、意識不明のまま十三日に死去した。四十九歳であった。二月、謙信は、蔵田五郎左衛門尉に命じて京都から画工を招いて、注文どおり自身の法体(雲に乗って昇天する絵柄)の寿像を描かせており、完成したのは奇しくも謙信死去の日だったという。その寿像は遺言により、謙信が師と仰いだ高野山無量光院の清胤《せいいん》のもとに送られ、以後同院では忌日ごとに追善供養が行われたという(高野山無量光院文書(寿像裏書)、上杉年譜・越五―四二六、四二七)。

謙信の死は、三月中旬には越中の石黒成綱《しげつな》・小嶋職鎮・神保氏張《うじはる》や能登の上杉方諸将まで知らされ(上杉文書・越五―四五一、覚上公御書集巻二)、下旬以降には隣国の会津蘆名氏

雲洞庵山門(南魚沼市)

景勝、景虎の家督争い。景勝、春日山を占拠

や、小田原の北条氏、安土の織田氏にも伝わることになった。

謙信の死は突然であったため、家督後継者を明確に定めていなかったといわれる。謙信家督の中味は複雑であった。謙信は、関東管領山内上杉家の当主でもあれば、越後国守護代長尾家の当主でもあり、越後守護上杉家一門の上位に立つ存在でもあった。越後府中を掌握する自他ともに認める越後国主の地位にあるだけでなく、この時期には越中・能登両国にまで分国を拡大した領主権力上杉家の当主であった。

謙信は、多くの養子・養女をとり、その上で彼らを分国内の名門・名家の継嗣として送り込んでいた。しかし、養子たちのうち、ながらく謙信のそばにいたのは、山内上杉家を継いだと考えられる景虎(北条氏政実弟、室は謙信姪・景勝姉)と、上田長尾の継承者で、謙信から上杉姓と弾正少弼の官途を譲り受けた謙信の甥景勝(長尾政景二男、母は謙信姉)であった。この景虎と景勝が家督継承をめぐって争うことになった。

先手をとったのは景勝で、三月二十四日には謙信の遺言であるとして春日山の実城《みじょう》(主郭)へ移り、土蔵の黄金を押さえた。そして、国内外の諸氏に書状を送って後継者としての正当性を示そうとした(新―八四五・八四六など)。当初、能登の上条宜順《ぎじゅん》や鯵坂長実らは景勝に誓詞を提出し、本庄繁長や諏訪左近・唐人親広・長澤光国らの諸氏や雲洞庵《うんとうあん》などは代替わりの祝儀を献上している(上越一四七六、一四八四～一四九二)。

春日山を追い出された景虎方は、五月五日に大場(上越市)において景勝勢と衝突した。しかし、形勢不利となった景虎は、同十三日に前関東管領上杉憲政《のりまさ》の住む府中の御館《おたて》に入った。十六日、鮫ケ尾《さめがお》城主堀江宗親《むねちか》・飯山城主桃井義孝《もものいよしたか》らが景虎方として御館に入り、御館(景虎方)の体制も整い、春日山周辺の荒川館や愛宕《あたご》(上越市)等で戦闘があった(上越一五〇五など)。

景勝・景虎の家督争いは、上杉分国内の家中や領主層を分裂させた。上杉家一門では、上条政繁(宜順)・山浦国清・山本寺孝長が景勝方に、上杉十郎・琵琶島弥七郎・山本寺定長が景虎方についた。

越後国内では、上田長尾の基盤である魚沼地域の諸氏や、謙信晩年に年寄として登場する新発田長敦・竹俣慶綱らを中心とした阿賀北地域の諸氏、および刈羽郡の斎藤朝信・安田宗八郎、三島郡の直江信綱、西蒲原郡の吉江信景・山吉景長らが景勝方についた。

一方、景虎方には、古志長尾氏をはじめ古志郡の本庄清七郎・丸田周防守や、南蒲原の三条城主神余親綱《かなまりちかつな》や見附・大面《おおも》の諸氏、阿賀北地域では黒川清実・鮎川盛長らがついた。また、前述の山本寺氏や、本庄繁長・顕長《あきなが》父子、信濃飯山の岩井氏のように、一族が景勝・景虎両派に分裂して動静を見極めようとする動きもみられた。

北条氏政、実弟景虎救援に動く

機先を制したのは景勝方であったが、小田原の北条氏政が、実弟景虎を助けるために

景勝、武田勝頼と和睦(甲越同盟)

動き始めた。氏政は、景虎方についた上野の北条高広・景広父子や河田重親《しげちか》らを越後に侵入させるとともに、同盟を結ぶ武田勝頼にも信濃から越後へ出陣するよう求めた。求めに応じた勝頼は、武田信豊《のぶとよ》を大将とした軍勢を遣わし、五月下旬には信越国境まで迫った(上越一五二三)。

しかし、六月初めに事態は急変する。景勝と勝頼の間で誓詞が交わされ、和睦(甲越同盟)が成立したのである(上杉文書・新―七五四など)。条件は、景勝から勝頼に黄金五十枚を贈り、東上野と信濃飯山領を割譲することであり、勝頼からは妹菊を景勝の室にするというものであった。上杉からは一門の上条宜順の娘が、勝頼の兄龍宝(海野二郎)に嫁いだとされる(外姻譜略所収畠山系図)。六月下旬、勝頼は越後に入り、景勝と景虎との和睦調停にとりかかった。八月には和睦が一時的に成立したが(上杉文書・新―六六三)、まもなく破綻となり、同二十八日、勝頼は甲斐に帰国してしまった。

再び景勝・景虎の戦闘が始まった。景勝は、九月一日と十六日、味方した諸士に戦功を賞して、景虎方についた者たちの知行分や闕所地を一斉に宛行っている(反町文書・新―一六〇四、年譜・越五―五八九など)。八月下旬には北条氏政が上野に出陣し、九月には弟藤田氏邦《うじくに》らを上田まで進軍させた。しかし、景勝方の援軍として武田勢が妻有《つまり》まで出たため、それ以上は進めず、十月以降は雪のために樺沢城の城兵のみを残して関東に退却

旗持城遠景

景勝、御館攻撃

せざるをえなかった。

九月下旬に本庄清七郎、十月上旬に北条景広が御館に入り(上越一六七二など)、景虎方の軍備体制も強化された。ところが、十月二十四日、景勝の軍勢は御館を攻め、応戦した清七郎と景広の軍勢を追い崩し、館際まで攻め寄せた。景勝方は百余人を討ち取り、冨所兄弟たちを引き取った。そして景勝は、旗持城《はたもち》在番の佐野清左衛門尉らに命じ、人数を出して夜中に逃亡する敵を討ち留めて、府内御館と琵琶島(柏崎市)の間を厳重に遮断するよう指示した(上越一七〇七・一七一五)。敗れた清七郎は本拠地である栃尾に退却した。

越中・能登では、当初景勝方に属す意向を示す者が多かったが、織田方からの勧誘や攻撃もうけていたため、実際には情勢をうかがい動かなかった。

しかし、十二月十六日、それまで中立を保っていた河田禅忠《ぜんちゅう》(長親)が、ようやく能登・越中の軍勢を率いて能庄(能生町)に着陣した(上越一七二四)。景勝は、糸魚川在陣の禅忠のもとへ山崎秀仙《しゅうせん》らを遣わし談合した結果、禅忠は一旦引き返して、年明け正月中旬には必ず参府すると誓詞を書いて越中へ帰った(上越一七三二)。

樺沢城跡

天正七年（一五七九）

正月六日、景勝は黒滝城（新潟県弥彦村）将村山慶綱《よしつな》に「雪が消えて小田原北条《ほうじょう》氏の援兵が来る前に決戦を」と述べ（歴古―一二一四）、前年から続く景勝・景虎両派の抗争を雪解け前に決着させようとする景勝方の動きが活発になる。正月早々、越中松倉城（富山県魚津市）将河田長親《かわだながちか》が糸魚川に着陣し、御館攻撃に加勢する旨を景勝に告げている（歴古―九七五）。また、正月二十日、景勝方は景虎方の高津を落とし関川の河東を平定（年譜二―一〇〇）、御館攻撃の準備をしている。

二月一日、景勝方は景虎方の北条景広《きたじょうかげひろ》の陣所を攻撃、景広は傷を負い翌日死去している。二日には御館を攻撃し、館際の外構えをことごとく焼きはらった（歴古―九七七）。翌三日、景勝は今回の功績をたたえる感状を諸将に与えている（新―一五七四など）。

魚沼では景虎方の樺沢城《がばのさわ》（新潟県南魚沼市）が攻略され、二月二十三日、景勝は魚沼の武将も御館攻撃に参陣することを命じている（歴古―七七九）。御館周辺では、景虎方の鯨《くじら》波《なみ》小屋・上条城《じょうじょう》（新潟県柏崎市）などが攻略され（新―三五五四・三五五六など）、御館の孤立化が進んだ。

三月に入ると御館落城必至とみた前管領上杉憲政《のりまさ》が両派の調停に乗り出す。しかし、

コラム　御館の乱

西澤 睦郎

天正六年(一五七八)三月十三日、上杉謙信死す。北陸地方の過半を制圧し、織田信長の北上をはばんだ、まさに絶頂下の「とんし(頓死)」(平等院薬師堂墨書)であった。雪解け後には関東制圧に乗り出す手はずもあったという。

さて、後継者を明確にしないままの急逝であったから、謙信の死はたちまち跡目争いを引き起こした。景勝が機先を制して春日山城の「実城《みじょう》」(主郭部、城主をも示す)を占領したのは、自身が後継順位として下位にあったからにほかならない。謙信の三人の養子のうち、三郎景虎は関東の大名北条氏政の実弟、上条義春はもと能登守護畠山氏の出身、景勝だけが越後魚沼上田庄の一在地領主の家格に過ぎない。御館の乱とはあえて、景勝によるクーデター、と評価するのが正しい歴史認識だと考えられる。

実城を占拠(三月二十四日以前)した景勝は、越中の小嶋職鎮(上杉家文書)、会津の蘆名盛氏(同)、揚北の本庄繁長(吉江文書)ら、遠方の大名・領主への書状でのみ、実城への移動は謙信の「遺言」によるものだと、ことさらに強調していた。一方、上野国新田金山城の由良成繁は、景虎(三郎)に「家督」が譲られたとの情報に接し、三郎景虎家臣の遠山康光に祝辞を伝えていた(歴代古案)。以上、四月末までの動きである。また蘆名盛氏は、おそらく時期は五月初め、謙信逝去を悔やむ使僧を三郎景虎方に遣わしていた(上杉景虎書状・歴古)。

謙信は三郎景虎を実城隣りの二の曲輪(三の曲輪とも)に住まわせ、景勝を中城(位置不明)に置いたという。天正三年の軍役帳(上杉家文書)では、三郎景虎が掲載されず、景勝が「御中城様」の名でその筆頭に記され、しかも最大の軍役(三七五名)を課せられている。上田衆を率いての奉公である。謙信への心理的・物理的距離において、景勝が劣勢であった。この弱点を克服するには、早期の実城奪取しかなかった。

興味深いことに、約二ヵ月もの間、景勝と三郎景虎は、春日山城内で対立・抗争している。景勝の実城掌握は前記のように三月二十四日以前、三郎景虎が春日山城から府内直江津の御館に移るのは五月十三日である（前掲、景虎書状）。この間、主として外交戦が展開した。三郎景虎は実家である小田原北条氏を頼り、北条氏政は相甲同盟のよしみで甲斐の武田勝頼にも出兵を求めた。景勝は、前述した諸将の他、能登の城将鰺坂長実、上野厩橋城将北条《きたじょう》高広父子、国内中郡は三条の神余《かなまり》親綱らに与同を呼びかけるなどした（渡部文書、吉江文書）。その後、鰺坂氏はくみするも動かず、北条《きたじょう》氏と神余氏は三郎景虎の強力な味方となった。

はじめ謙信麾下旧族の多くが三郎景虎にくみしたのも、景勝が簒奪者とうつったからであろう。三郎景虎が春日山城を下りた翌日の五月十四日、景勝は養父謙信よろしく宝前に願文をあげ、愛宕・飯綱の両神に戦勝を祈願した（古文書集）。差出の署名には「藤原景勝」とあり、また愛宕・飯綱二神は亡き謙信が篤く信仰した軍神で、朱印の印文にも刻まれたもの（愛宕の本地仏は勝軍地蔵）。謙信の正当な後継は我なりとする、景勝一世一代の演出である。景勝のこうした宗教的史料を他に知らない。「宣伝戦」（山室恭子『群雄創世記』）は先に景勝が仕掛けた。

本来、正当な後継者であるはずの三郎景虎が、この宣伝戦に応えるのは十月十日。鎌倉の鶴岡八幡宮への戦勝祈願である（鶴岡八幡宮文書）。鶴岡八幡は永禄四年（一五六一）閏三月、謙信が上杉氏と関東管領職の継承を公にしたところである。そして三郎景虎はいま、先の関東管領上杉憲政とともに、府内の御館に陣取っていた。鎌倉鶴岡八幡宮は、関東管領山内上杉家の正統は自分にあるとアピールするには最もふさわしい場であった。

景勝が直江氏とともに是非とも味方につけたかったのは、河田長親であった。長親は、謙信の寵臣であり、かつ軍事的にも吏僚的にも優れた能力を発揮し、その名声は内外に知れ渡っていた。この長親が景勝にくみすれば、

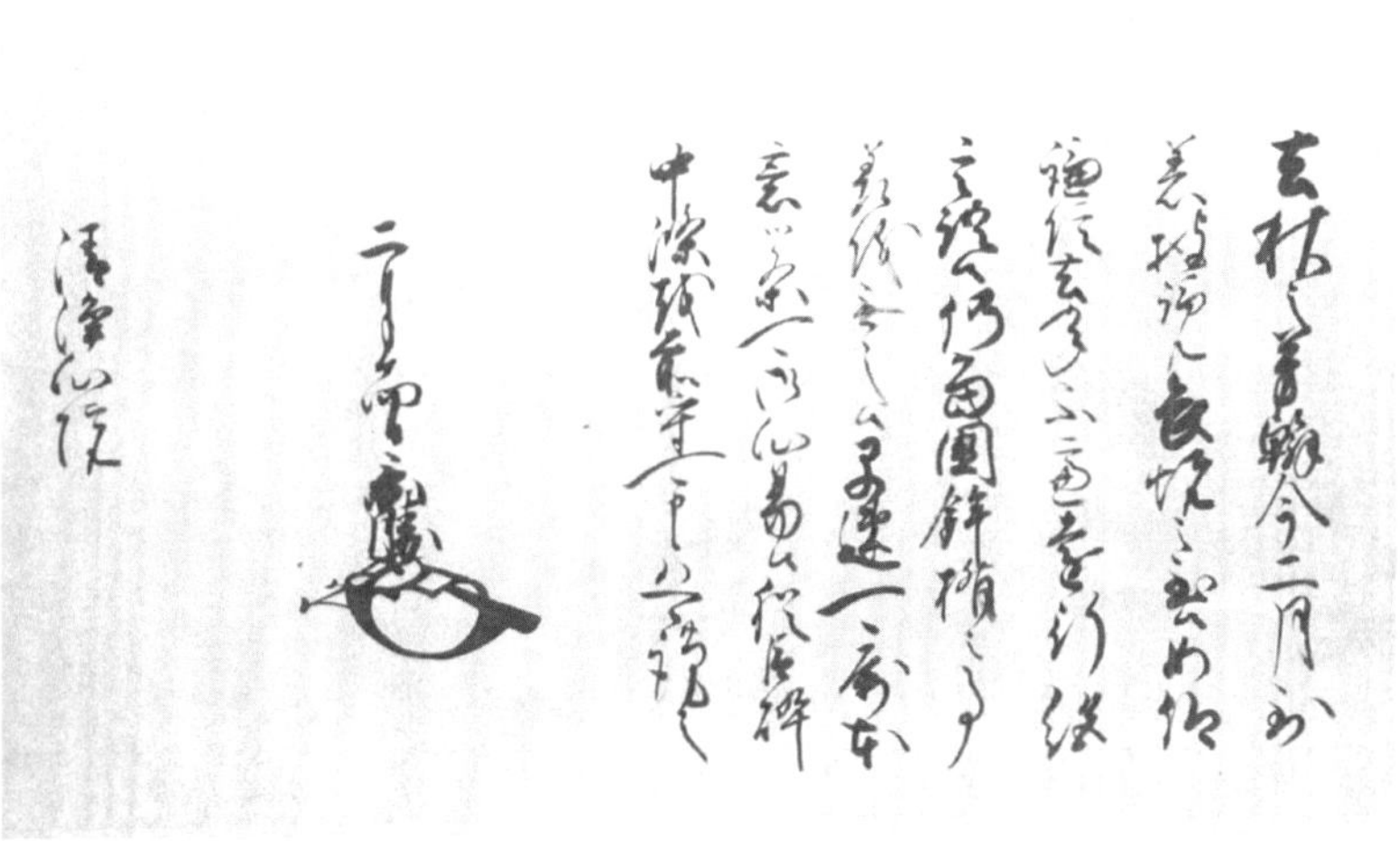

上杉景勝書状(清浄心院所蔵・新－4280)

そのまま内外に景勝の謙信後継を印象づけることができるはずであった。長親は当時、越中松倉城にあり、景勝の勧誘に対しては優柔不断に対応した。その一方で、織田信長の近江国に領地を提供するとの誘いは明瞭に拒否している。長親の叔父である上野沼田城将の河田重親が三郎景虎方だったので、景勝との距離を置いたのであろう。

近年の研究で、眉目秀麗な長親は謙信好みの「若衆」であり、その結果、古志長尾氏の名跡を与えられるほどの、謙信側近中の側近にかけあがったとされる(『長岡市史』)。長親と同じく近江出身の鯵坂長実・吉江資堅らの謙信側近も、その線で考えられるという(矢田俊文「上杉謙信をどのように理解すべきか」『定本上杉謙信』)。

三郎景虎も、長親に負けないほどの華麗な容貌をもつ美男子であったらしく、そのうわさは関東から京まで広く流布していたという(山崎哲彦「上杉景虎について」他)。このことは、先の謙信と長親の親密な関係をふまえたうえで重要である。謙信は、北条三郎に、自身の前名である景虎の名を与えるほど寵愛したのである。越相同盟の時、初め養子として予定されていたのは北条氏政の子、国増丸という名の幼児であったが、憐憫ゆえに氏康の子(氏政の弟)

で青年(当時十七歳)の三郎に変わったという経緯もある(上杉家文書)。この変更の背後に、衆道の問題はなかったであろうか。

ちなみに、当時において武門の花といわれた(若)衆道・男色は、著名なところでは武田信玄の高坂昌信(春日弾正)、信長の森蘭丸や伊達政宗の只野作十郎が認められるし、地域史料でも松代町(現・十日町市)松苧山頂の社殿内陣墨書に、旅人が書き残したその類の記事が多数ある(松苧神社資料)。ややさかのぼるが、応永二十七年(一四二〇)に朝鮮使節として将軍足利義持への回礼に来日した宋希璟《そうきけい》は、「其の王(足利将軍家)尤も少年を好み、択びて宮中に入らしめ、官妾多しといえども、尤も少年を酷愛するなり。国人これをならうこと、皆王の少年を好むが如し」と、室町社会における男色横行を興味深く記録していた(『老松堂日本行録』)。

さて、御館の乱当初、優勢であった三郎景虎は、北条氏来援の遅れ、武田勝頼と景勝の同盟、御館自体の防御力の弱さ等々から、徐々に劣勢に立たされていく。春日山城下南方に位置する習禅寺村(正善寺)は、いち早く景勝側の勝利を見込んだものか、すでに六月には景勝の制札をとって村の安全を確保しようとした(明専寺文書)。他方、春日山からやや離れ、保倉川支流の飯田川沿いにある南方・北方両村は慎重な戦況判断で、明けて天正七年一月に景勝の制札を手に入れた(飯田八郎家所蔵文書)。三月に入ると、松之山など御料所を抱える百姓等が景勝の朱印状を交付されて、これを楯に村の権益を守ろうとした(藤野清太氏所蔵文書ほか)。

景勝は北条勢の越後侵入を降雪がはばむ冬まで兵力を温存し、並行して御館を包囲する兵糧攻めの戦術をとっていた。御館は御館川で関川(おうげ川)と直江の津につながっていたと思われる。刈羽郡からの糧米を御館に輸送しようとする船は、景勝方の旗持城下、八(鉢)崎の沖合いで海上戦を繰り広げた(上杉定勝筆古案集)。兵糧も尽き、御館を落ちた三郎景虎が新井の鮫ヶ尾城で自刃するのは天正七年三月二十四日(同前)であった。

御館落城、景虎は自害

上杉景虎供養碑

景勝、武田勝頼の妹菊姫との婚儀

憲政は十七日に景勝方の武将に殺され、御館も落城、景虎は城を脱出し、鮫ケ尾城《さめがお》(新潟県妙高市)に籠った(越五―六六七～六八一)。景勝方は鮫ケ尾城を攻め、二十四日に景虎は自害した。同日、景勝は黒滝城将山岸秀能《やまぎしひでよし》らに「去年以来の鬱憤を散らした」と喜んでいる(歴古―一五五四)。

四月二十五日、景勝は謙信の菩提を弔うため、高野山清浄心院《しょうじょうしんいん》に金子《きんす》を贈っている(越五―六九三～六九四)。

景虎が自害し、御館をめぐる攻防は終わったが、越後国内では阿賀北・中郡で両派の抗争が続いていた。また、越中・能登といった北陸方面では織田信長の脅威にさらされ始め、関東出陣も公言する(新―三七五七)など、景勝にとっては休む間もない状況であった。

七月三日、武田勝頼は越後国内の静謐を祝う書状を景勝に送っている(新―六六六五)。また、八月から九月の間に両者の間で誓詞がかわされたようである(新―六六六四・七二六など)。十月二十日、昨年からの約束通り、景勝は勝頼の妹菊姫との婚儀を行っている(越五―七一四～七一九)。景勝は甲斐の武田勝頼との親交を深めているが、関東における小田原北条氏と駿河の徳川氏の動向をにらんでの動きである。

景勝がその制圧にてこずったのが中郡で、栃尾の本庄秀綱《ほんじょうひでつな》・三条の神余親綱《かなまりちかつな》が抵抗していた。十月二十八日、景勝は黒滝城将山岸秀能らに「来春は必ず中郡へ出馬する」と書状を送っている(新—二二八八)。

天正八年(一五八〇)

中郡の情勢は緊迫しており、黒滝城将から景勝に出馬要請が続いていた。正月十一日、景勝は「籠城の兵・春日山城の兵も疲れていたので休ませた。今年は必ず中郡へ出馬する」と黒滝城将村山慶綱に約束している(歴古—一二一五)。

二月十七日、景勝は柏崎町に町中の公事沙汰など計七か条にわたる掟を出している(新—二二七七)。また、三月には魚沼郡三佐嶋《みさしま》郷に「来年まで諸役免許」を伝えている(年譜二—一三六)。天正六年から続いた戦乱による農民の退転に対する対応である。

雪解けと共に、中郡での動きが活発になってきた。景勝出馬を前にして、与板の直江《なおえ》信綱《のぶつな》の家臣たちが信濃川流域で敵方の動きを抑える攻撃に出た(別本巻十六など)。魚沼郡下倉《したぐら》付近の攻防(別本巻九)、小田原北条氏の荒砥《あらと》城(新潟県湯沢町)攻撃(戦—二一六三)、織田信長の河田長親勧誘(越五—七四八~七五〇)など国内外の不穏な動きがある中、閏三月二十六日、景勝は春日山から府中へ出て、中郡に出陣した(新—二八四七)。

景勝、中郡に出陣し、栃尾城・三条城を落す

四月、景勝は地蔵堂(新潟県燕市)に陣を敷いて、大面《おおも》(新潟県三条市)・蔵王堂《ざおうどう》(新潟県長岡市)を攻撃、さらに栃尾・三条に向かった(年譜二—一四六~一四七)。四月二十二日、栃尾

城の根小屋を放火(新―二八四三)、栃尾城は落城、城主本庄秀綱は会津に落ち延びたという(年譜二―一四八)。五月下旬、三条への備えを指示して、景勝は春日山に帰城している(年譜二―一五二)。

六月十二日、景勝は山吉景長《やまよしかげなが》に「調略をめぐらし、三条にあたれ」と指示を出している(越五―七七二)が、この六月十二日から二十日の間に三条城は落城し(越五―七七三～七七四)、城主神余親綱は城内で殺害されたらしい(年譜二―一五六)。六月下旬、景勝は再び中郡に出馬(越五―七七三～七七四)、七月七日には三条周辺の仕置を行い(年譜二―一五六～一六三)、七月十五日には栃尾の仕置を行っている(年譜二―一六三～一六五)。

景勝、越中に出馬

八月、景勝は刈羽郡槇村に地下人《じげにん》還住などを命じている(新―三七八六)。

北陸情勢緊迫のため、景勝は越中に出馬する。十月一日には能庄に着陣、翌二日、景勝は春日山城の留守将黒金景信《くろがねかげのぶ》らに松倉表の敵の退散、河田長親よりの出馬催促を伝えている(新―二七四四)が、その後の動向は明らかにできない。

十月二十八日、景勝は会津の蘆名盛隆《あしなもりたか》に養父盛氏《もりうじ》の遺品を贈られた返礼が越中境出馬のため遅れたことをわびている(歴古―四一二)。

十二月十四日、景勝は来春越中に出馬の際の助勢などを武田勝頼に依頼している(新―二八一)。来春には越中出陣が計画されていたのである。

天正九年（一五八一）

二月三日・二十八日、景勝は冨里三郎左衛門・樋口與三右衛門に荒砥在城を命じている(歴古―八九八・五二二)。また、二月十九日・二十日・二十七日には諸将に所領を宛行っている(年譜二―一八一〜一八六)。越中出陣へ向けての準備の一環であろうか。

三月一日、景勝は越中に出馬(新―六五四)、三月九日には織田方の越中小出城(富山県富山市)を取り囲んだが、三月二十四日、佐々成政らの援軍が来たため、景勝は小出城の囲いをといた(『信長公記』)。

松倉城将河田長親が死去

四月八日、景勝は松倉城将河田長親が死去したため、魚津城将山本寺景長《さんぽんじかげなが》らに松倉城の守備を命じ(歴古―一〇三)、四月十五日には春日山城留守将に松倉・魚津両地の仕置を終え、一両日中に帰国する旨を伝えている(歴古―九一四)。四月二十日、景勝は佐渡潟上《かたがみ》城主本間秀高《ひでたか》に当春越中出馬のため、返礼が遅れたことをわびている(歴古―一〇八一)。

景勝は越中松倉城に上条宜順《じょうじょうぎじゅん》を派遣し、宜順は五月二十日に現地に到着している(新―三四四)。また、五月二十八日には松倉城警備の掟五か条を出している(年譜二―一九二〜一九三)。

六月十五日、景勝は越中境・頸城郡西浜間の人留番所の設置を命じている(新―

一六九六)。六月一日、竹俣慶綱《たけのまたよしつな》から景勝側近の泉沢久秀《いずみさわひさひで》に新潟津沖之口(入港税)を新発田重家《しばたしげいえ》が横領したことを伝え、その回復を景勝に依頼している(新―四九六)。『年譜』(二―一九〇)は「(天正九年四月)始ヨリ　新発田因幡守重家逆意ノ企　巷説區々タリ」とあり、五月十七日付武田勝頼条書(新―七二八)には「貴国奥郡之事、付、新発田事」とあることから、天正九年に入ると新発田重家が景勝と対立するようになったことがわかる。

新発田重家、信長と結び景勝と対立

新発田氏は織田信長と結んでいたのである(新―三八七九)。

六月二十二日、景勝は新発田氏に備えるため、蒲原郡木場《きば》城(新潟県新潟市)に蓼沼友重《たでぬまともしげ》を配置している(新―三五四〇)。

六月下旬頃から北陸方面における織田方の動きが活発になる。六月二十七日、織田方の菅名長頼《すがなながより》らが能登七尾城(石川県七尾市)において景勝方の遊佐続光《ゆさつぐみつ》を殺害、七月六日、越中木舟城(富山県高岡市)将石黒左近らが織田方の丹羽長秀《にわながひで》に殺害され、景勝の将吉江《よしえ》宗誾《そうぎん》らが木舟城を退去している(越六―四八～五二)。このような中、七月十四日、松倉城将黒金景信らが景勝の越中出馬を樋口兼続《かねつぐ》(後の直江兼続)に依頼している(新―三七〇)。

七月十七日、景勝は蓼沼泰重《たでぬまやすしげ》らに魚津城守備を命じ、大石芳綱《よしつな》を魚津・松倉両城の横目としている。また、盗賊人警戒の制札も出している(年譜二―一九六～一九七)。同日、景勝は能登末森城将土肥但馬守に、秋に出馬することを伝えている(越六―五六)。

樋口兼続、直江家を継ぎ、直江兼続となる

この月、景勝は柏崎町に無道狼藉禁止など五か条にわたる制札を出している(新―二二七八)。

九月一日、春日山城内で衝撃的な事件が起こった。毛利秀広《もうりひでひろ》が山崎秀仙《しゅうせん》を殺害し、それを止めようとした直江信綱《のぶつな》も殺害されてしまった(年譜二―三〇七～三〇八、なお、年譜はこの事件を天正十年十月とするが、「直江家由緒」などにより天正九年九月とする)。秀仙・信綱とともに景勝重臣であり、景勝にとって大きな打撃となった。なお、景勝は信綱の死によって直江家に樋口兼続を入れた。直江兼続の誕生である。

北陸方面はさらに緊迫の度を増していた。九月に入ると、佐々成政《さっさなりまさ》が越中勝興寺《しょうこうじ》(富山県高岡市)を攻めている(歴古―八八)。九月六日付柴田勝家書状には来春早々に信長が出馬する旨が記されていた(越六―七四)。また、十月二日、信長は前田利家に能登を与え(『織田信長文書の研究』九五四)、利家は七尾城に入った(「本藩歴譜」巻之一」)。十月三日、景勝は越中五ケ山衆に、武田勝頼と示し合わせて下旬に越中に出馬する旨を伝えている(新―四〇八三)。しかし、景勝が越中に出馬した事実は確認できない。

十月十五日、織田信長は会津蘆名氏家臣富田左近将監《さこんのしょうげん》に書状を送り、越中を平定し、越後に侵入することや越後村上の本庄《ほんじょう》氏らを誘うことを伝えている(越六―八一)。景勝にとって、まさに正念場といった状況であり、越中にむけては守備に徹するよう命ずる

コラム　直江兼続

木村康裕

直江兼続について、米沢上杉家の正史「上杉年譜」は「国柄ヲ執テ武名ヲ天下ニ洋溢ス　故ニ秀吉公　家康公秀忠公ニ拝謁スル事数次　恩遇モ亦諸家ノ臣ニ超越ス」と記している。兼続は上杉家重臣としてのみでなく、中央政界にも通ずる武将として天下に知られていたのである。

兼続は、永禄三年（一五六〇）、樋口兼豊の長男として越後国魚沼郡上田荘で誕生したという。幼名は与六、元服して兼続、後に重光と称している。父兼豊は坂戸城主長尾政景の家臣で、兼続は政景の子景勝（後に上杉謙信の養子となる）の近習となった。

天正六年（一五七八）三月の謙信死後、兼続は諸将から景勝への取り成しを依頼されたり、景勝印判状の奉者としての活動などが見られる。なお、兼続ら老臣が内談して景勝擁立を決めたという（『北越軍記』）が、確証はない。

天正九年（一五八一）九月、春日山城内で、上杉家重臣直江信綱が殺害されるという事件が起こった。景勝の配慮によって、兼続は信綱の妻おせんを嫁とし、直江家に入嗣した。直江兼続の誕生である。

景勝政権は、天正十年（一五八二）から兼続と狩野秀治《かのうひではる》の両名による執政体制となる。同年十二月晦日、兼続は景勝から山城守の受領名を与えられている。天正十一年（一五八三）には上杉家一門上条宜順《じょうじょうぎじゅん》が兼続を自らの下で奉行として従えるよう強要したが、景勝が拒絶したことは、執政としての兼続の地位が不動なものであったことをうかがわせる。

天正十二年（一五八四）、狩野秀治が病死したため、兼続単独の執政体制となった。この体制は「直江執政」などと呼ばれ、兼続直属の家臣団である与板衆がそれを支えていた。兼続は五万三二一七石という景勝家臣団中最高の知行高を有し、本領の与板には与板衆一二一名がいた(「文禄三年定納員数目録」)。

兼続が掌握していたのは行政・財政・軍事・外交など全般にわたるが、与板衆が奉行として担当していた。文禄五年(一五九六)から慶長二年(一五九七)にかけて実施した景勝の検地は河村彦左衛門尉が、景勝の直轄領である蔵入地の管理は山田喜右衛門尉・窪田源右衛門尉がそれぞれ奉行として担当していた。また、慶長二年に景勝が知行再編を行った際、右三名の連名で知行書出が出されている。この三名はいずれも与板衆であった。

佐渡・庄内など景勝の領国が拡大すると、これらの地域支配を担当したのも兼続と与板衆であった。天正十七年(一五八九)の佐渡平定後、兼続に佐渡支配が任され、与板衆などが島内に配置された。文禄四年(一五九五)、分国中の金山代官を命じられた兼続は、庄内を与板衆の立岩喜兵衛・志田修理に任せている。

慶長三年(一五九八)正月、景勝は秀吉より会津移封を命じられるが、兼続は新領国内で米沢六万石の城代となった。また、会津への引越しは兼続と与板衆の指揮下で行われた。

関ケ原の合戦後の慶長六年(一六〇一)八月、景勝は米沢三〇万石に減封されるが、兼続は家宰的地位を維持し、米沢城下の整備・藩制の確立など米沢藩の基礎を築いた。なお、徳川幕府との関わりでは、家康側近で二代将軍秀忠の老中でもあった本多正信との交流を見逃すことができない。慶長九年(一六〇四)には、正信の次男政重が兼続の養子となっている。

武将としての兼続について、「三軍を叱咤して、戦えば必ず勝ち、攻むれば必ず取ると云う、攻城野戦の勇将ではないが、謀を帷幄の中に運らし、勝ちを千里の外に決すと云う智将である」との評価がある(木村徳衛『直江兼続伝』)。実際、兼続は行政面で多くの業績を残しているが、兼続自身の戦場での活躍を知ることのできるものは

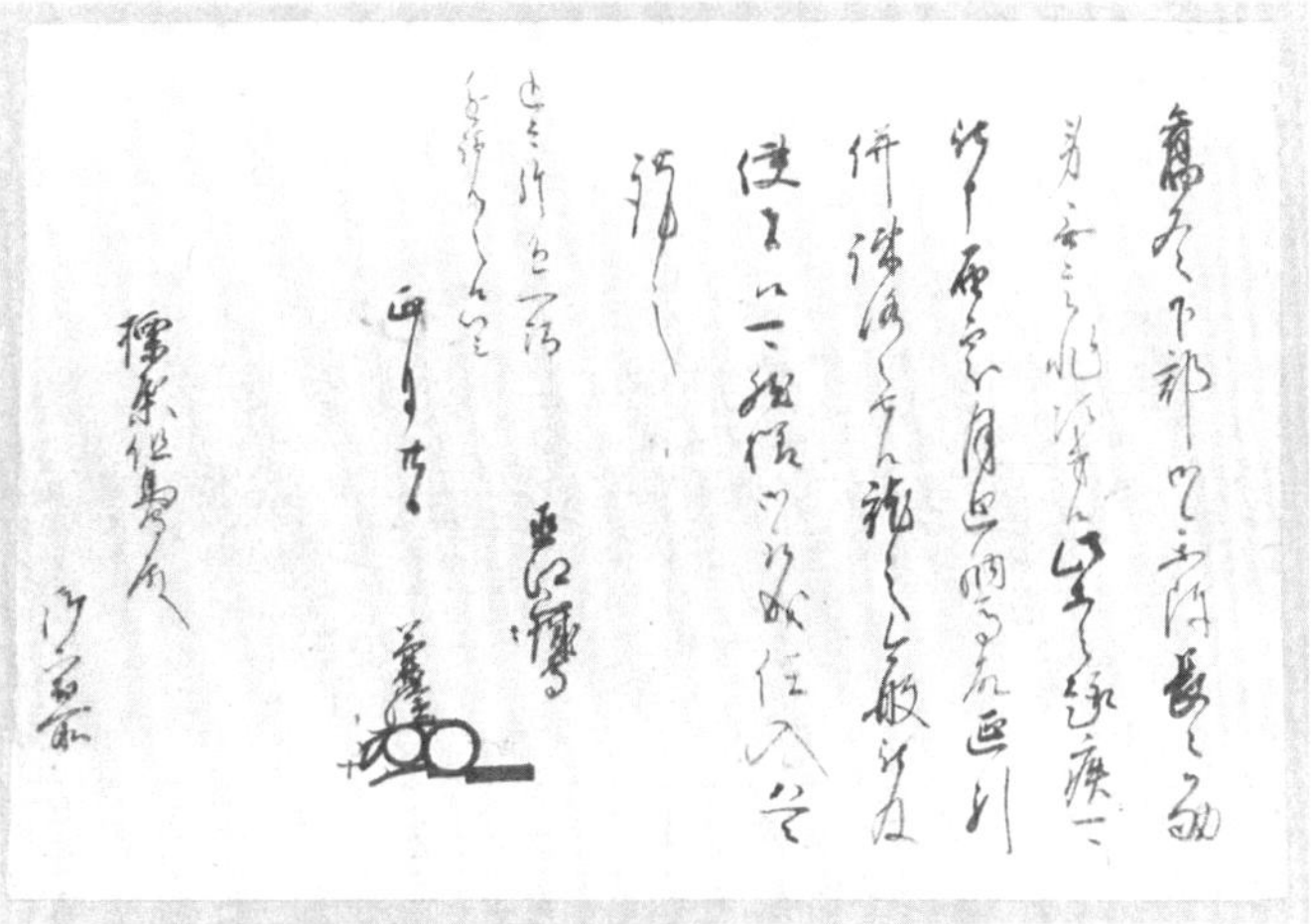

直江兼続書状（榛葉幹夫氏所蔵・新－4137）

数少なく、景勝の参謀としての役割が多かったとの推測もできる。しかし、武将としての兼続の行動は智将の側面だけではなく、勇将の側面も軍記物などで若干うかがうことができる。

天正十年（一五八二）、新発田攻めから引揚げる景勝軍は放生橋の隘路で新発田氏の追撃を受け、苦戦に陥った。この時、殿軍として兼続らが奮戦したことによって、景勝軍が撤退できたといわれている（『管窺武鑑』）。また、天正十五年（一五八七）の新発田攻めでは、兼続の計略によって敵方の加治《かじ》城・五十公野《いじみの》城を攻略している。加治城では、城の西側に積んだ草に火をつけ煙を焚き、鉄砲を撃ちかけた。城内では西側の守りを固めたため、兼続は手薄になった東側に兵を集中させている（『管窺武鑑』）。慶長五年（一六〇〇）九月の出羽長谷堂《はせどう》城攻防戦からの上杉軍撤兵に際し、追撃する最上義光《もがみよしあき》軍に対し、殿軍として兼続が奮戦している（『奥羽永慶軍記』）。

天正十一年（一五八三）以降、景勝は豊臣秀吉と提携することになるが、両者の交渉過程の中で、兼続は秀吉側近の石田三成・増田長盛・浅野長政などと書簡を交換している。

天正十四年（一五八六）六月、兼続は景勝とともに上洛し、秀吉と対面している。この時、兼続は千利休の手前で茶湯の接待を受けている。また、天正二十年（一五九二）三月には景勝と共に神谷宗湛《かみやそうたん》の手前で茶湯の接待を受けている。なお、この年、朝鮮出兵のため、兼続は景勝と共に肥前名護屋《なごや》に向かう。名護屋浦の周辺には各将が館を与えられるが、直江館の名も見える。

茶会の他に、京都の連歌会にも兼続の名が見える。天正十九年（一五九一）二月の細川幽斎《ほそかわゆうさい》邸での連歌会では、連歌の第一人者里村紹巴《さとむらじょうは》、相国寺《しょうこくじ》鹿苑院主西笑承兌《さいしょうしょうたい》などと共に兼続の名が見える。彼らは豊臣秀吉とも関係の深い人物たちであり、兼続と中央政界との関わりを示す茶会・連歌会である。

天正十六年（一五八八）の二度目の上洛時に、兼続は従五位下豊臣兼続として山城守に任じられた。なお、この間、兼続は臨済宗妙心寺派の南化《なんか》和尚を訪ね、『古文真宝集抄』を借りて書写させている。南化和尚は写本の序文で「直江兼続公は北越賢守上杉宰相景勝卿股肱の良臣也」と評している。

兼続は多くの良書を収集したことで知られているが、蔵書の中には、現在国宝となっている宋版の『史記』『漢書』『後漢書』など貴重なものも含まれている。元和二年（一六一六）三月、駿河版『群書治要』の校正のため、徳川家康は金地院崇伝《こんちいんすうでん》を通して、兼続に「律令并群書治要」の所持の有無を尋ねている。兼続が蔵書家として有名であったことを示すものである。なお、蔵書は禅林文庫として、米沢藩学問の発展に大いに寄与した。また、慶長十二年（一六〇七）に兼続が京都要法寺で印刷させたいわゆる直江版『文選《もんぜん》』は、日本最初の銅活字印刷といわれている。

元和五年（一六一九）十二月十九日、兼続は江戸で死去、法名は達三全智居士。享年六十歳であった。なお、兼続の嫡男景明は元和元年（一六一四）に死去している。また与次郎（本庄繁長三男）と勝吉（本多正信二男）の二人の養子も景明死去の前に直江家を離れている。したがって、兼続には後継ぎがいなかった。

しかなく、簡単に出馬できない状況であった。国内では、十一月二十四日に甘粕景継《あまかすかげつぐ》に護摩堂《ごまどう》(新潟県田上町)在城を命じ(歴古―三五八)、新発田氏に備えているようである。また、十一月吉日には堪忍分として多くの諸将に所領を宛行っている(年譜二―二〇三～二一五)。

十二月十日、景勝は柏崎町に伝馬宿送りの事など定書七か条を出している(新―二三七九)。

天正十年(一五八二)

正月三日、景勝は上条宜順に三点にわたって、助言を求めている。信濃・越中・越後下郡への備えの件である(越六―一〇六～一〇七)。景勝にとって国内外に多くの問題を抱えて、年が明けたのであった。

正月十日、景勝は新発田氏への備えとして村上の本庄繁長《ほんじょうしげなが》と協議するよう平林《ひらばやし》の色部長真《いろべながざね》に書状を送っている(新―一一三二)。また、正月二十七日には篠岡城(新潟県阿賀野市)将唐沢大膳亮の蒲原郡大室での軍功を褒めている(年譜二―二二〇)。

笹岡城跡

織田勢、越中侵入

二月七日に織田勢が越中に侵入したとの連絡が入り、景勝は十六日に越中に出馬する旨を秋山伊賀守らに伝えている(年譜二―二二三～二二四)が、越中出馬は実現しなかった。

この間、越中の唐人親広《からとちかひろ》らの服属、越中瑞泉寺《ずいせん》(富山県南砺市)への帰属要請や飛州衆への

武田勝頼が天目山で自害し、武田氏滅亡

信越国境周辺で上杉・織田両氏の対峙

勧誘など(越六―一一九・新―三七六)、織田方への防備を固めようとしている。

織田方は武田氏にもその軍を進め、武田方の木曽義昌《きそよしまさ》がそむいたため、景勝は援軍を出している。二月二十日、武田勝頼はさらなる援軍を景勝に要請してきた(新―六五〇)。織田方の進撃が続く中、景勝は松本房繁らを信濃長沼に派遣、三月五日には牟礼に至って待機している(歴古―一〇三六)。越中では三月中旬に織田方の富山城を一時奪ったが、柴田勝家らにより奪回され、魚津・松倉城が包囲された(新―三五九五)。

三月十一日、武田勝頼が天目山で自害し、武田氏は滅亡した(越六―一四五〜一五〇)。三月十日、景勝は築地資豊《ついじすけとよ》に「二月十九日、下郡出馬のため、春日山を発したが、信州・越中の情勢から途中でやめてしまった」と伝えている(新―一四五〇)。国内外の情勢は緊迫の度をさらに増していたのである。

信濃川中島四郡は信長の将森長可《もりながよし》の支配するところとなったが、景勝は四月二日に長沼城を攻略するなど(新―三五二五)、信越国境周辺での上杉・織田両氏の対峙は続くこととなる。

越後国内では下郡で新発田氏との抗争が続いていた。四月上旬には、蓼沼友重・冨所定重が篠岡・水原《すいばら》・下条で新発田勢を攻撃している(新―三五一六・三三七六)。また、五月には本庄・色部氏が新発田近辺を攻撃している(新―一一三八・三五九五)。

魚津城落城

信長死去(本能寺の変)

この間も越中情勢は緊迫しており、四月二十三日に魚津城将十二名が直江兼続に送った連署状には「敵は城の壁際まで迫り、防戦すること四十日、この上は滅亡覚悟と決めた」とある(新―一八六七)。いよいよ景勝は出馬の意志を固めたようである。景勝は四月二十四日に佐渡潟上城主本間秀高、同二十六日に久知《くぢ》城主本間時泰に、それぞれ起請文を送っている(歴古―一〇八〇・新―三八七八)。また、同二十八日には岩井昌能に信濃仁科方面の警備を命じている(年譜二―二四四)。いずれも越中出馬にむけての準備と解される。

五月上旬、景勝は越中に出馬した。十五日には越中天神山(富山県魚津市)に陣を敷き、数日間対陣した(年譜二―二四九)。この間、織田方の滝川一益《たきがわかずます》が上野から越後に迫り(越六―二〇九～二一三)、森長可が信濃より越後に侵入するという事態が起こり、景勝は越後に帰国せざるを得なくなった(年譜二―二四九～二五〇・新―八六〇)。これによって景勝の将が籠る魚津城は六月三日に落城している(年譜二―二五一～二五二)。越中方面は大きな危機となったが、六月二日の信長死去(本能寺の変)の知らせが景勝のもとに届くと、六月八日、景勝は色部長真に織田軍が引き上げるのに乗じて越中出馬の意志を伝えている(新―一一二九)。また、六月二十三日には越中松倉城将須田満親《みつちか》から景勝の出馬要請が来ている(新―三五八)。しかし、景勝の越中出馬は実現しなかった。

信濃から越後に侵入した森長可も本能寺の変後に軍を引いた。六月十六日付上条宜

景勝、信濃出陣、川中島四郡を手に入れ、信濃諸将に所領を安堵

順書状には「関・信・甲の諸侍が景勝に属す」とある(越六―二六一)。詳細は不明であるが、六月十三日から二十七日の間に景勝は信濃諸将に所領安堵を行っていること(越六―二五〇〜二六〇)は信濃諸将の景勝帰属をうかがわせる。七月初めには海津城(長野県長野市)を奪取し(歴古―一二一九)、斎藤朝信《とものぶ》らに海津在番を命じている(歴古―一〇三五)。

信濃は景勝のみではなく、徳川家康・北条氏直《うじなお》もねらっていた。両氏の動向をにらんで景勝自身も信濃に出馬、川中島で氏直と対陣するが、氏直軍が退却したため、川中島四郡を手に入れた(越六―二九六〜三〇八)。七月六日から二十七日にかけて景勝は信濃諸将の本領を安堵している(越六―二八二〜二九二)。また、村上景国に四郡支配を任せ、海津在番としている(越六―三二〇〜三二三)。八月八日には飯山城将・葛山《かつらやま》衆へ掟書・定書を発布している(年譜二―二九二・新―三九五八)。

八月二日、景勝は信濃の大半が手に入ったので近日帰国し、十四・五日頃新発田退治のため下郡に出馬すると色部長真に伝えている(新―一一三二)。越中・信濃方面が落ち着いた中、懸案であった新発田退治を行うことになったのである。

八月九日、景勝は府内を出発(新―一一三五)、二十日には三条(越六―三三五〜三三六)、二十五日には五十公野《いじみの》に至り(新―一六七四)、その後、新発田城の堀際まで迫った(新―一一三七)。しかし、昨年の越中・信濃出馬、そして下郡出馬と在陣が続いたため、九月晦

放生橋合戦場跡(法正橋)

景勝、羽柴秀吉と提携

日に帰陣して兵を休めることとした。途中、新発田方から放生橋《ほうじょうばし》で追撃され、ようやく十月四日に篠岡まで逃れ、その後春日山へ帰城している(新―一四四七・越六―三五六～三五七)。

九月二十九日には前将軍足利義昭からの上洛要請(越六―三五一～三五二)、また、十一月二十一日にも柴田勝家と和して上洛するよう要請があった(越六―三六七)。景勝と天下との関わりが見られ始める。

十二月吉日、景勝は連歌会を催した。景勝の夢想の句「てる虎の曇りなき世の光哉」・「のにするなしのいなは款冬」と景勝の句「春の水岸辺をなみやこえつらん」に始まるものである(歴古―一五六六)。

天正十一年(一五八三)

正月十二日、景勝は西雲寺《さいうんじ》・蔵田《くらた》左京助を上洛させ、誓紙を送り、羽柴秀吉と提携することとした。二月七日には秀吉の誓紙も景勝に出されたらしい(歴古―四〇六)。信長没後、柴田勝家と羽柴秀吉の対立が生じ、秀吉は景勝と提携して、勝家を倒すために景勝の越中出兵などを期待したのである。

二月十四日には、越中諸将が越後に侵入しようとする勝家方の佐々成政に対するため、

飯山城本丸跡(飯山市)

景勝の出馬を要請し(歴古―七四二)、二月十九日には上野厩橋《うまやばし》城将北条高広《きたじょうたかひろ》から関東出兵の要請も来ている(新―四五五二)。

三月十七日、秀吉から景勝に勝家の背後を突くため、越中出兵の要請が来た(新―四三一四)。四月十七日、景勝は糸魚川の新城に越中衆を入れ、秋山定綱を横目とした(歴古―一四二三)。しかし、関東・信濃の情勢や新発田氏の動きが活発になるなど、秀吉の要請に十分応えることができなかった。勝家は賤ヶ岳の戦いで秀吉軍に敗れ、四月二十四日、自害した。四月二十九日、秀吉は景勝に柴田勝家の自害と景勝の誓約違反を批判する書状を送った(歴古―一五四八)。

これに対し、景勝は大石元綱《もとつな》を使者として秀吉に太刀一腰・馬一疋を送り、戦勝を祝した。六月二十八日には秀吉から景勝に対し答礼の書状が送られている(新―三三七)。両者の盟約が固められたのであり、八月十六日には景勝に秀吉への人質提出のことが話題になっていた(覚巻九)。

下郡への出馬は五月一日で、築地資豊《ついじすけとよ》・本庄繁長などに動員をかけ(新―一四五六・歴古―一〇〇六)、新潟に寄居を築く(新―三一七四)など、新発田攻撃の態勢を整えている。七月に入ると新発田氏とつながっていた佐々成政が越中より侵入するとの風説があり、七月三日、景勝は飯山城将岩井昌能ら信濃衆に春日山城の守備を命じている(歴古―

一一一四)。

景勝、越後国内に徳政の条書五か条

この月、景勝は越後国内に徳政の条書五か条を出し、御館の乱以降の貸借の無効などを記している(新―三三五二)。

新発田攻撃は八月に入ると動きが出てくる。八月十八日には兵を新発田方の赤谷《あかだに》城に向けたところ、新発田方は八幡《やわた》でこれを追撃している(歴古―一四三九)。その後、景勝は五十公野・新発田周辺を放火するなどして(越六―四七〇)、九月十一日、春日山に帰城している(新―三三九二)。

天正十二年(一五八四)

正月十三日、景勝は飯山城将岩井信能に、雪消え後の佐久郡出馬を報じている(覚巻十)。また、二月二十八日には、黒川左馬頭に、来月中旬の下郡出馬を報じている(覚巻十)。信濃・下郡出兵が重要課題であった。

信濃では、徳川家康からの働きかけで屋代秀正《やしろひでまさ》らが離反した(新―四一五四など)。四月上旬、景勝は信濃諸将の動揺を防ぐため信濃へ出馬した(歴古―九一六)。景勝は、信濃で仕置を行うが、海津城将が村上景国《かげくに》から上条宜順《じょうじょうぎじゅん》に替えられたことは注目される。景勝は、諸将に知行を宛行うなどし(新―四六一八など)、五月二十三日に帰国している(新―三七一一)。

景勝、秀吉に人質を提出

六月二十日、景勝は前年に秀吉から要求のあった人質を提出した(新―三六三四)。人質は景勝の甥(上条宜順の三男義真)を景勝の養子として送った。景勝は秀吉との関係を密接にしていく。六月二十五日、景勝は築地資豊に「近日下郡出馬」を報じる(新―一四五九)が、信濃情勢緊迫により、下郡出馬はできず、八月二日にはまたも信濃に出馬している(新―二六五八)。

八月、景勝は後藤勝元を佐渡に派遣し、羽茂《はもち》・河原田本間《かわはらだ》氏の抗争を調停する(新―三〇七三)が、和解はならなかった。

この間、北陸では佐々成政と前田利家との戦いが始まり、景勝も利家と共に成政と戦うことになった(新―四〇九九)。景勝が信州から帰陣した時期は不明であるが、十月二十三日には、春日山を出発、同二十六日には越中宮崎城を攻略している(新―三四一五)。

再三計画された下郡出兵について、景勝は十月十日に色部長真に書状を送り、「下郡出馬延引は、諸口の情勢緊迫のためで、来春は必ず出馬するつもりだ」と述べている(新―一二五四)。

天正十三年(一五八五)

正月から二月にかけて、佐々成政が越中の景勝方の寺島盛徳《もりのり》・秀豊《ひでとよ》の城を攻めたため、二月十日に両人は景勝の速やかな出陣を求めた(年譜二―三九一～三九三)が、景勝もただちに出陣できる状況ではなかった。

三月十二日、景勝は越中境の須田満親《すだみつちか》に家中の者への軍役、城の普請について尋ねる(年譜二―三九四)など、越中の情勢が気になっていたのである。

この月、景勝は再び後藤勝元を佐渡に派遣している(年譜二―三九三)。

四月十三日、景勝は真田昌幸《さなだまさゆき》の尼ケ淵《あまがふち》(上田)城を攻めさせ、虚空蔵《こくうぞう》山城に島津義忠《よしただ》を入れ、監視させている(稿本)。五月八日には、福島城の須田信正《のぶまさ》が、真田昌幸と通じたため、これを攻めている(新―四五八二)。六月十二日、景勝は上条宜順に代わり須田満親を海津城将とし、信濃四郡の諸士および境界の仕置を命じた(新―三七六六)。

真田昌幸、景勝と同盟

七月に入ると、敵対していた真田昌幸が景勝に応援を求めてきた。徳川家康が北条氏直と結び、真田氏の本拠上野国沼田を氏直に渡そうとしたので、昌幸が家康を離れ、景勝を頼ったのである。七月十五日、景勝は昌幸に起請文を提出(新―九二四)、昌幸は子の信繁《のぶしげ》(幸村)を人質として景勝のもとに送っている(新―四一七九)。

秀吉の北陸出陣

このころ、秀吉の北陸出陣が始まった。佐々成政討伐のためである。景勝も、秀吉に呼応して越中出陣の準備をしている。すでに六月二十五日には、秀吉から境目堅固のこと、景勝と面談したいことなどが伝えられていた(年譜二―四〇七)。七月から八月にかけて景勝は越中境に出馬しているが、詳細は不明である(稿本)。

この間、信濃情勢も緊迫していた。八月二十日に徳川家康軍が真田昌幸を撃つため、小県郡に進んだ。そのため、昌幸は海津城将須田満親に救援を求めた。越中出陣のため、信濃の長沼・飯山・栗田の衆が春日山城に詰めていたので、須田満親が援軍を早急に回してほしいと要請している(歴古―一二六〇)。閏八月二日、真田軍は徳川軍を小県郡国分寺で大敗させた。

十月十日、景勝は海津城将須田満親に三か条の条目を与え、信濃四郡の盗賊・逆徒の厳重な取り締まり、軍役のことなどを申し付けた(新―四五五七)。

天正十四年(一五八六)

二月二日、景勝は漢和連句百韻の会を開いた。夢想の句「尭舜二難并」・景勝の句「秀有実花語」に始まり、上杉家の家臣たちなどが句を応酬している(歴古―一五六七)。

四月十七日、景勝が色部長真に宛てた書状には「秀吉が日をおって天下を静謐させたことにより、諸国の大名が上洛している。自分にもいろいろ申談があり、上洛することにした」とある(新―一一五〇)。景勝は秀吉に臣従することによって、国内の問題を解決する意図もあった。

景勝上洛

能生白山神社

景勝、秀吉と対面

五月十六日には、石田三成らが連名で「関東境目等が決定する以前に、景勝様御上洛が然るべし」と直江兼続に伝えている(歴古―一四八四)。

五月二十日、景勝は府内を出発し、同日能生、二十一日糸魚川、二十三日市振、二十四日村椿、二十五日西岩瀬、二十七日木船に宿泊し、二十八日には倶利伽羅《くりから》峠を越えて、加賀に入った。前田利家・石田三成が森本近辺まで出迎え、その日は小山《おやま》(金沢)で泊まり、翌二十九日には金沢城で利家の歓待を受けた。三十日に小山を発ち、同日小松、六月一日大聖寺、二日北の庄、三日越前府中、四日敦賀、六日大溝に宿泊した(「天正十四年上洛日記」、以下、上洛に関する記述はこれに依る)。

同月七日の夜、京都に入り、六条通り本国寺《ほんこくじ》に泊まった。京都で五泊するが、十日には、秀吉の使者として石田三成が来訪し、在京の賄料三百石が贈られた。十二日に大坂に入り、増田長盛《ましたながもり》の館に泊まった。

十四日に景勝は秀吉との対面を果たした。景勝は秀吉から大坂城内で茶会・酒宴などによる歓待を受けた。十五日には石田三成・木村清久の歓待を受け、十六日には再び秀吉から歓待を受けた。景勝は秀吉自らの手前で茶を勧められ、景勝の重臣直江兼続・千《ち》坂景親《ざかかげちか》は千宗易《せんそうえき》の手前で茶を勧められた。同日晩には豊臣秀長の手前で茶会が開かれ、歓待を受けている。

景勝、秀吉の奏請により従四位下左近衛権少将

十八日、再び京都に向かい、石清水八幡宮《いわしみずはちまんぐう》を参詣、本国寺に泊まった。二十一日、秀吉の奏請により景勝は従四位下左近衛権少将に任じられた。翌二十二日、景勝は叙任の礼のため参内し、天盃を与えられている(『御湯殿上日記』)。なお、二十三日、景勝は秀吉から佐渡支配を命じる旨の直書を受けている(新―三三〇)。この秀吉直書の宛名は「上杉少将とのへ」とある。この年六月以前の「殿」という厚礼から「とのへ」という薄礼になっており、上洛によって景勝の秀吉への臣従は明らかとなった。

六月二十四日、景勝は京をたち、堅田、今津に宿泊、上洛とほぼ同じ道程で帰路につき、七月六日に帰城している。

帰国後、景勝は吉田肥前守を使者として大坂に遣わし、秀吉に上洛中の礼を述べているが、八月三日には秀吉がその返礼の書を送っている。その中で「上方の名所を残らず見物してもらおうと思ったが、越後では景勝の帰国を待っているだろうから、早々に帰国させた。早く国内を平定して、来年再び上洛して遊山してもらいたい」と述べている(新―三三二)。景勝の抱えている国内問題の解決が急がれており、新発田重家との抗争は、単に越後国内の問題ではなく、秀吉の天下統一政策のひとつとして位置づけられることになった。

また、八月三日、景勝は秀吉から東国取次の役を命じられている(新―三四七七)。取次

とは、諸大名に秀吉の命令を伝達するものである。

帰国した景勝は、新発田攻めを本格的に行うことができるようになった。七月十四日、景勝は色部長真に本庄繁長と相談して、新発田氏を討つことを命じている（新－一一四八）。七月下旬には三条城将甘粕景重・木場城将山吉景長らが新発田方の新潟・沼垂《ぬったり》を攻め、城兵を討ち取っている。七月二十七日・二十九日、景勝は両者に感状を与えている（覚巻十二）。

八月九日、景勝は新発田攻めのため、府内を出発し、八月十八日に出雲崎《いずもざき》に着き、その後笹堀に陣を構えた（覚巻十二）。八月二十六日には五十公野城下を放火するなどの行動を起こしたが、徹底的な打撃を与えるまでには至らなかった。

九月になると状況が変わった。秀吉から木村清久が使者として派遣され、新発田氏との停戦調停に乗り出した（新－三三三）。新発田重家が城・本領を明け渡すことを条件に「御赦免」し（覚巻十二）、徳川家康との関東攻めに景勝の兵を動員させようとする秀吉の意向であった。

十月一日、景勝は、新潟における功を賞して、嶋垣隼人佑《しまがきはやとのすけ》に「免船壱艘」の朱印状を与える（新－二七七一）とともに、沼垂津の町屋敷割などを定めた掟五か条を出している（新－二七七二）。

秀吉、景勝に新発田討果を命じる

景勝、新発田城を攻め、重家を討つ

秀吉の新発田赦免の意向は十一月になると変化する。十一月四日、秀吉は家康との関係が改善されたため、関東攻めはなくなり、新発田を討ち果たすことに専念せよという書を景勝に送った(新―三三二)。十一月十日、景勝は色部長真に来春に出馬し、新発田城を攻め落とすつもりであるという書を送っている(年譜二―四四八)。

天正十五年(一五八七)

四月四日、景勝は府内を出発、新発田征伐に出かけた。五月一日に新潟に至り、十三日には水原城を落城させた(稿本)。六月一日には木場城将蓼沼友重に掟七か条を出している(歴古―一二四三)。景勝は六月下旬には春日山城に引き返している(新―八六〇・年譜二―四五八)。

八月、景勝はふたたび下郡に出陣した。九月七日には加治《かじ》城(稿本)、九月十四日には赤谷城を攻め落とした(新―三七七六)。新発田周辺の景勝方の包囲網は着々と進んでいた。十月二十四日、五十公野城を落城させ、翌二十五日には新発田城を攻め、新発田重家も殺され、新発田城は落城した(新―三二四)。二十八日、景勝は新発田・五十公野両城を落城させ、新発田重家・五十公野《いじみの》信宗《のぶむね》を討ったことを秀吉に報告すると共に、九州征伐の成功・聚楽第への移転を祝するため、直江兼続の弟大国実頼《おおくにさねより》を上洛させた。十一月

新発田重家の墓(新発田市福勝寺)

景勝上洛し、聚楽第で秀吉と対面

二十二日、秀吉から景勝に新発田征伐を賀した書状が送られた(新―三二四)。また、同日付の増田長盛・石田三成連署状では、来春に景勝自身が上洛すべき旨を伝えている(新―七四二)。

天正十六年(一五八八)

正月十一日、景勝は連歌会を開いた。「松の世を花ともうつせ宿の春」の景勝の発句に始まり、前年の新発田氏討伐を果たした安堵感を漂わせる歌が総勢二十二名によって詠まれている(稿本)。二月、景勝は新発田討伐の功によって諸将に青銅を与えている(覚巻十三)。

三月十二日、景勝は色部長真に、来月の上洛の供奉を命じた(新―一一四九)。昨年十一月の増田長盛・石田三成の上洛要請を実現する。

四月二十日、景勝は春日山を出発し、上洛の途についた。五月七日、京都に着き、本国寺を宿に定めた。十二日には聚楽第《じゅらくてい》で秀吉と対面している。五月十九日付直江兼続書状には、「諸事御仕合思儀御儘に候」とあり、両者の対面はうまくいったようである(覚巻十三)。五月二十六日、景勝は従三位に叙せられ、即日参内し、この恩を謝している。参内した景勝は几帳所にて対面を許され、太刀・折紙を進上し、天盃を与えられている

（『御湯殿上日記』）。景勝は高野山を参詣するため、閏五月二十日に奈良に着いている（稿本）。その後、帰洛した景勝は六月十五日に秀吉から在京賄料として、近江国蒲生《がもう》・野洲《やす》・高嶋三郡内で一万石を与えられた（新—三三二五）。また、京都一条戻橋《もどりばし》に邸地を賜り、八月には直江兼続・色部長真・須田満親の三人に豊臣姓が授けられた（新—八六七など）。景勝の家臣で、譜代代表の兼続、阿賀北衆代表の長真、信濃衆代表の満親にまで豊臣化が進んだ。八月上旬、景勝は帰国の途につき、二十六日に帰国している（覚巻十三）。

帰国途中の八月二十二日には後藤左京入道を佐渡に派遣し、佐渡の抗争の調停に乗り出す旨を伝えている（覚巻十三）。また、九月一日には潟上の本間秀高に来年渡海する旨を伝えている（覚巻十三）。

本庄繁長、庄内奪回

八月上旬、本庄繁長が実子の大宝寺《だいほうじ》千勝丸（出羽大宝寺氏に入嗣）とともに庄内奪回のため、最上義光《もがみよしあき》軍を破り、尾浦城（山形県鶴岡市）などの諸城を奪い返した。十一月二十四日、景勝は本庄繁長に対し、庄内での戦勝を祝している（新—三一七六）。これに対し、最上義光は、本庄繁長の庄内侵攻は惣無事令《そうぶじれい》（私戦禁止令）違反であると秀吉に訴えた。十二月九日、秀吉は景勝に、来春両者を上洛させて判断したいと伝えている（新—四五六〇）。景勝は十二月二十八日、繁長にこれを報じ、至急千勝丸を上洛させるよう伝えている（新—三三五〇）。

景勝、佐渡平定

天正十七年（一五八九）

二月、秀吉の命令で景勝と会津の蘆名義広《よしひろ》との和睦が成立した（新―三三六三）。景勝は伊達政宗と戦っていた義広に支援の兵を送った。しかし、支援の兵が引き上げると、政宗は会津に侵入して蘆名軍を破り、義広は実家の常陸佐竹家へ逃れた。

庄内問題解決のため、大宝寺千勝丸が上洛することになり、その途中、五月十二日、府内で景勝は千勝丸と対面し、千勝丸から太刀一腰・馬一疋・金子三枚・鷹一連が贈られた。その後、千勝丸は上洛し、庄内は大宝寺氏に安堵され、千勝丸は豊臣姓を受け、義勝《よしかつ》の名乗りを与えられ、従五位下・出羽守に任じられた（村上―三六三）。

六月十二日、佐渡征伐のため、景勝は佐渡に渡った。六月十六日には羽茂《はもち》城を攻め、羽茂三河守の軍を鎮圧した（新―三二六一）。六月二十四日、景勝は秀吉に佐渡平定を報告し、七月十六日には秀吉から佐渡仕置を命じられた（歴古―一五〇二）。六・七月には佐渡各地の村・寺社に「諸軍勢の乱暴狼藉・竹木の伐採を堅く禁止する」という朱印状を出している（新―三〇九四など）。また、八月一日には佐渡征服後の処置がされ（年譜二―四九三～四九六）、佐渡支配は直江兼続に任され、与板衆・上田衆らを代官として送り込んだ。

九月二十九日、漢倭連句の会が開かれた。景勝の発句には「霜葉凱旋錦」とあり、佐渡

伊達政宗の会津侵入

秀吉、小田原北条氏攻めの動員準備

景勝、前田利家のもとで先勢として行動

からの凱旋の喜びが込められていた（新―三〇三）。

連句会の前日、伊達政宗の会津侵入に対し、秀吉は景勝に佐竹義重と「堺目等之儀」を相談するよう命じた（新―三二七）。景勝は木戸元斎を横目として八十里越から南会津に軍を侵入させ、水窪に砦を作り、横田城を修築させた。景勝自身は会津に侵入した軍の後方支援を行うため、三条まで出陣し、十月末には帰城している（「景勝公一代略記」）。

十月十日、秀吉は小田原攻めの動員準備を命じ、軍役を定めた。北国は百石について六人の負担を割り当てられ、来年三月一日に出陣するように命じられている（『太閤記』）。小田原の北条氏直は真田領の名胡桃《なぐるみ》城（群馬県みなかみ町）を占拠したことから、秀吉はこれを惣無事令違反として、制裁の対象となったのである。

十二月二十五日、景勝は白鳥三羽を献上した（『御湯殿上日記』）。

天正十八年（一五九〇）

二月九日、景勝は秀吉より、信濃から上野への出陣を命じられた（年譜三―二三～二四）。景勝は北陸道軍として、前田利家の指揮のもとで真田昌幸とともに先勢として行動した（群―三五八七）。

三月一日、景勝は春日山を出発し、碓氷《うすい》峠を通り、上野に入った。三月下旬には松井《まつい》

鉢形城の復元整備された堀跡

田城《だ》(群馬県安中市)を囲んだ。松井田城には北条家臣大道寺政繁《だいどうじまさしげ》父子が立て籠り、激しく抵抗した。四月二日、秀吉は景勝・利家に対し、松井田城に付城を築くことを命じた(埼―一五二二)。四月十日、景勝・利家は秀吉に「松井田城はすでに水手まで取り詰めた」との報告をした(群―三六一五)。四月中旬、景勝は藤田信吉らの別働隊に松井田周辺の諸城攻略を命じ、松井田南辺を押さえることができた。四月十九日、松井田城の総攻撃が始まり、翌二十日、城は落城し、大道寺政繁父子は降伏した(群―三六一七)。

その後、景勝らは四月二十四日に上野箕輪《みのわ》城(群馬県箕輪町)を攻略(群―三六二四)、武蔵河越《かわごえ》に移り(埼―一五三二)、秀吉から鉢形《はちがた》城(埼玉県寄居町)攻撃を命じられた(埼―一五四三)。しかし、松井田城受取などの戦後処理に手間取り、五月十三日に景勝は秀吉から、「鉢形城を早々に取り囲め」と命じられている(新―三二一)。鉢形城には北条氏邦《ほうじょううじくに》が立て籠り、景勝・利家軍も苦戦を強いられたが、浅野長政・木村一らも加わり、六月十四日に北条氏邦が降伏し、城は開城された。

鉢形城受取の後、景勝軍は、八王子城を攻めた。六月二十三日の早朝、八王子城は落城し、城代の横地氏以下一〇〇〇人を討ち取った(埼―一六〇〇)。六月二十九日、秀吉は景勝に対し、八王子城で捕らえた女共六〇余人の召還を命じている(新―三一九)。また、同日、小田原に向かい、酒匂川を前にして陣を取ることも命じている(新―三二〇)。

小田原城落城

七月五日、小田原城が落城した。七月四日に景勝は秀吉に早々に小田原に参陣すべきことを命じられているので(歴古—一五一二)、景勝は小田原落城時には現地にいなかったようである。

落城翌日の六日、景勝は秀吉から小田原へは入らず、早々忍《おし》(埼玉県行田市)に行き、堤防の修築に努めることを命じられている(新—三一四)。忍城は北条氏の城で石田三成らが水攻めを行っていた。水攻めのための堤防修築を命じられたのであり、忍城は七月十六日に落城した。

秀吉、景勝に出羽国大宝寺分・庄内三郡の支配と検地を命じる

八月一日、景勝は秀吉から出羽国大宝寺分・庄内三郡(田川・櫛引・遊佐)支配を命じられ、大谷吉継《おおたによしつぐ》と相談して検地を実施するよう命じられた(新—九一四)。景勝は八月下旬に庄内に入り、尾浦《おうら》・大宝寺・酒田などの諸城に家臣をそれぞれ配置し、支配体制を固めた。さらに、大谷吉継とともに由利・仙北郡に進み、大森城(秋田県横手市)に本拠を置いて検地を指導した。

九月に入ると、奥羽各地では検地に反対する一揆が起こる。出羽でも仙北・由利・庄内で一揆が起った。この一揆で庄内の上杉方の城が一揆勢に抑えられ、尾浦城も落城寸前となっていた。仙北地方でこの報を聞いた景勝は大森城を出発し、庄内に向かった。十月二十三日、由利郡と庄内の境の三崎山で一揆勢を破り、諸城を一揆勢より奪い、尾

浦城落城を救った(「景勝公一代略記」)。一揆が終息に向かったので、十一月二十日頃には帰国の途についた(新—三四一二)。

天正十九年(一五九一)

正月早々、景勝は上洛している(『北越軍記』)。閏正月六日、景勝は勧修寺晴豊《かじゅうじはれとよ》邸の茶会に招かれている(『晴豊公記』)。景勝の在京期間は不明であるが、約半年の滞在であったと考えられる。

大崎・葛西一揆、九戸政実の乱

六月二十日、秀吉は大崎・葛西《かさい》一揆・九戸政実《くのへまさざね》の乱鎮圧のため、諸将に出陣を命じた。景勝は最上通よりの出陣を命じられていた(歴古—四一六)。景勝は七月十三日に春日山を出発し(覚巻十六)、七月晦日には出羽長井に(新—三〇九)、その後大森城に入っている。

この間の七月二十二日には、景勝は秀吉より来年の朝鮮出兵のために肥前名護屋《なごや》(佐賀県唐津市)へ五〇〇〇人の出兵を命じられている(覚巻十六)。

八月、景勝は分国中に京升の使用を命じている(新—一七三六)。

出羽庄内から陸奥葛西に入った景勝は、柏山《かしわやま》に在陣し、普請を命じている(新—三〇七)。九月四日には豊臣秀次を総大将とする軍が九戸城(岩手県二戸市)を開城させ、乱を平定した。景勝がこの戦いに参加した形跡はないが、九月十二日、秀吉は普請が済んだら、徳川家康・豊臣秀次の指示で帰国してよい旨を伝えている(新―三〇七)。十月上旬には春日山に帰城している(新―四五七二)。十一月十一日、景勝は来年の朝鮮出兵のため、留守中の措置について庄内の登坂《とさか》甚兵衛・佐藤甚助に命じている(歴古―九〇六)。

天正二十年・文禄元年(十二月八日改元　一五九二)

正月、秀吉から景勝に朝鮮出兵についての条々五か条が出された(覚巻十七上)。二月にも再び「就高麗陣掟条々」八か条が発せられている(覚巻十七上)。いよいよ朝鮮出兵が始まろうとしていた。

朝鮮出兵のため景勝名護屋着陣

三月一日、景勝は五〇〇〇人の兵を率いて春日山城を出発している。十三日には京都に着き、その後、二十七日に京都を出発、山陽道を通り、四月二十一日に肥前名護屋に着いた(覚巻十七上)。その間の三月二十二日に景勝は神谷宗湛《かみやそうたん》の茶会に招かれている(『宗湛日記』)。

肥前名護屋には名護屋城が作られ、周辺に全国の大名が屋敷地を与えられ、景勝は名護屋浦の浜ぞいに屋敷地を与えられた。四月、景勝は在陣中の諸将に「喧嘩口論、理非を論ぜず、双方成敗致すべきこと」など七か条にわたる掟書を出している(稿本)。

この年、景勝は名護屋で年を越すことになるが、五月には魚沼の西方《にしかた》新五郎・山本忠左衛門が欠落をし(年譜三―六七)、色部長真は病で帰国している(新―一六九七)。遠く九州の地での長期滞在は過酷なものであったらしい。

景勝、佐渡検地

十月から十一月にかけて、景勝は佐渡各地で検地を実施させている(新―三〇七五など)。

文禄二年(一五九三)

景勝、朝鮮に渡海

正月十日、景勝は名護屋で連歌会を開いている(稿本)。景勝の名護屋在陣はこの後約半年続いた。三月十日、秀吉は朝鮮の目楚城《もくそ》包囲軍の動員計画を立て、その中に景勝軍五〇〇〇人も含まれていた(覚巻十七上)が、五月段階で計画が変更され、景勝軍の動員はなくなった。この間、戦局の変化により、明との講和交渉が始まったが、六月六日に景勝は朝鮮に渡海した。この渡海は秀吉の名代と位置づけられ、秀吉の船である小鷹丸に乗り、他の兵は日本丸・鬼王丸・鳳凰丸・獅子丸・虎丸・地蔵丸に乗って名護屋を出発し、六月十七日に釜山浦《ふさん》に着岸した(覚巻十七上)。渡海した景勝は釜山西方の熊川《こもかい》での倭城《わじょう》普請に従事した。熊川は海上交通の要地であり、釜山浦とならぶ戦略基地であった。景勝とともに朝鮮に渡海したのは藤田信吉《のぶよし》の藤田組、黒川・竹俣・安田・色部氏などの阿賀北衆、高梨氏などの北信濃の武将など、外様の国人衆が中心であった。八月には藤田組三一〇人中四四人が病気になっているとの報告があった(覚巻十七上)。熊川城

景勝、越後帰国

普請は八月いっぱいまで続き、八月二十九日、景勝は熊川の陣払いを命じ、九月八日に名護屋に帰っている(新—三八六六)。

九月二十九日、秀吉から景勝に直書が送られた。その中で秀吉は熊川普請が終了し帰朝したことを喜び、ただちに上洛し、越後に帰国して領内の仕置に当たるように命じている(新—三二一)。なお、『年譜』(三—七九)は、景勝の越後帰国を九月下旬とするが、帰国は閏九月下旬頃であろうか。

十月十二日、景勝は出羽庄内酒田城将甘粕景継に庄内河北酒田城領の定納米、および酒田町の年貢・船役などの徴収を命じている(歴古—三五九)。

文禄三年(一五九四)

正月十九日、景勝は秀吉から伏見城惣構堀普請の手伝い四〇〇〇人を割り当てられた(新—三一〇)。景勝は平林蔵人・山田修理らを奉行に任じ、二月十五日に出発させた(年譜三—八三)。なお、景勝も三月二十三日に上洛している(年譜三—八八)。伏見城惣構堀普請の総指揮は直江兼続と泉沢久秀が当たり、三月に堀が完成した。その後、手直しが必要となり、負担増となったが、無事に工事は完成した。十月九日、石田三成・増田長盛から景勝に送られた連署状には、秀吉が明日か明後日に工事の結果を検分すると伝えて

京都の上杉邸に秀吉御成

景勝、権中納言

定納員数目録作成

いる(新―七四三)。

十月二十八日には京都の上杉邸に秀吉の訪問、いわゆる「御成《おなり》」があった。すでに十月一日の直江兼続宛大谷吉継書状に「近日　御成之旨」とあり(新―三七一三)、十月十七日に景勝は増田長盛に御成の日を尋ね、三成とともに「御見廻」に来てほしいと伝えていた(新―八五七)。

当日は聖護院道澄《しょうごいんどうちょう》・勧修寺晴豊・徳川家康・前田利家ら多くの公家・大名が招かれ(年譜三―八九～九三)、景勝は相当の出費をしたようである(新―二八五五)。なお、この席で景勝が権中納言に任じられたことが披露され、兼続ら家臣も含め、会は大いに盛り上がったようである。翌二十九日、景勝は権中納言に任じられたお礼のため、参内している(年譜三―一〇二)。

なお、この年に「定納員数目録」(新―別編二)が作成された。これは、文禄四年の検地に先立って、家中から提出させた「知行定納之覚」をもとに作成されたものであり、約二〇〇〇人の景勝家臣が記載されている。

文禄四年(一五九五)

正月十七日、景勝は秀吉から越後・佐渡両国金山の仕置を任され(新―三〇五二)、

景勝、越後・佐渡両国金山の仕置

二十三日、直江兼続は出羽庄内の金山代官を立岩喜兵衛・志田修理に命じている(新―三九五二)。二月二十四日、景勝は京都を立ち、三月五日には越後に帰っている(年譜三―一〇九)。

蒲原郡検地

六月十一日、蒲原郡出雲田庄・大槻《おおつき》庄・保内の検地が準備された(新―三三五五)。これは直江兼続が上松弥兵衛・甘粕長重を検地奉行に命じたものである。検地は七月から九月にかけて、蒲原・三島・頸城・信濃国更科郡で行われた。上杉氏の検地、上杉・豊臣氏立会の検地、豊臣氏直臣の検地があった。検地帳の形式は全国ほぼ同一の様式で作成された太閤検地方式をとる。

七月、景勝は上洛した。秀吉病気の報が届いたからである(年譜三―一一五)。なお、この上洛は関白豊臣秀次《とよとみひでつぐ》が謀反の疑いで切腹させられたことも関連があると思われる。七月二十日には、二十九名の諸大名が秀吉嫡子おひろい(後の秀頼)への忠誠などを誓う起請文を連名で提出しているが、景勝も署名し血判を捺している(上越三六五七)。

八月三日、景勝は徳川家康・宇喜多秀家・前田利家・毛利輝元・小早川隆景と共に「御掟」五か条および「御掟追加」九か条を連署で発している(歴古―五五三・五五四)。これは豊臣秀次処分後の政権動揺を抑えるための法度であり、大老の初仕事といってよいものである。

九月、景勝は伏見城下に屋敷地を与えられ、館の普請のため、越後より人夫が挑発された。十月より直江兼続を総監として普請が始まり、十二月に完成、景勝は京都から伏見に移った(年譜三―一一六)。

文禄五年・慶長元年(十月二十七日改元　一五九六)

景勝は正月を伏見の新館で過ごした。閏七月十二日、畿内で大地震がおこり、伏見城天守閣・方広寺《ほうこうじ》大仏殿などが倒壊し、死者も多数出た。景勝の伏見新館も「門・楼破倒」という被害に遭ったが、けが人などは出なかった(年譜三―一一七～一一八)。九月一日、秀吉は日明講和交渉のため来日した明冊使楊方亨《ようほうこう》・沈惟敬《しんいけい》らを大坂城で引見し、翌二日には、使節への饗応が行われ、景勝も同席している。なお、景勝は明帝より都督同知の官職と冠服を賜っている(年譜三―一一八～一二六)。

魚沼郡検地

十月には魚沼郡で直江兼続配下の河村彦左衛門尉を奉行として検地が行われた(新―二四六〇など)。河村が奉行となって行われた検地は翌年も続くが、文禄四年の検地と異なり、いわゆる太閤検地方式によらない、上杉氏独自のものであった。これは、文禄四年に作成された検地帳が現実の租税徴収にあまり役立たなかったため、新たに年貢徴収の便と豊臣政権下でのあいつぐ動員に耐えられる体制を作ることに目的があった。

慶長二年（一五九七）

正月二十日、景勝は秀吉から昨年の地震で被害のあった伏見城の舟入普請を命じられた。景勝は越後より四〇〇〇人の人夫を徴発し、直江兼続を総監とした（年譜三—一二七）。越後では春日山城の「所々御門・橋以下破壊之所」の修築工事が始められ、二月十六日には直江兼続が山田雅楽助に修築のための覚書三か条を送っている（年譜三—一二八）。

八月から九月にかけて頸城・刈羽・古志・三島・蒲原郡で検地が行われた（新—二七七五など）。これは、昨年の河村を奉行とした検地の続きである。この検地の結果をうけて、十月から十二月にかけて諸将に知行書出が出されている（年譜三—一三三～一四一など）。家臣団知行地の再編成が行われたのである。なお、この年、上杉家中の本庄顕長《あきなが》・高梨頼親《よりちか》・須田景実《かげざね》・斎藤景信《かげのぶ》・柿崎憲家《のりいえ》など大身の侍が、景勝の「御叱り」・「御勘気」により改易されている（「定納員数目録」・『上越市史』通史編2）。

この年に「越後国郡絵図」が作成されたとされる。この絵図は文禄四年の検地の成果に基づいて作成されたもので、現在、越後七郡の内、頸城郡東部・瀬波《せなみ》（岩船）郡の二鋪が残っている。

頸城・刈羽・古志・三島・蒲原郡で検地

「越後国郡絵図」作成

景勝、会津国替え

慶長三年(一五九八)

正月十日、景勝は秀吉より会津への国替えを命じられた(新―三一七)。景勝は越後・北信濃四郡に替え、会津・米沢など九二万石を与えられた。従来からの佐渡・庄内をあわせると、約一二〇万石となった。翌十一日、景勝は大坂城に国替えのお礼に出かけている(年譜三―一四六～一四七)。なお、越後には越前北の庄の堀秀治《ほりひではる》が入ることになった。

会津への国替えについては、直江兼続と秀吉から派遣された石田三成によってすすめられた。二月中旬には新領地での城将の配置が決まり、三月末にはほぼ移動は完了したらしい。

伏見にいた景勝は、三月三日に秀吉から暇を賜り、六日に伏見を立ち、越後を経由して十九日に会津に入った(年譜三―一四七～一四八)。三月二十九日、景勝は直江兼続を介し諸将に感状を与えている(年譜三―一五〇～一五二)。これは、会津に侵入した伊達政宗軍に対する軍功を賞したものである。国替えの慌ただしい中での伊達氏の侵攻であった。

四月二十四日、景勝は前田利家に書状を送り、しばらく会津に在国することを秀吉に取り成すよう依頼している(『直江兼続伝』一四〇頁)。新領地でのさまざまな体制作りのための在国である。

秀吉死去

七月二十三日、景勝は伏見留守役千坂《ちざか》対馬守に秀吉の病状を問う書状を送り、速やかに上洛すべきかを問うている(『直江兼続伝』一四一頁)。秀吉の健康状況がすぐれず、死期が近づいていた。

八月二日、景勝は越後にある謙信の遺骸を会津に移すことを諸寺に伝え、遺骸は八月中旬に会津に着いた(年譜三一一五三〜一五五)。

八月五日、秀吉は徳川家康・前田利家・毛利輝元・宇喜多秀家・上杉景勝宛に「秀よりの事たのみ申候」と遺書を残し、八月八日には五奉行が五大老に誓紙を提出している(覚巻十八)。秀吉は十八日に死去した(六十二歳)。

九月十七日、景勝は会津を出発して(覚巻十八)、十月二日、伏見に着いている。この後、景勝は五大老として国政を担当するようになる。十一月三日、景勝は五大老の一員として朝鮮在陣中の島津義弘・家久に、晋州における明軍撃退を賞するとともに帰朝を命じている(『島津家文書』四三九)。

十二月下旬、諸将は秀吉の遺品を分与されている。景勝は御掛物を与えられた(年譜三一一六二)。

コラム　郡絵図の世界

池　　享

山形県米沢市の上杉家には、「越後御絵図」と呼ばれる二つの地図が伝えられている。一つは、縦二・二〇m×横六・八〇mの中に現在の新潟県岩船郡域が描かれており、「越後国瀬波郡絵図」と呼ばれている。もう一つは、縦三・四〇m×横五・六五mの中に現在の新潟県東頸城郡のうちほぼ荒川以東の地域が描かれており、「越後国頸城郡絵図」と呼ばれている。どちらも東京大学史料編纂所から縦横それぞれ半分に縮めたカラー写真版が出されており、比較的簡単に見ることができる。

これは、すごい絵図である。何がすごいかといえば、作られた時代から見た大きさと詳しさである。大きさは前述のとおりだが、記述内容は、山野・河川・潟海・島といった自然地形や、田畑・家屋・集落・道路・橋などの人工物が図像として描かれ、さらに村や町ごとに、名称・知行人・家数・石高などが記されている。この絵図が作られたのは、包み紙に書かれている内容から慶長二年(一五九七)と考えられている。それ以前に作られた絵図としては、荘園絵図や洛中洛外図といった部分的なものか、さもなくば団子のような国々をならべただけの全国図=行基図があるだけだった。江戸時代になると国絵図が作られるようになるが、内容は村・町の位置と名前と、それをつなげる道路が描いてあるだけで、大きさも、越後で最も古い正保(一六四四~八)の国絵図は、一国分で縦横一〇m×六m程度に過ぎない。しかもすごいのは、こうした絵図は全国的に見てもこの二枚しか残っていないことであり、それだけ貴重な史料といえるのである。

この絵図は「御検地高御絵図」とも呼ばれており、文禄四年(一五九五)に上杉氏が行った検地の結果に基づいて作られたと考えられている。実際、村・町ごとの石高は「本納高」と「縄の高」という二種類が併記されているが、前者は検地の前年に当時の支配者が自主申告した石高、後者は検地によって決められた石高であることが、残された史料により確かめられている。

けれども、検地をしたら必ず郡絵図が作成されるわけではない。これには、豊臣秀吉の命令が関わっていたと考えられる。天正十八年(一五九〇)に北条氏を滅ぼし全国制覇を達成した秀吉は、翌年日本全国の「御前帳」と「国絵図」の作成・提出を命じた。これは、朝廷に納めるという名目により、国ごとに郡単位で検地結果をまとめた帳簿を作らせ、その内容を絵図に描かせるもので、秀吉の全国支配者としての地位を誇示するとともに、来るべき朝鮮侵略に向けての軍事動員体制を整備することに目的があった。その命令によれば、海・山・川・里・寺社・田地以下すべてを記すこと、隣郡との境や山・川・道・橋を念入りに描くこととされており、郡絵図とも内容的に対応している。しかし厄介なことに、実際に提出されたのは国絵図だったとされ、しかも現物は一つも残っていないのである。少し下って慶長期(一五九六〜一六一五)に作られた国絵図は、前述の江戸時代に作られた国絵図よりも小ぶりで、郡絵図とは全く質が違う。

したがって、郡絵図作成にはより深い意図が込められていたと考えられる。結論的にいえば、上杉氏の領国支配を誇示することに眼目があったのではないかと推測されている。たとえば「瀬波郡絵図」は、中心に村上城と城下町を置き、しかも他の部分に比べて誇大に描くという構図になっている。実際には、現在の村上市の中心部に位置する村上城は、岩船郡域の南西部にあたる。作成者は、各部分の縮尺を変え、特に北部を小さく描くという操作により、意図的に村上城を中心にもってきたと考えられるのである。村上城は、戦国時代以来、最も独立性が強かった本庄氏の拠点である。上杉景勝は、庄内侵攻の責任を秀吉に追及されたのを機会に本庄繁

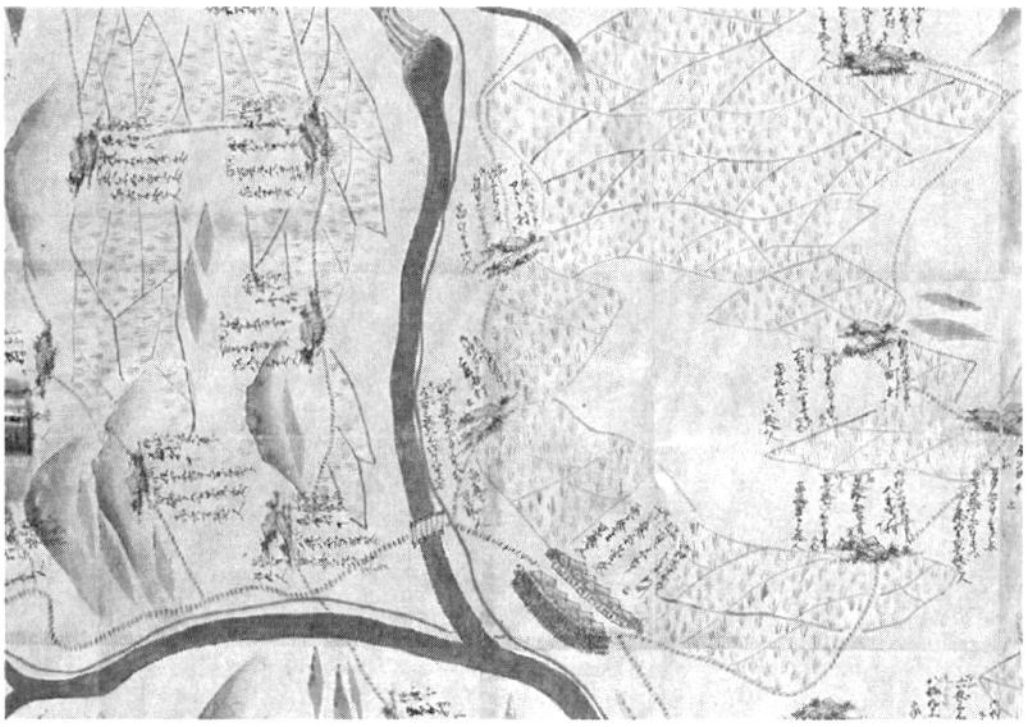

頸城郡絵図に描かれた村(上杉博物館所蔵)

長を改易処分とし、遺領を腹心直江兼続の実弟大国但馬守に与え、春日元忠を村上城番に入れた。これにより、上杉氏の阿賀北に対する支配は急速に強化された。そのことを可視的に示そうとしたのではないかということである。

しかし、そのような意図があったとしても、郡絵図に盛り込まれた内容は前述のように客観的根拠を持つものであり、また、そこに描かれた多様な図像は文書などの文字史料からは伝わらない当時の社会の具体的姿を生き生きと語っているのである。例えば山は稜線が墨で引かれ山肌には薄墨が塗られているが、その中には樹木が黒い点描で示されたり、幹・枝・葉が描き込まれているものがある。集落のまわりには青みがかった薄墨の塗られた畠地が描かれているが、それにも畝のような線が引かれているものといないものとの区別がある。これには、定畠と山畑を区別する意図があったかもしれない。また集落は入母屋作りで藁か茅葺きの屋根・土壁の平屋の家屋が数軒集まる形で描かれているが、これにも、家屋が雑然と配置されたものと、中を道が通り両側に家屋が並ぶ街村的なものとがあり、後者は主要交通路上に位置し、町場的機能をもっていたと思われる。このように、郡絵図の作成者はさまざまな情報を盛り込もうとしたと考えられるのである。

文字情報からもさまざまなことが読み取れる。知行地の分布からは当時の支配の特徴がわかる。「頸城郡絵図」の場合は、相給(一つの村を何人もの領主が知行している)で分散しており、個々の領主の支配力が弱く、それだけ大名上杉氏の支配力が強かったと考えられる。それに比べ「瀬波郡絵図」の場合は、色部・鮎川・大川氏といった戦国時代以来の国人領主が、以前からの支配地をまとめて知行しており、彼らの自立性が残されている分だけ上杉氏の支配力は弱かったと考えられる。

また、「本納高」「縄の高」として示された石高は、村によって極端な開きがあり、検地増分打ち出しによる上昇率も区々である。ここからは、村の経済力や生業のあり方が知られる。石高はもともと水田を主な対象として測られてきたので、「本納高」の大きい村は、以前から田地の開発が進んでおり、領主もその実態をつかんでいたと思われる。これからすれば「本納高」に対し「縄の高」が大きい村は、新田開発が進んだか、それまで領主の支配力が強くなかった地域に属していたことになる。それだけでなく、この頃には畠地や手工業の経済力も石高によって評価されるようになるので、そうした地域に属する村も「縄の高」が大きくなることになる。それでも「縄の高」が十石以下と低い村が、山間部や海岸部などに見られる。この地域がどうしようもなく貧しかったわけではなく、石高として評価されない林業・狩猟・漁業・塩業などを生業としていたことによるものと思われる。石高の多様性からは、この時代の民衆が水田稲作農民一色だったのではなく、多様な生業を営みながら結びつきあっていたことが浮かび上がってくるのである。

このように郡絵図の世界は、私たちの歴史的想像力をかきたてる魅力にあふれている。一度目にする機会があれば、そのことを実感していただけると思う。

〈参考文献〉

『吉川町史』第一巻（新潟県吉川町、一九九六年）
『村上市史』通史編1（村上市、一九九九年）

慶長四年（一五九九）

正月一日、景勝、新年を伏見で迎える（年譜）。

二月二日、景勝、諸境に異事ないことを知らせてきた安田能元《よしもと》・岩井昌能《まさよし》・大石元綱《もとつな》に返書を出す（覚上公御書集）。五日、会津中納言上杉景勝、前田利家・宇喜田秀家・毛利輝元・前田玄以・浅野長政・増田《ました》長盛・石田三成・長束正家と共に、徳川家康に起請文を提出する。同日、徳川家康、景勝ら九人に起請文を送る（徳川家康文書の研究）。二十四日、景勝、岩井昌能・安田能元・大石元綱、山田喜右衛門・松木秀定に宛て文書を発給し、左近司伝兵衛組の羽鳥彦八郎ほか七人に、五十貫文宛知行を与えるように命ず（覚上公御書集）。

三月、直江兼続、南化玄興《なんかげんこう》より助字の解釈などを記した文鑑を送られる（上杉家文書・大日本古文書）。

閏三月十五日、春日元忠、出羽国草岡村給人衆中に宛て、草岡村（山形県長井市）の玉龍坊ほか、四人の役儀免許を命ず（覚上公御書集）。

四月七日、直江兼続、病死した奥州長沼城主島津義忠の名跡を岩井昌能の二子勢三に与え、義忠の息女を娶らせることを命ず（覚上公御書集）。

六月六日、直江兼続、塔寺八幡宮（福島県会津坂下町）の廻廊の上葺を勤める（塔寺八幡宮

神指城跡

徳川家康、会津へ向けて江戸を出発

神指城の普請

長帳)。

九月二十三日、直江兼続、池浦庄左衛門と山田喜右衛門に、越後より持ち越しの金一三七六枚余の目録を作成して渡す(編年文書・山形一六)。

十月二十日、春日元忠、草岡村の鍛冶次郎左衛門に諸役免許を命ず(武田文書・山形一五)。

慶長五年(一六〇〇)

正月一日、景勝、新年を会津若松で迎える(年譜)。

二月、藤田能登守信吉が内紛により、妻子・家臣等二百人を召し連れて立ち退き、下野国那須に駈け入り、徳川家に仕える(覚上公御書集)。

三月十三日、謙信二十三年忌万部経が執行される(三重年表)。

四月十四日、直江兼続、徳川家康の使僧豊光寺承兌《ほうこうじじょうたい》に対し、景勝に別心はないことを伝える(覚上公御書集、年譜)。

六月十六日、徳川家康、会津へ向けて大坂を出発する(三重年表)。

六月二十日、石田三成は直江兼続に、一昨日、徳川家康が伏見を出馬したと知らせる(覚上公御書集)。六月、神指城《こうざしじょう》(福島県会津若松市)の普請が行われる。神指城の広さは八町

坂戸城御館の石垣跡

堀直寄、会津から越後の上田庄に攻め込んだ上杉勢と合戦

四方で、島倉孫左衛門に築城が命じられる(三重年表)。

七月十九日、白川在番衆中に対し、芋川越前守・平林蔵人・西方次郎右衛門の指図に従うこと等を記した五箇条の条書が出される(歴代古案、御代々御式目)。二十三日、徳川家康、石田三成の反逆の報を受けて、小山《おやま》(栃木県小山市)から軍を引き返す(三重年表)。晦日、上泉主水、七月二十五・二十六日両日の伊達郡小手《おで》村内大館《おおだて》古城での伊達政宗勢との戦いで討ち取った頸数一〇六の頸注文を作成する(覚上公御書集、大河原文書・鶴岡1)。

八月四日、直江兼続、昨日到来した七月吉日付の奉行中(大谷義隆・増田長盛・石田三成)の十一箇条の連状の写しを、境目を守る青柳隼人佐・本村造酒丞《みきのじょう》・車丹波守・小田切安芸守に遣わす(年譜)。五日、兼続は岩井昌能に、徳川家康は小山に在陣している旨を伝え、さらに、奉行中の連状の写しを遣わす(覚上公御書集)。七日、徳川家康、会津から越後の上田庄に攻め込んだ上杉勢と合戦をし、五〇〇余人を討ち捕らえた上田庄坂戸《さかと》城主(新潟県南魚沼市六日町)堀直寄の手柄を賞した(歴代古案)。九日、徳川秀忠も堀直寄の手柄を賞す文書を出している(歴代古案)。十二日、直江兼続は、白川表(福島県白河市)に在陣する岩井信能に、宮中(栃木県宇都宮市)より変事の連絡があれば報告するようにと命ず(覚上公御書集)。二十三日、景勝、芋川越前守・西方次郎右衛門・平林蔵人に、白川小峯城の普請のために横目として石川惣左衛門・小田切豊前守の二名を派遣すると伝える(歴

上杉勢、最上義光と長谷堂など各地で合戦

代古案)。

九月三日、上杉家は三十三箇条からなる軍法を制定した(上杉家文書・大日本古文書)。

十五日、直江兼続、仙道《せんどう》二本松城(福島県二本松市)に在陣する秋山昌綱に、十三日に最上領畑谷《はたや》城(山形県山辺町)を乗っ取り、撫で斬りにして、城主の江口五兵衛父子など五〇〇余人を討ち捕らえ、十四日には最上の居城に向かい、山形近辺の城を二、三カ所降参させたと伝える(大河原文書・鶴岡1)。

十月一日、最上義光《よしあき》は留守政景《るすまさかげ》に、出羽庄内勢が谷地《やち》(山形県河北町)に籠居していると知らせる(留守文書・鶴岡1)。十三日、最上義光、岩城氏の家臣竹貫三河守へ、長谷堂(山形市)など各地で上杉勢を撃ち破ったことを知らせる(会津四家合考・鶴岡1)。

十二月二十二日、関ヶ原の一戦で、西軍が敗北したため、景勝は本庄繁長《ほんじょうしげなが》を上洛させることを決め、家康の老臣、本多正信《ほんだまさのぶ》・本多忠勝《ただかつ》・榊原康政《さかきばらやすまさ》に取り成しを依頼する書状を送る(覚上公御書集)。

慶長六年(一六〇一)

正月一日、景勝、新年を会津若松で迎える(年譜)。

二月三日、築地資豊《すけとよ》が守る奥州伊達郡簗川《やながわ》城(福島県梁川町)の桜館で火事が起こる。他

景勝、出羽米沢・陸奥福島三十万石に転封

の廻輪は無事であった(歴代古案)。

三月頃、伊達政宗、福島表(福島県福島市)に出陣する(覚上公御書集)。

四月二十一日、伊達政宗、今井宗薫《そうくん》に最上義光の出羽庄内制圧の様子を知らせる(観心寺文書・大日本古文書)。

六月五日、直江兼続、簗川城を守る築地資豊に近々上洛すると伝える(覚上公御書集)。

七月一日、景勝、会津を出発し、二十四日に伏見邸に到着する。二十六日、大坂へ着く(三重年表)。

八月十六日、景勝、出羽米沢・陸奥福島三十万石への転封を命じられる(年譜)。二十日、直江兼続、安田能元・水原《すいばら》親憲・岩井昌能に米沢へ移るについての五箇条の条書を出す。条書の第四条には知行を三分一に減ずること、第五条には長井郡中の仕置を春日右衛門に申し付けることが記される(覚上公御書集・年譜)。八月下旬、岩井・水原・安田は米沢に移住する(年譜)。

十月三日、景勝、大坂城で、豊臣秀頼に太刀・銀子百枚、淀君に五十枚献上する(年譜)。十五日、景勝、帰国のため伏見邸を出発する(三重年表)。十六日、奉行中が五箇条の領中法度を発布する(覚上公御書集)。同日、平林蔵人佐、安田筑前守に知行目録を発給する(安田文書・山形一六)、また同日、平林蔵人佐、中条氏に知行目録を発給する(早稲田大学図書

館所蔵中条家文書)。二十八日、景勝、米沢に着く(三重年表)。

慶長七年(一六〇二)

正月一日、景勝、新年を米沢で迎える(三公外史)。

二月二十七日、直江兼続、亀岡文殊堂(山形県高畠町)で鮎川秀定、弘徳寺玄劉和尚、宇津江《づえ》朝清、倉加野綱秀、八王子富隆、潟上《かたかみ》秀光、安田能元、蔵田忠広、称念寺其阿、宇津江長賢、千坂《ちさか》長朝、岩井信能、前田利貞、吉益家能、大国実頼、来次《きすき》氏秀、満願寺高信、春日続忠、楡井《にれい》綱忠、来次朝秀、春日元忠、高津長広、高津秀景らと、百首を詠む(大聖寺所蔵文書)。

慶長八年(一六〇三)

正月、景勝、新年を米沢で迎える(年譜)。

二月二十一日、景勝、幕府より邸地を江戸桜田に与えられる(上杉家譜・大日本史料)。

五月二十七日、景勝、徳川秀忠の上洛に随行することを請う(年譜)。

九月二十一日、景勝、十三箇条の家中条目を発布する(年譜)。

十月、喧嘩口論の禁止、婚姻を許可なく行うことの禁止等を定めた十三箇条の家中条

亀岡文殊堂

景勝、幕府より邸地として、江戸桜田邸を与えられる

目を発布する(編年文書・大日本史料)。二十日米沢を立ち、江戸の新邸に入る(年譜)。

十一月十七日、伏見に着く(三重年表)。

慶長九年(一六〇四)

正月一日、景勝、新年を伏見邸で迎え、大坂に赴き、豊臣秀頼に新年の挨拶をする(年譜)。

二月十六日、昨年の冬より病気であった景勝の正室(武田勝頼の妹)が伏見邸で逝去する。山城の妙心寺亀仙庵《きせんあん》に葬られる(三重年表)。

五月五日、米沢城で玉丸(のちの定勝)生まれる。母は四辻大納言公遠の娘(三重年表・年譜)。

八月十七日、玉丸の母、産後より体調が思わしくなく死去する。林泉寺において葬送。導師は林泉寺十一世能山龍芸和尚(年譜)。十九日、直江兼続は、諸在々肝煎中宛に、夫銭等についての五箇条の条書を出す(編年文書・山形一六、大日本史料)。二十一日、景勝、伏見を出発し、江戸邸に入り在留、のち米沢に着く(三重年表)。八月中旬、直江山城守、本多正信の次男政重を養子とする。本多正信の次男、景勝から一字をもらい勝吉と名乗り、一万石を与えられる(年譜)。

閏八月二日、直江兼続は十七箇条の掟を制定し、触下・肝煎・百姓等に申し聞かせるため、一つの在所に一つずつ書き写して渡すように命ず(編年文書・山形一六、大日本史料)。

景勝の正室(武田勝頼の妹)、伏見邸で逝去

玉丸(のちの定勝)生まれる

兼続、本多正信の次男政重を養子とする

景勝、徳川秀忠の将軍宣下の行列に参列

十一月日、直江兼続は鉄砲稽古の定めを出す(年譜、御代々御式目)。

慶長十年(一六〇五)

正月一日、景勝、新年を米沢で迎える(年譜)。

二月十一日、米沢を出発し、二十二日、江戸桜田邸に着く。二月下旬、江戸を立ち、三月上旬、伏見に着き、のち大坂城に赴く(年譜)。

四月二十六日、景勝、徳川秀忠の将軍宣下の行列に参列する(三重年表)。

六月上旬、景勝、伏見を立ち江戸に入る(年譜)。

八月二十四日、春日元忠、公儀役儀等について記した掟を宮村新町(山形県長井市)に発布する(編年文書・山形一六)。

慶長十一年(一六〇六)

正月一日、景勝、新年を伏見で迎える。同月中旬、景勝、伏見を出発して、江戸に逗留。二月十四日、米沢に帰城する(年譜)。

四月二十四日、千坂景親が死去する(御家中諸士略系譜)。二十六日、景勝、豊臣秀頼に端午の賀儀を行い、この日、秀頼、これに応える(年譜)。二十八日、春日元忠、横越村

直江兼続、江戸桜田門内の石垣などの工事総監

新町(山形県白鷹町)に、公儀役儀、市日等についての掟を発布する(鈴木文書・山形一六)。

九月三日、景勝、重陽の賀儀を行い、秀頼、これに応える(年譜)。

十月一日、景勝、将軍徳川秀忠から江戸桜田門内の石垣などの工事手伝いを命じられる。直江兼続、総監となる(三重年表)。十四日、景勝、米沢を立ち福島城に入る。しばらく逗留して、十九日、福島を立ち、二十六日に江戸邸に入る(年譜)。

慶長十二年(一六〇七)

正月一日、景勝、新春を江戸で迎える(年譜)。

三月上旬、直江兼続、京都の要法寺で文選を活字開版する(『古活字版之研究　附図』)。

四月一日、景勝、江戸城の堀浚え普請を命じられる(年譜)。

六月二十一日、景勝、江戸を立ち、七月一日、米沢に着く(年譜)。

十月十八日、家康、秀忠に茶を饗し、これに上杉景勝・伊達政宗・佐竹義宣が相伴する(当代記・大日本史料)。十月、景勝、喧嘩口論の事など、十三箇条を定める(編年文書・大日本史料)。

慶長十三年(一六〇八)

正月一日、景勝、米沢で新春を迎える。二十六日、米沢を出発し、福島をへて、二月

十五日、江戸邸に入る(年譜)。

五月六日、家臣十七名、景勝に起請文を提出する(編年文書・大日本史料)。五月上旬、景勝、直江兼続に米沢城外に堀を掘ることを命ず。兼続、直江大和守勝吉・長尾右衛門に命じ、米沢・福島の人夫により、十月中旬に米沢城東南二方の堀を完成させる(年譜)。

六月二十一日、春日元忠が死去し、平林正恒が召し出される(御家中諸士略系譜)。秋、景勝、徒党立ての禁止など、十二箇条の法度を定める(編年文書・大日本史料)。

慶長十四年(一六〇九)

正月一日、景勝、新春を江戸で迎える(年譜)。

二月十五日、景勝の母(謙信の姉)、昨年の冬よりの病気のため米沢で死去する。林泉寺に葬られる。導師は林泉寺十二世梵堯和尚(三重年表)。

四月上旬、常州海上船入の普請を命じられ役夫を出す(年譜)。

五月二十八日、直江兼続、平林正恒に諸士の宅地割等についての二十二箇条の条書を送る(年譜・歴代古案)。

六月四日、直江兼続、平林正恒に侍衆屋敷割等についての三十八箇条の条書を送る(歴代古案)。五日、米沢霊屋御堂と二ノ丸寺院が建立される(三重年表)。同日、景勝、城の

景勝の母(謙信の姉)、死去

米沢霊屋御堂と二ノ丸寺院建立

東南に廟所を作ることを命ず(年譜)。

七月七日、直江兼続は千坂高信に、本多正信の取り成しにより、十万石分の役儀が免除されるようになった旨等を記した八箇条の条書を送る(歴代古案)。

八月四日、景勝、江戸を立ち、十三日、米沢城に着く(年譜)。

九月、本多正信の指図により、大国但馬守の娘を直江兼続の養女として直江安房守勝吉に嫁がせる(年譜)。

十二月二日、直江兼続の息子平八、本多正信の媒酌により、江州膳所《ぜぜ》城主戸田氏鉄《うじかね》の娘と結婚する(年譜)。

慶長十五年(一六一〇)

正月一日、景勝、新春を米沢で迎える(年譜)。

三月十二日、謙信三十三回忌につき、万部経を執行する(年譜)。

四月二十五日、景勝、米沢を立ち、五月三日、江戸邸に入る(年譜)。十四日、景勝、駿府で徳川家康に謁見し、二十五日、江戸に帰る(三重年表)。直江重光(兼続)、渋谷弥兵衛・千坂伊豆守に対し、御成《おなり》の儀については本多正信の指図に従うようにとの書状を送る(編年文書・大日本史料)。

景勝、駿府で徳川家康に謁見

将軍徳川秀忠、景勝の桜田邸に御成

六月二日、御成御殿の普請始まる(三重年表)。

十二月二十四日、本多正信が桜田邸を訪れ巡見する。飾りの指図をし、上段の床に牧溪三幅対・立花三瓶、棚に香炉・軸物次の床に月湖二幅対・卓香炉、数寄屋床に紀貫之の小色紙・青磁砧茶入・瓢箪茶入台・天目を定める。二十五日、将軍徳川秀忠、景勝の桜田邸に御成。景勝、秀忠より、包永の太刀一腰と備前守家の刀一腰・左文字の脇差一腰等を拝領する(三重年表・年譜)。

慶長十六年(一六一一)

正月一日、景勝、新春を江戸で迎える(年譜)。

四月十八日に江戸を立ち、二十五日、景勝、米沢城に帰る(年譜)。二十七日、土井大炊頭より石高および諸大夫のお尋ねにつき、直江兼続、本多正信に景勝知行高目録を提出する。景勝、知行高目録に、三十万石の内、諸大夫給分として、三万石直江山城守・二万石本庄出羽守と記す(年譜、直江兼続状留・山形一六)。

五月九日、伊達政宗、景勝と人返しの協約を定める(伊達文書・大日本史料)。

六月中旬、直江勝吉、暇を乞うて父本多正信の家に帰る。兼続に実子平八生まれたことによる(三重年表)。

十一月十六日、家康、神奈川にとどまる。景勝、お目見え参上し、綿子五〇〇把・蝋燭五〇〇挺・糟毛の馬一匹を献上する(駿府記・大日本史料)。

慶長十七年(一六一二)

正月一日、景勝、新春を江戸で迎える(年譜)。二十四日、景勝、米沢御堂の本殿造営を命じる(三重年表)。

三月十三日、御堂において例年のごとく謙信の法事が行われる(年譜)。春、本多安房守勝吉、前田利長に招かれ前田家に仕える。政重と号し、三万石を領す(三重年表)。

五月七日、景勝、江戸城に登城し、暇を賜う(直江重光書翰留・大日本史料)。十四日、江戸を立ち、二十二日、米沢に着く(三重年表)。本多安房守勝吉(加賀前田家の本多政重)の妻、米沢より夫のいる加賀に行く(年譜)。

八月、景勝、男色衆道を禁止する(三重年表)。十三日、安田能元・岩井信能・水原親憲・平林正恒・山岸尚家、許可なく婚姻することの禁止などを定めた十七箇条の家中法度を制定する(御代々御式目、上杉家文書・大日本古文書)。

閏十月二日、御堂出入りの三箇条の法度、同日、南御門出入りの定めが発布される(御代々御式目)。三日、景勝、米沢を出発し、十日、江戸に着く(上杉年譜・大日本史料)。十二日、家康、江戸に着く。景勝、芝でお目見えする（直江重光書翰留・大日本史料）。

慶長十八年（一六一三）

正月一日、景勝、新春を江戸で迎える（年譜）。

七月十一日、景勝、江戸を立ち、二十日、米沢城に帰城する（年譜）。

八月上旬、景勝、直江兼続に追廻馬場の建設を命ず。馬芸の達人の人見卞斎入道宗《ひとみべんさいにゅうどうそう》次《じ》を総奉行として馬場を築く（三重年表）。

十一月十九日、人見宗次に馬術師範の心得が遣わされる（上杉家文書・大日本古文書）。

慶長十九年（一六一四）

正月一日、景勝、新春を米沢で迎える（年譜）。正月中旬、越後高田城新築の手伝いを命じられる（三重年表）。

四月上旬、再び、追廻馬場の建設をはじめ、七月下旬、落成する（年譜）。

七月十一日、直江兼続、人返しの儀について、伊達政宗の家臣茂庭石見守綱元に感謝の書状を送る（直江重光書翰留・大日本史料）。

十月二日、景勝、米沢を出発し、九日、江戸に着く（上杉年譜・大日本史料）。十六日、

豊臣秀頼が反逆したため、直江兼続、軍隊を率いて米沢を出発

鴫野表で合戦

豊臣秀頼が反逆したため、直江兼続、軍隊を率いて米沢を出発する(三重年表)。十九日、景勝、徳川家康に別心ない旨等を誓約した起請文を、酒井忠世・本多正信に提出する(歴代古案)。二十日、景勝、江戸を出発する(上杉家大坂御陣之留・大日本史料)。二十四日、景勝、公儀より扶持米を受け取る(上杉家大坂御陣之留・大日本史料)。

十一月六日、景勝、木津に着陣する。九日、玉水へ陣を移す(年譜)。十一日、景勝、山城国山科(京都市)で、二十二箇条の軍法を出す。同月、直江兼続、同じく十五箇条の軍法を出す(上杉家大坂御陣之留・大日本史料)。十二日、景勝、二条城で家康にお目見えする(新訂本光国師日記、直江重光書翰留・大日本史料)。二十五日、南鴫野《しぎの》(大阪市)に移り、二十六日、鴫野表で合戦する(年譜、直江重光書翰留・大日本史料)。二十八日、直江兼続、松風助左衛門・曾根源三に対し、十月十二日より同月二十四日までの二千人、十月二十五日より十一月十日までの五千人、十一月十一日より晦日までの六千人の扶持米の請取状を送る(直江兼続書翰留)。

慶長二十年・元和元年(七月十三日改元　一六一五)

正月一日、景勝、新春を大坂の陣地で迎える(年譜)。十七日、秀忠、昨年の鴫野表での合戦を賞し、須田長義・水原親憲・鉄《くろがね》泰利に、感状を出す(歴代古案)。

豊臣秀頼が再び反逆。大坂城落城

二月下旬、景勝、帰陣し江戸邸に入り、のち米沢に帰る(年譜)。

四月十日、豊臣秀頼が再び反逆したため、景勝、米沢を出発する。四月下旬、大坂に着き、玉水辺に陣を張る(年譜)。

五月七日、大坂城は落城し、景勝、六月中旬に米沢に帰城する(三重年表)。

七月十二日、直江兼続の嫡子平八郎景明、十八歳で死去する(三重年表)。

十一月二十日、景勝、本多正純・土井利勝・安藤重信の連署奉書により、府中領と八王子筋における鷹狩りを許される(上杉家文書・大日本古文書)。

元和二年(一六一六)

正月一日、景勝、新春を米沢で迎える(年譜)。

二月二十四日、景勝、徳川家康の病気を見舞うため米沢を出発し、三月七日、駿府で謁見する(三重年表)。三月、景勝、駿河江尻在城中の供奉の従者への七箇条の掟を出す(御代々御式目、歴代古案)。

五月二十二日、景勝、米沢に帰城(年譜)。六月七日、本多正信、死去する(年譜)。

元和三年(一六一七)

景勝、将軍徳川秀忠の上洛に供奉

正月一日、景勝、新春を米沢で迎える(年譜)。四月下旬、米沢を立ち、五月上旬、江戸に着く(三重年表)。七月、上洛する。八月二日、千坂高信、諸大夫に任ぜられる(三重年表)。九月六日、直江兼続の元養子で加賀前田藩の本多政重、従五位下に叙される(藩老本多蔵品館所蔵文書・『加賀藩士』)。

元和四年(一六一八)

正月一日、景勝、新春を江戸で迎える(年譜)。

五月十五日、江戸を立ち、二十二日、米沢に帰城(年譜)。

七月十三日、景勝、十一箇条の軍令家中法度を発布する(年譜)。

元和五年(一六一九)

正月一日、景勝、米沢で新年を迎える(年譜)。

三月九日、景勝、将軍徳川秀忠の上洛に供奉するため米沢を出発し、十六日、江戸邸に着く(三重年表)。

四月十八日、景勝、上洛につき、江戸を出発し、五月三日、勧修寺を旅宿として供奉の任にあたる(年譜)。十月、江戸に帰る(三重年表)。

直江兼続、江戸で死去。六〇歳

秀忠、江戸城で景勝・伊達政宗・佐竹義宣を饗す

十二月十九日、直江兼続、江戸で死去する。六十歳(三重年表)。

元和六年(一六二〇)

正月一日、景勝、新年を江戸で迎える(年譜)。

二月五日、景勝、将軍より江戸城塁の修理を命じられ、鉄孫左衛門、嶋田庄左衛門、坂次郎右衛門、坂庄次郎が総監となる(年譜)。

四月上旬、景勝、米沢に帰る(年譜)。

十一月二十一日、秀忠、景勝の江戸城普請の功を賞す(上杉家文書・大日本史料)。

元和七年(一六二一)

正月一日、景勝、新年を米沢で迎える(年譜)。二十三日、桜田邸が類焼する(三重年表)。

二月七日、老中奉書により、参勤と堀普請の手伝いを免除される(三重年表)。

八月十五日、景勝、成島八幡神社(米沢市)の屋根の葺き替えを行う。諸司は平林蔵人助、奉行人は矢尾板久左衛門・鈴木彦兵衛であった(成島八幡神社「棟札」・『企画展　中世の棟札』)。

二十二日、景勝、江戸へ登る(三重年表)。

九月十二日、江戸城で能が行われ、秀忠、景勝・伊達政宗・佐竹義宣を饗す(新訂本光

国師日記・大日本史料）。

十月十四日、秀忠、景勝・伊達政宗・佐竹義宣を数寄《すき》に招く（梅津政景日記・大日本古記録）。

元和八年（一六二二）

正月一日、景勝、新年を江戸で迎える（年譜）。二月十八日、平林正恒死去する（御家中諸士略系譜）。

六月二十一日、志駄義秀、米沢へ召し出され、平林正恒の職務のあとを継ぎ、奉行職となる（御家中諸士略系譜）。

八月二十一日、最上義俊、領知を没収される（三重年表）。

九月二日、景勝、軍勢一五〇〇人を山形に派遣し、六日到着。翌七日、城地引き渡しが行われる（三重年表）。

十月十五日、景勝、江戸を立ち、二十日、米沢に帰る（年譜）。二十三日、景勝の姉（上条義春の室）が死去する（三重年表）。

元和九年（一六二三）

正月一日、景勝、米沢で新年を迎える（年譜）。二月十三日、上杉千徳《せんとく》、将軍秀忠と謁見し、

最上義俊、領地没収。景勝、軍勢を山形に派遣

景勝、病気のため米沢で死去(六九歳)

従四位下侍従に叙任され、弾正大弼定勝《だんじょうだいひつさだかつ》と号す(年譜)。

三月九日、景勝、法音寺・極楽寺宛に遺言状を認める(上杉家文書・大日本古文書)。二十日、景勝、病気のため米沢で死去する。六十九歳。二十八日に葬式が行われる。導師は法音寺能海法印。諡号は、覚上院殿権大僧都宗心法印。

越後戦国地図

凡　例

1. 増補・改訂版を刊行するにあたり，読者の便をはかるため，新潟県内の主な城館や寺社等を分布図や現地写真など交えながら紹介する。
2. 文中(　)内に示したページ数は年表本文を示す。
3. 紙幅の都合上，上杉氏の会津移封以降は取り上げなかった。
4. 佐渡市は現地取材が及ばず割愛した。
5. 周辺分布図は明治44年・大正12年の5万分1図，大日本帝国陸軍陸地測量部の初版図を用いた。
6. 越後国郡絵図(瀬波郡絵図・頸城郡絵図)は米沢市立上杉博物館所蔵のものを用いた。
7. 文責は高志書院編集部。写真は現地撮影によるものと福原圭一氏提供による。
8. 主な参考文献は下記の通り。『新潟県史』『上越市史』『柿崎町史』『長岡市史』『小千谷市史』『十日町市史』『塩沢町史』『新発田市史』『村上市史』『中条町史』の各通史編，『定本上杉謙信』『中世の越後と佐渡』『遺跡と景観』（以上・高志書院），『日本城郭体系』（新人物往来社），『上杉謙信』（矢田俊文著・ミネルヴァ書房），『奥山荘城館遺跡』（水澤幸一著・同成社）。

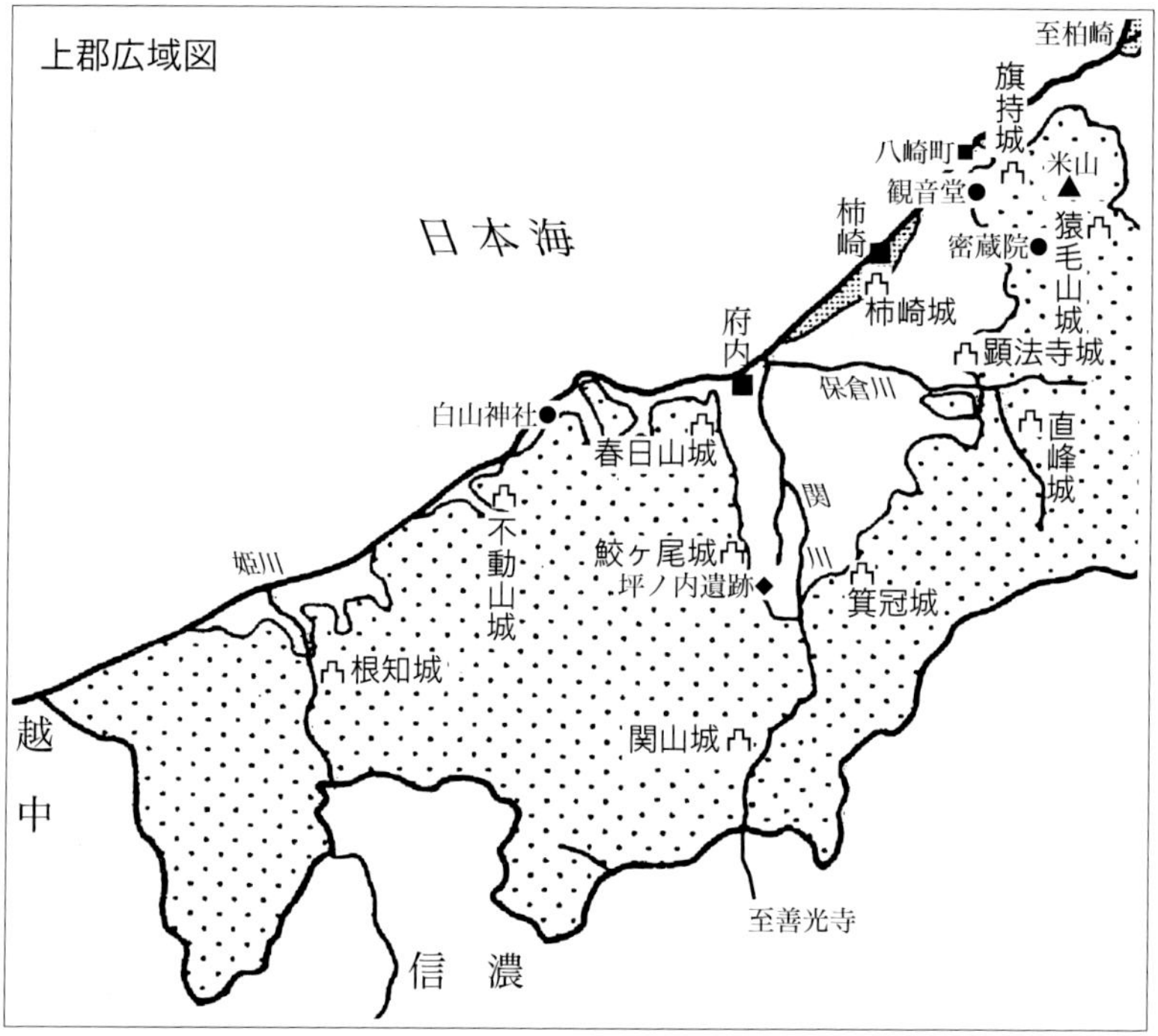
上郡広域図
至柏崎
旗持城
八崎町
米山
観音堂
日本海
柿崎
密蔵院
猿毛山城
柿崎城
府内
顕法寺城
保倉川
白山神社
直峰城
春日山城
関川
不動山城
鮫ヶ尾城
坪ノ内遺跡
姫川
箕冠城
根知城
越中
関山城
至善光寺
信濃

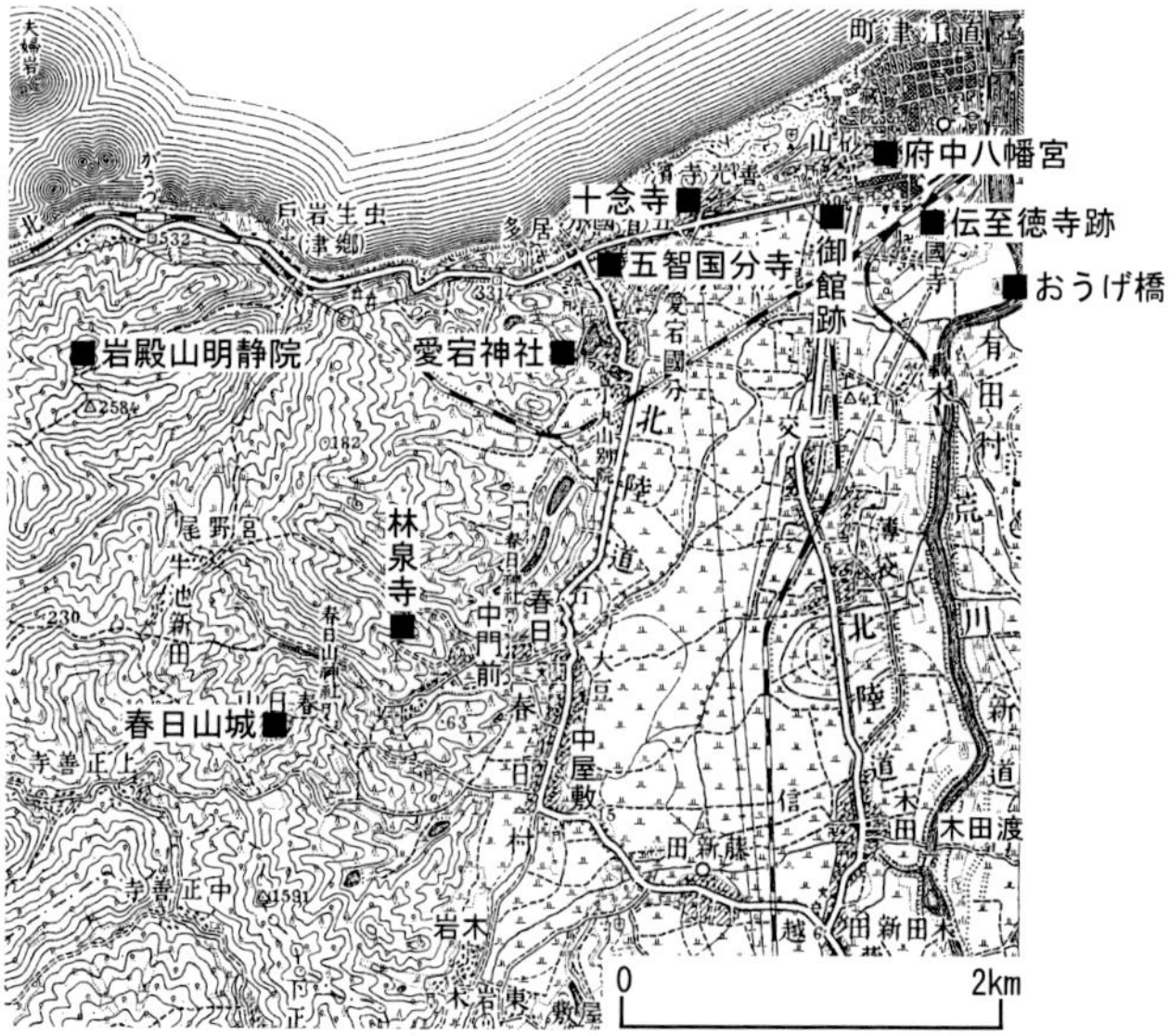
府中八幡宮
十念寺
伝至徳寺跡
五智国分寺
御館跡
おうげ橋
岩殿山明静院
愛宕神社
林泉寺
春日山城
0
2km

越後府内と春日山城周辺図

I　上　郡

越後府内と春日山城

守護所跡《しゅごしょ》(伝至徳寺跡)　越後守護上杉房定《ふささだ》(16p)の越後下向《げこう》以来，守護家の本拠であり，政庁としての役割を果したのが守護所。その比定地は上越市の直江津《なおえつ》駅構内とその南に広がる1辺220㍍の堀を伴う伝至《し》徳寺《とくじ》遺跡に想定される。現在，市街地化のため遺構は残らないが，発掘によって11～13世紀前半と14世紀末～16世紀初頭，16世紀末～17世紀前半頃の遺構群が確認され，中国の高級陶磁器なども出土している。守護所のそばには至徳寺があり，塔頭《たっちゅう》の長松院《ちょうしょういん》と最勝院《さいしょういん》には守護に招かれた賓客《ひんきゃく》らが宿泊し，饗宴《きょうえん》や連歌会《れんがかい》なども開かれた。これらの寺院もすでに廃寺になっているが，守護所のある越後府内は，政治・経済・文化の中枢であった。

至徳寺跡

おうげ橋

湊町直江津《みなとまちなおえつ》　府内には湊町直江津がある。頸城《くびき》郡絵図に描かれる「おうげ橋」(80p)がその中核施設で，現在の新潟労災病院(上越市東雲町1-7-12)付近に架かっていたと想定される。直江津の範囲はこの「おうげ橋」から守護所周辺にかけて広がっていたと考えられているものの，市街地化のため遺構は不明。

十念寺

善光寺浜《ぜんこうじはま》と十念寺《じゅうねんじ》(上越市五智2丁目)　天文《てんぶん》24年(1555)，第2回目の川中島合戦で謙信(宗心《そうしん》)は信濃善光寺《ぜんこうじ》の仏像・仏具を持ち帰り，善光寺如来堂を建立(92-95p)。その近くには信濃から移ってきた人々が多く住み，やがて善光寺町となる。十念寺《じゅうねんじ》はかつて善光寺があった場所に建立されたもので浜善光寺とも呼ばれる。

五智国分寺《ごちこくぶんじ》(上越市五智3丁目)**と岩殿山《いわどのさん》**　五智国分寺は永禄《えいろく》5年(1562)に

岩殿山遠景

春日山城遠景

林泉寺惣門

上杉謙信によって今の場所に再建されたというが，現在の朱塗りの門や三重塔は近世以降のもの。中世の越後国分寺の比定地は定まっておらず，五智国分寺から西に2㌔ほどのところにある岩殿山《いわどのさん》が注目されている。海にせり出す岩殿山には堂舎跡を思わせる平場がいくつもあるといい，今後の調査が期待されている。

春日山《かすがやま》城(上越市中屋敷)　守護代長尾家の城で，複数の郭《くるわ》や堀切《ほりきり》などがいまも残る。本格的な築城は為景《ためかげ》の時代，15世紀後半と推定され，謙信のときにほぼ現在の形をなし，景勝《かげかつ》によって再整備されたという(82-85p)。ただし今見る姿は堀氏入部《にゅうぶ》後の手が加わっているとみたほうがよい。実城《みじょう》に比定される山頂部(標高180㍍)には，本丸跡や毘沙門堂《びしゃもんどう》跡等々の総じて狭い面積の遺構があるが，これらの郭名は江戸時代の絵図によるもので，確かな利用状況は不明。守護代長尾家の拠点は春日山城とは別に春日の町があって，山下の林泉寺《りんせんじ》をはじめ，中屋敷・岩木《いわき》まで含むエリアが春日山城の城下町に想定されている。

林泉寺《りんせんじ》(上越市中門前)　守護代長尾能景《よしかげ》(16,18p等)の発願により長尾氏歴代の菩提寺《ぼだいじ》として15世紀後半に創建。明応《めいおう》6年(1497)には連歌師宗祇《そうぎ》による連歌会が能景主催のもとで行われ，翌年には長尾重景《しげかげ》17回忌法要が能景によって営まれている。現在の惣門《そうもん》は，春日山城の搦手門《からめてもん》を移築したものと伝える。境内には謙信公墓・川中島合戦の戦死者供養塔などがあり，宝物殿には謙信画像・謙信直筆の山門大額などが展示されている(拝観料500円)。

御館《おたて》跡(上越市五智1丁目)　天文21年(1552)，関東管領上杉憲政《のりまさ》が越後に下向(87p)すると，謙信は府内南方に御館を造営して憲政を住まわせた。現在の御館公園が館の中心地に比定される。堀を含めた外郭は東西約250㍍，南北約300㍍と推定され，発掘によると内郭135㍍×150㍍の方形の館で，憲政一代限りの使用であったらしく，建物を建替えた形跡が認められなかった。館からは中国陶磁・朱塗りの坏などが出土し，単に憲政の館ではなく，謙信の政庁としても使用されていたかと指摘されている。

御館の乱と頸城の城館

鮫ヶ尾城《さめがお》(妙高市新井宮内)　信濃と越後を結ぶ北国街道沿いにあり，標高187㍍の城山には，大小200ヵ所以上の平場をはじめ竪堀《たてぼり》や土塁などの遺構が残る。御館《おたて》の乱で景虎《かげとら》が自刃《じじん》した城(184p)として史料に残るものの築城時期は不明。乱時の城主は堀江宗親《むねちか》。鮫ヶ尾城の根小屋は，城の東麓，乙吉《おとよし》字立の内にある「おたて」と呼ばれる場所にあったと伝わる。

直峰城《のうみね》(上越市安塚区)　春日山から三国峠に抜ける安塚《やすづか》街道筋にあって，景勝方の坂戸《さかと》城と春日山を結ぶ交通の要に位置する。乱後は景勝譜代の上田衆《うえだしゅう》，直江兼続《なおえかねつぐ》の父樋口兼豊《ひぐちかねとよ》(190p)が在番。今は史跡整備も進み，郭群や空堀《からぼり》・土塁などの遺構がよく残り，山頂部からは春日山城も眺望できる。頸城郡絵図には階段状の郭や白壁の建物が描かれる。頸城郡絵図に描かれた城で機能していたのは直峰城のみで，町田城は「古城」とだけ記す。

直峰城

不動山《ふどうやま》城(糸魚川市大字越)　北陸街道沿いの不動山城は，信濃・越中の両ルートを押さえ，謙信も旗本の軍隊を派遣(127p)するなど，根知《ねち》城(糸魚川市根知)とともに春日山を守るための重要な城であった。城主は上杉氏一門の山本寺《さんぼんじ》氏で，御館の乱では山本寺定長《さだなが》が景虎に，弟の孝長《たかなが》が景勝について戦い(176p)，定長没落後に孝長が不動山城主となる。標高449㍍の山頂部からは北陸街道が見通せ，長さ30㍍を越える堀跡や多くの平場が残る。館跡は要害《ようがい》集落内に「御殿屋敷」と呼ばれて伝わるが，現地形からは確認できない。

箕冠《みかぶり》城(上越市板倉区山部)　高田平野を眼下におさめる標高237㍍の箕冠城は，大熊《おおくま》氏の本拠とされる。大熊政秀《まさひで》(48p等)は，大永《だいえい》3年(1523)の長授院《ちょうじゅいん》妙寿《みょうじゅ》の死後，段銭請取状《たんせんうけとりじょう》を発給する公銭方《こうせんかた》を握り，朝秀《ともひで》は父政秀以来の吏僚《りりょう》として謙信政権の成立当初に活躍する。箕冠城は，大熊朝秀が武田晴信《はるのぶ》のもとへ出奔《しゅっぽん》(97p)すると，春日山城の支城になったとされるが，御館の乱に関わる史料にも現れず，詳細は不明。現在の城跡には，郭跡・堀跡・井戸跡・土橋跡などの遺構が良好に残っているが，築城時期も明らかでなく，いま見る城の姿は大熊氏以後のものかと想定されている。

柿崎町と米山周辺

柿崎城《かきざき》(木崎山遺跡・上越市柿崎区木崎山)　柿崎川と小河川が日本海で合流する河口付近に位置する柿崎城(木崎山遺跡)は，鎌倉時代の史料にも見える佐味《さみ》荘柿崎宿の地に構えられた領主の館に想定されている。発掘調査で鎌倉時代末期〜室町時代初めの館跡であることが確認され，鎌倉時代の密教法具や珠洲《すず》・古瀬戸《こせと》の陶器類，宋《そう》銭《せん》・明銭《みんせん》などが出土している。上杉家老臣として登場する柿崎景家《かきざきかげいえ》(102p 等)の館跡ではないかとも想像されるが，遺跡の中心部が発掘されておらず，16 世紀段階の資料は見つかっていない。

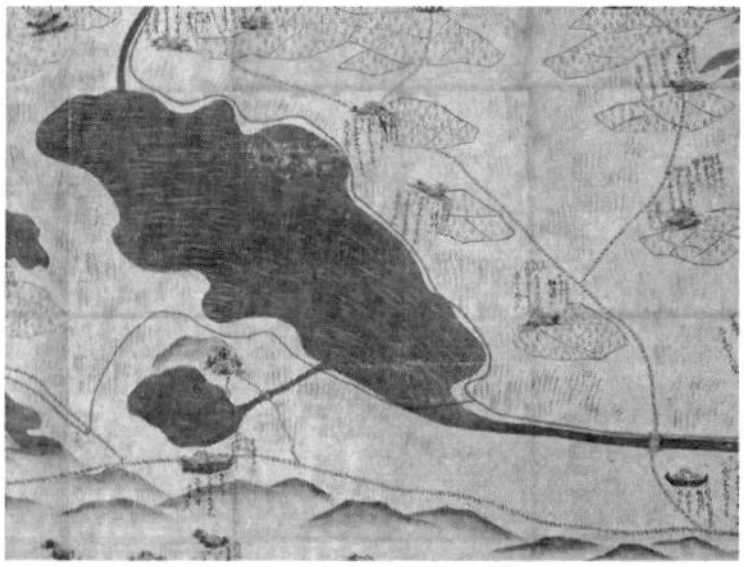

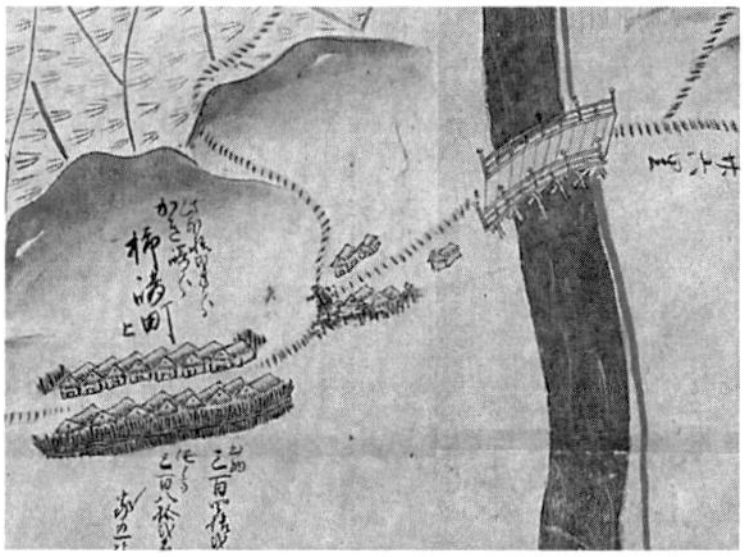

大潟・犀浜砂丘(上)と柿崎町(下)

大潟《おおがた》**と柿崎町**(上越市柿崎区ほか)　頸城郡絵図に描かれる柿崎町には，直江津の「おうげ橋」にも劣らぬ立派な橋が柿崎川に架かる。直江津—柿崎間は，犀浜《さいはま》砂丘が発達し，頸城平野を流れる河川は「おうげ橋」の架かる関川と柿崎川だけが日本海への流出口となっていた。そのため頸城平野には大きな潟湖《せきこ》(大潟など)が発達し，海上・河川交通によって直江津と柿崎町を結んでいた。柿崎景家はこの湊町柿崎を押さえる領主として，府内政権に参画《さんかく》していたとされる。

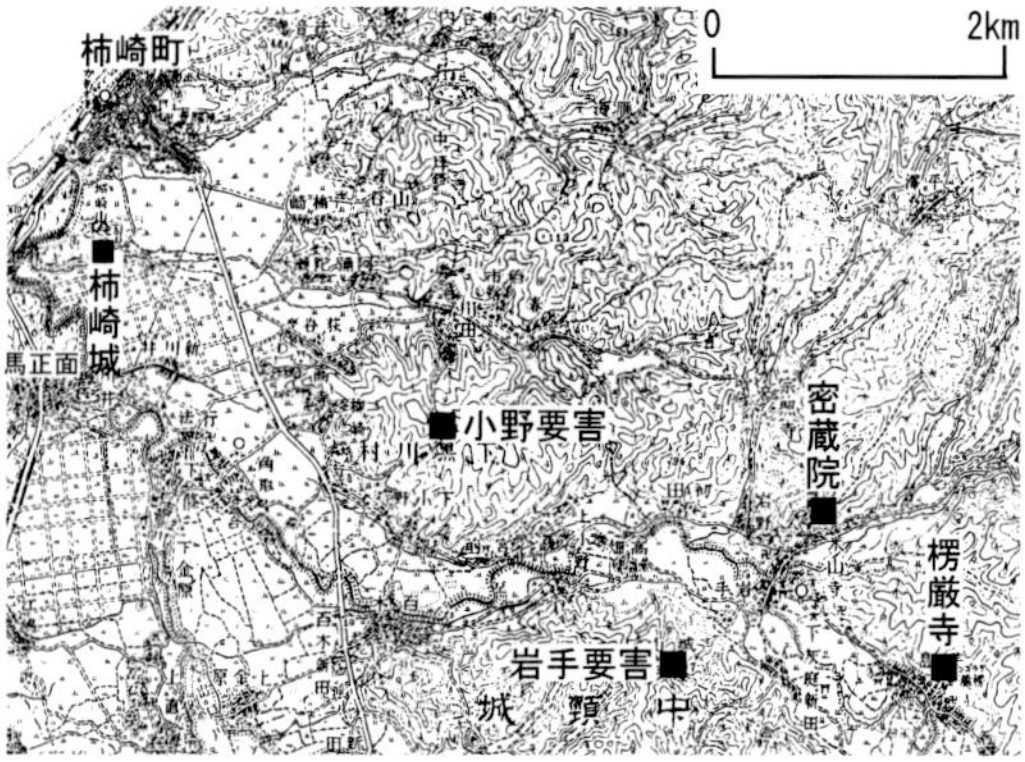

柿崎城周辺図

楞厳寺《りょうごんじ》(上越市柿崎区芋島)　霊峰米山《よねやま》の山麓にある柿崎家の菩提寺楞厳寺は，景家が春日山林泉寺《りんせんじ》の天室光育《てんしつこういく》を招聘《しょうへい》して天文《てんぶん》3 年(1534)に建立したと伝える。その山門は柿崎城から移築したものといい，本堂奥の墓域には柿崎景家や天室光育ら歴代住職の墓がある。本堂には天室光育筆の楞厳寺禅林記録(県文化財)や上杉景勝安堵状の複製が掲示されている(拝観料

無料)。なお，楞厳寺と柿崎川を挟んだ対岸にある城山(標高 115 ㍍)は，永正《えいしょう》11 年(1514)に宇佐美房忠《うさみふさただ》が討死した岩手《いわて》要害(33p)に比定され，下流には房忠が蜂起した小野《おの》要害(31-33p)も今に遺構を残す。

猿毛山《さるけやま》城(上越市柿崎区城ノ腰)　楞厳寺から柿崎川をさかのぼった米山南麓の城ノ腰集落の後背にある標高 479 ㍍の山城。築城時期は不明だが，柿崎から柏崎に抜ける峠道沿いにあり，米山北麓の旗持《はたもち》城(柏崎市米山町)とともに，頸《くび》城《き》郡と刈羽《かりわ》郡の境界に位置する。御館の乱で上杉景勝がこの両城をおさえて戦局を有利に導いたのも，両城の立地からもうなづける(180-183p)。

大清水観音堂《おしみずかんのんどう》(柏崎市大清水)　頸城郡絵図をみると，柿崎からのびる海岸線の道から分かれた山の上に「大清水観音堂」が描かれる。いまに室町時代の建築様式を伝える観音堂は，奈良時代の創建と伝わるが詳細は不明。守護上杉房能《ふさよし》をはじめ，謙信・景勝などが参詣し，武運長久《ぶうんちょうきゅう》を祈ったと伝わる。この観音堂は，永禄《えいろく》2 年(1559)，落雷によって焼失し，翌年に再建されたもの。昭和 25 年の解体修理では「永六仁年」(永禄 2 年)の墨書がある肘木《ひじき》(建築部材)が発見された。堂は桁行《けたゆ》き 3 間《けん》，梁間《はりま》 4 間，一重屋根寄棟《よせむね》づくりで，茅葺《かやぶき》の禅宗様《ぜんしゅうよう》建物は質素なものだが，やや反りをもった化粧梁《けしょうはり》(虹梁《こうりょう》)，拳鼻《けんばな》の絵様・曲線などに再建時以前の時代形式が認められるという。山門は，室町期の特徴を示す三間《みいま》一戸の八脚門《はっきゃくもん》，寺伝では天正 7 年(1579)に景勝によって建立されたという。

絵図にも描かれた大清水観音堂

八崎《はっさき》町と聖ヶ鼻《ひじりがはな》(柏崎市米山)　観音堂を降りて，柿崎とは反対側に絵図をみると八崎町と聖ヶ鼻が描かれる。絵図に描かれた八崎町は，今の信越本線米山駅周辺にあたるが，上杉氏の設置した関ではないかといわれている。八崎町の描かれ方はほかの町とは違っていて，冠木門《かぶきもん》をもち，柴垣《しばがき》で囲われた中に 4 軒の建物が描かれる。刈羽郡との境にあたるこの地に上杉氏は関を設け，往来する物資などを監視していたのだろう。

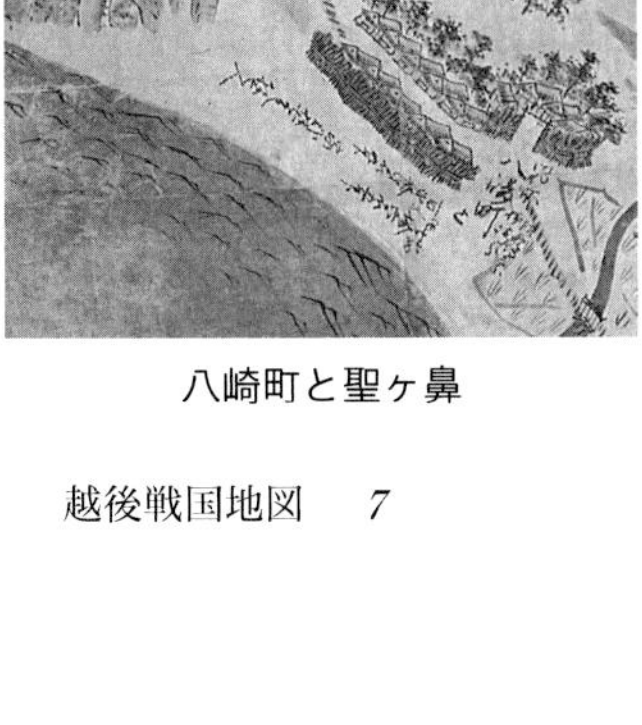

八崎町と聖ヶ鼻

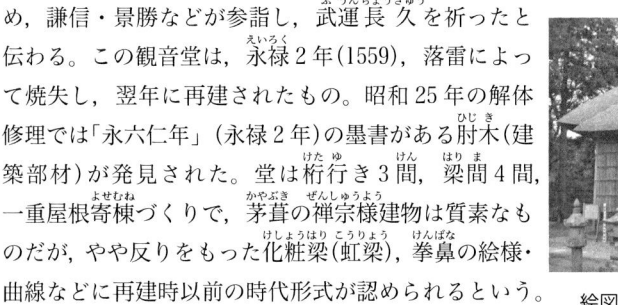

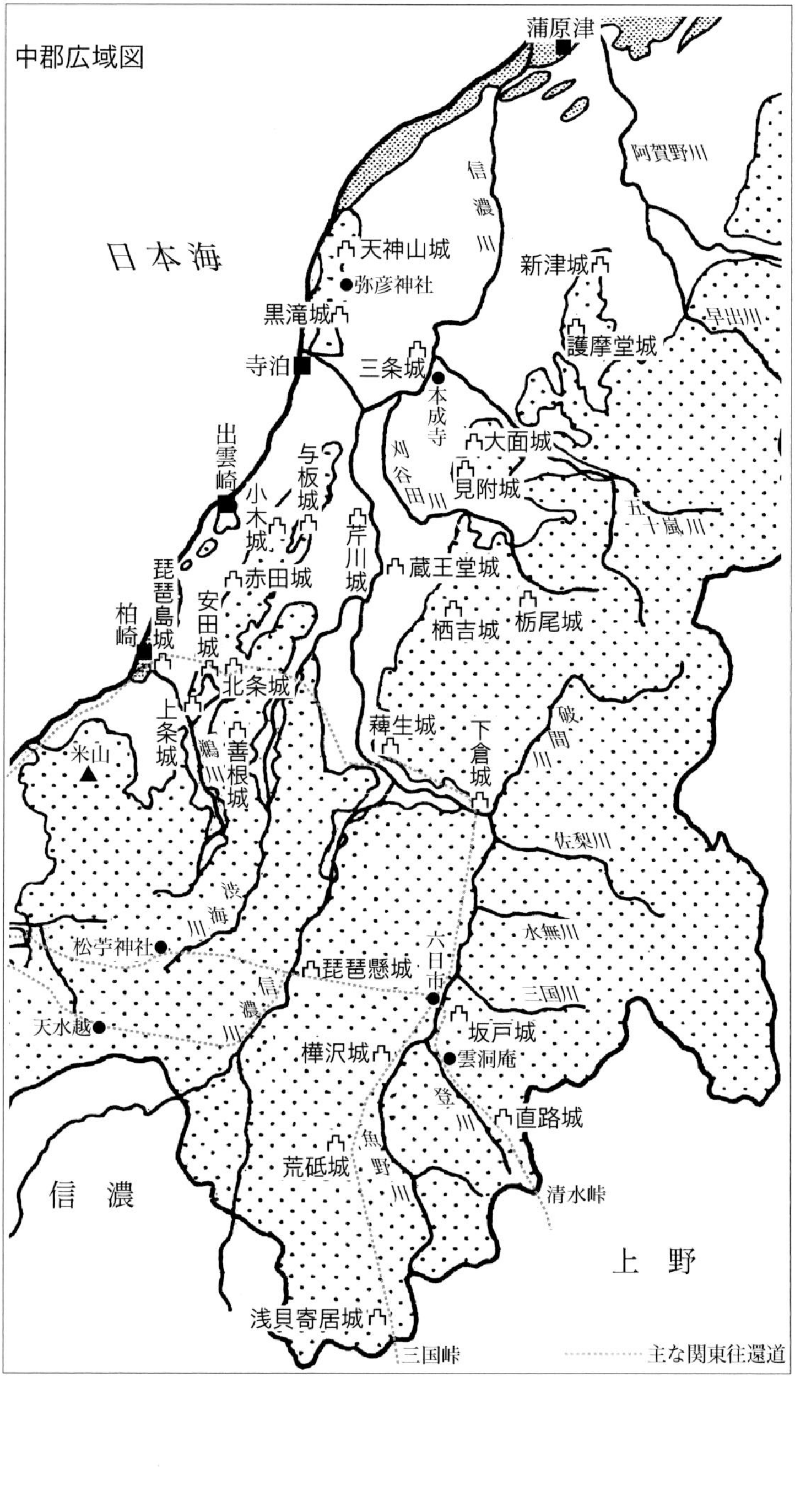
中郡広域図
蒲原津
阿賀野川
信濃川
日本海
天神山城
弥彦神社
新津城
黒滝城
早出川
護摩堂城
寺泊
三条城
本成寺
大面城
出雲崎
与板城
刈谷田川
見附城
小木城
芹川城
五十嵐川
蔵王堂城
赤田城
琵琶島城
安田城
栖吉城
栃尾城
柏崎
北条城
上条城
蕣生城
下倉城
破間川
米山
鵜川
善根城
佐梨川
渋海川
水無川
松亭神社
琵琶懸城
六日市
信濃川
三国川
天水越
坂戸城
樺沢城
雲洞庵
登川
直路城
荒砥城
魚野川
信濃
清水峠
上野
浅貝寄居城
三国峠
主な関東往還道

II　中　郡

関東往還と魚沼郡

関東往還《おうかん》の道　関東から越後府内に向うには，三国《みくに》峠・清水《しみず》峠を越えたあと，必ず魚沼郡上田荘六日市《うおぬまぐんうえだのしょうむいかいち》(現六日町)を経由する。浅貝寄居《あさがいよりい》城や荒砥《あらと》城などは三国峠越えの道沿いにあり，直路《じきろ》城は清水峠経由のルート上にある。この2本の道は六日市で合流し，ここからは舟運《しゅううん》の利用も可能となる。北条《ほうじょう》氏の使僧天用院《てんよういん》(134-135p)は六日市から下倉《したぐら》・薭生《ひう》に向かい，小国《おぐに》の峠を越えて北条《きたじょう》・柏崎に出て，海岸沿いの道で柿崎を抜け，越後府内に至っている。この道が府内・春日山に向う幹線道であった。

坂戸城遠景

府内と結ぶもう一つの道は，六日市から八箇《やこ》峠を越えて信濃川上流の琵琶懸《びわがけ》城のある十日町に出て，松苧《まつお》神社を経由する松之山街道で安塚町に抜ける道と天水越《あまみずごえ》経由で安塚に抜けるルートがある。この道は謙信の越山《えつざん》に利用されたといわれるが，いずれにしても六日市を結節点としていた。

坂戸《さかと》城(南魚沼市六日町坂戸)　関東往還の要衝六日市に拠点を構えたのが守護代長尾氏の一族上田長尾氏。その系譜関係は不明だが，房長《ふさなが》(32-33,62p 等)・政景《まさかげ》(80-81,86-87等)のころ，上田坂戸山に要害を築き，その西麓の魚野《うおの》川を望む地に館を構えたと考えられている。標高634㍍，比高差473㍍の険峻な坂戸山には，山頂部を中心に東南から北西に走る主稜線上に1㌔余り，南へ走る支稜線上2㌔余に遺構が確認でき，山頂部からは六日町の市街地と魚野川が一望できる。現在は薬師《やくし》尾根コースが登山道として整備され，山頂部まで1時間半の行程だが，すべての遺構群を1日で見学するのは難しい。

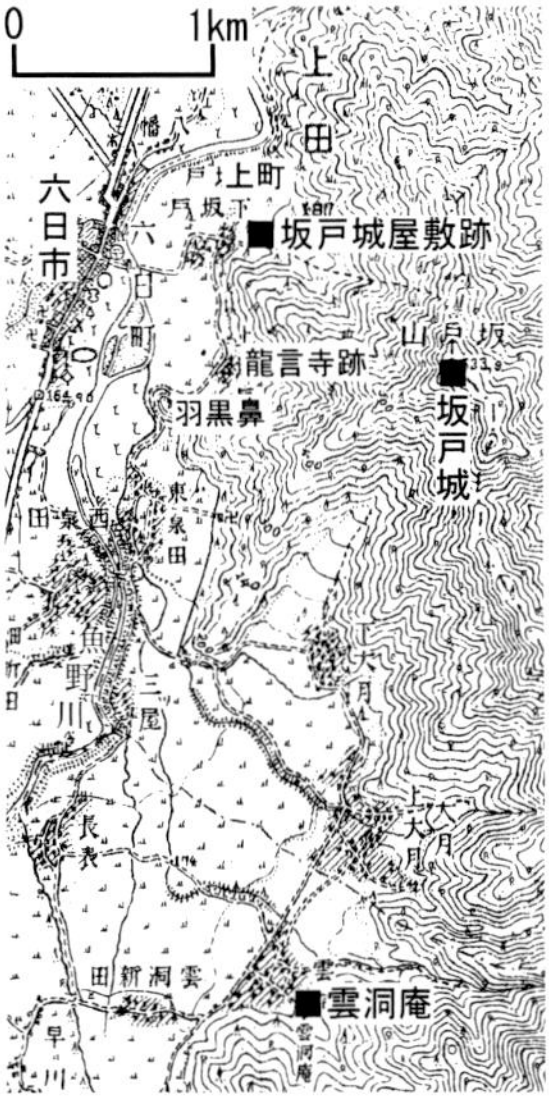

坂戸城周辺図

山頂から伸びる主尾根と薬師尾根，羽黒鼻《はぐろばな》に囲まれる二つの扇状地は，西側を魚野川と埋田堀(内堀跡)でさえぎられた広い地域で，北側を上町，南側を龍言寺《りゅうごんじ》跡という。上町には家臣屋敷・御屋敷・中屋敷などと呼ばれる平場があり，御館跡には高さ2㍍，長さ70㍍の野面《のづら》積《づ》みの石垣が今もみられる。堀氏入部《にゅうぶ》以後の改変は避けられないが，上田長尾氏の館も同地にあったと想定される。南側の龍言寺跡は上田長尾氏の菩提寺《ぼだいじ》で，近世以降に立てられた長尾政景の墓がある。

坂戸城御屋敷跡と石垣跡

雲洞庵《うんとうあん》(南魚沼市塩沢町雲洞)　永享《えいきょう》元年(1429)，関東管領上杉憲実《のりざね》が再興した雲洞庵は，管領家領の魚沼郡にあって上杉家の庇護《ひご》を受け，上田長尾氏とも深い縁で結ばれる。長尾政景の兄通天存達は雲洞庵13世住持となり，政景の子卯松(のち上杉景勝)や樋口与六(のち直江兼続《かねつぐ》)も少年期を存達のもとで過ごしたと伝える。御館の乱で景勝が春日山実城《みじょう》を占拠(175p)した際，祝いの書状が雲洞庵からいち早く届けられたのも，上田長尾氏＝景勝と雲洞庵の親密さを物語る。

雲洞庵本堂

雲洞庵には中世にさかのぼる建物は残らないが，宝物館には中世の寺領年貢帳をはじめ武田信玄の書状，明応《めいおう》4年(1495)と永正《えいしょう》14年(1517)の御免船に関する史料などがある。雲洞庵が川舟所持の権利を安堵され，魚野川舟運の管理を握っていたことがわかる(拝観料300円)。

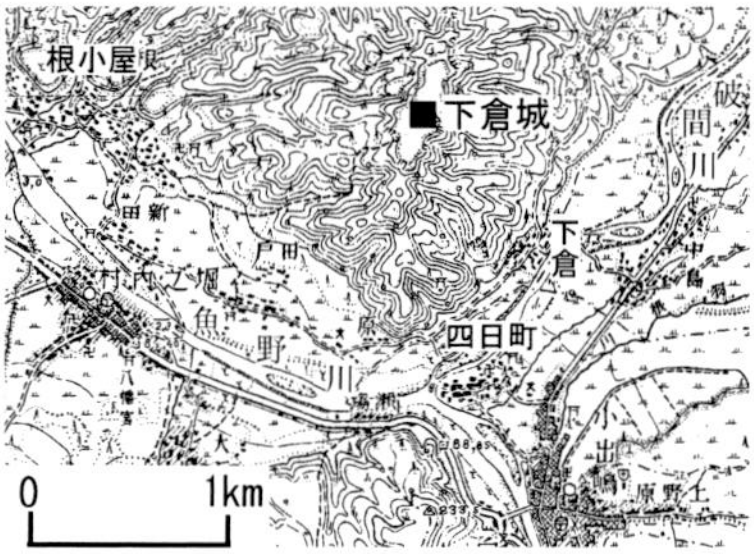

下倉城周辺図

樺沢城《かばのさわ》(南魚沼市塩沢町樺野沢)　三国街道沿いにある樺沢城(179p)は，築城時期など不明だが，御館の乱では景勝方は栗林《くりばやし》氏を配し，一度は景虎方の北条氏によって落とされて坂戸城攻撃の前衛となる。現在の遺構は御館の乱時に北条氏によって修築されたものと伝え，狭小な山頂部(標高300㍍)の平場を幾重もの空堀と土塁が取り巻いている。城ノ入川をはさんだ対岸にある龍沢寺《りゅうたく》は上杉謙信の朱印状を伝える。

下倉城《したぐら》(魚沼市堀之内下倉)　魚野川と破間川《あぶるまがわ》の合流点に突き出た台地上にあ

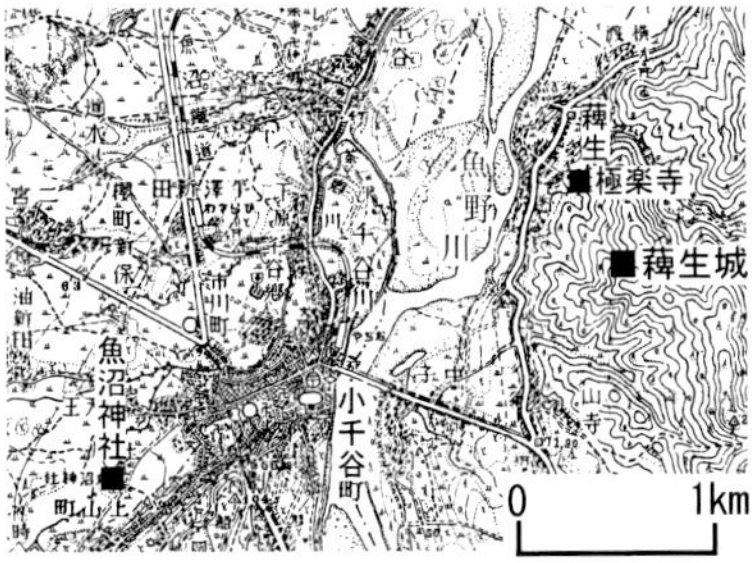

蓴生城周辺図

魚沼神社阿弥陀堂

る。上条定憲《じょうじょうさだのり》の乱で城主の福王寺《ふくおうじ》氏は為景《ためかげ》方について戦い(59p)，御館の乱では景勝の城将として佐藤氏が配されている。標高215㍍の頂部には郭群や空堀跡，井戸跡などの遺構が残り，城下には四日町や根小屋地名もある。天用院《てんよういん》が宿泊した施設は根小屋のどこかにあったのかもしれない。

蓴生《ひう》城(小千谷市蓴生)　魚沼郡と古志《こし》郡の境界にあり，越後上杉家の根本被官平子《たいらこ》氏の本拠。平子政重《まさしげ》・朝政《ともまさ》は守護房定《ふささだ》・房能《ふさよし》のもとで政務に携わり，朝政は永正の政変で房能とともに自害している(17,19p)。上条定憲の乱では反為景方にくみするものの(60p)，謙信が政権を握ると関東管領上杉憲政《のりまさ》との間を取り持つ重要な役割を平子孫太郎が果している(80p等)。比高差198㍍ほどの蓴生城は比較的規模の小さい要害だが，山麓の蓴生集落には平子氏菩提寺と伝える極楽寺や城殿川・城町・上殿などの小字名も残るので館や寺院，町屋が作られていたと想定される。魚野川の対岸にある魚沼神社は上弥彦社ともいい，境内には永禄6年(1563)に建立された阿弥陀堂がある。寺宝の大般若経《だいはんにゃきょう》は謙信が越中乱入時に略奪してきたものと伝える(168-169p)。

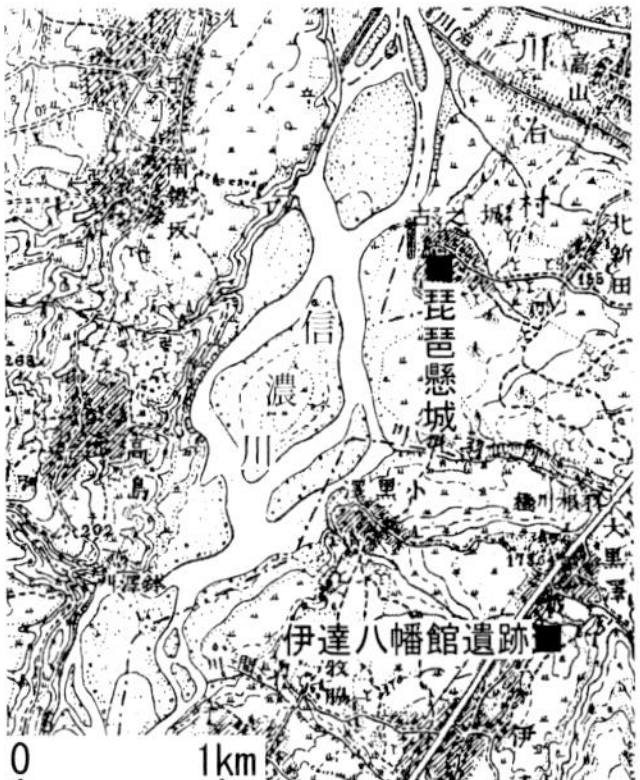

伊達八幡館遺跡周辺図

伊達八幡《だてはちまん》館遺跡(十日町市伊達)　信濃川上流の中魚沼郡津南《つなん》町と十日町市域は妻有《つまり》荘・波多岐《はたき》荘と呼ばれ，南北朝期に上杉氏と抗争した新田氏一族の根拠地だった。室町・戦国期には上杉氏に降ることで下条・中条・大井田《おおいだ》・鳥山氏らが領主として存続したことが指摘されている。伊達八幡館遺跡は，15世紀前半～16世紀前半に存続した領主館が全面発掘された稀有な例で，復元模型が十日町市博物館に展示されている。約60㍍四方の主郭部と約40㍍四方の副郭部には空堀や木橋跡，井戸跡，建物跡などがあり，中国製の高級陶磁器や珠洲《すず》・古瀬戸の陶器，金属製の仏具などがみつかっている。館の主は不明だが，鳥山氏に関わるのではないかといわれている。同市城之古にある琵琶懸城も新田氏一族の館跡に比定されている。

古志長尾氏の拠点と与板城

蔵王堂城《ざおうどう》(長岡市西蔵王)と**栖吉城**《すよし》(同市栖吉)　守護代長尾一族のうち古志《こし》郡の在地支配を委ねられたのが古志長尾氏で，信濃川沿いの蔵王堂城に本拠を構えたとされる。金峰《きんぷ》神社周辺がその比定地だが，現在の大きな土塁と水堀は近世以降のもので中世にはさかのぼらないという。古志長尾氏の系譜関係も初代景春《かげはる》以後定かでなく，史料で確認できるのは15世紀後半以降の孝景《たかかげ》－房景《ふさかげ》－景信《かげのぶ》(十郎)(78p)。

蔵王堂城の土塁

館比定地の善照寺境内

蔵王堂城から山あいの栖吉に拠点を移し，要害の栖吉城を築いたのは16世紀初頭，孝景か房景(31-33p等)のころと想定されている。栖吉集落の中央にある善照寺《ぜんしょうじ》の近辺には，一之木戸・城道・大門などの地名や栖吉城への登り道もあり，100㍍×60㍍ほどの境内域が古志長尾氏の館跡ではないかという。

集落内の普済寺《ふさいじ》は古志長尾氏の菩提寺で，寺領安堵状などの史料を伝え，牧野氏入部後もその廟所となって牧《まき》野忠成《ただなり》の供養塔を祀る。要害の栖吉城は標高328㍍の頂上部を中心に550㍍×350㍍ほどの範囲に郭跡・土塁・空堀跡の遺構が良好に残り，普済寺脇からの遊歩道も整備されている。

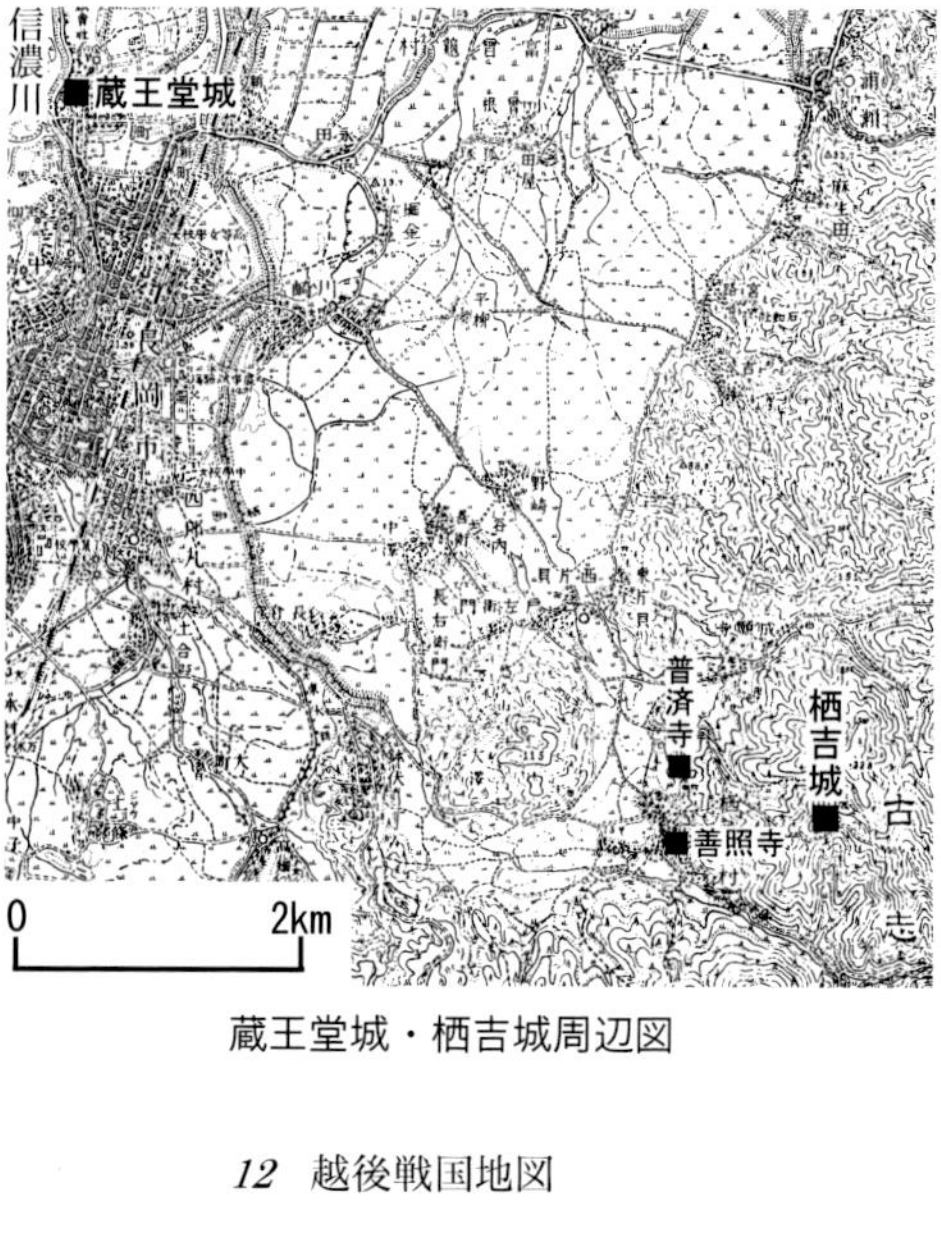

蔵王堂城・栖吉城周辺図

栃尾城《とちお》(長岡市栃尾大野)　刈谷田《かりやた》川と西谷《にしたに》川の合流点近く，標高227㍍の舞鶴《まいづる》山の山頂部に築かれた栃尾城は，古志長尾氏の支城とされる。

山頂部の主郭は細長い平場で，高さ4㍍の鉢巻状の野面《のづらづ》積みの石垣がめぐり，尾根を切る数条の空堀や井戸跡・櫓台《やぐらだい》跡などが残る。大野集落の段丘上には館屋敷と呼ばれる80㍍四方の館跡が想定されている。14歳の景虎

(謙信)が天文12年(1543)に栃尾城へ派遣されたときの城主は本庄実乃《ほんじょうさねより》(75p)で，その後も実乃は景虎政権の奉行人《ぶぎょうにん》として活動している。

常安寺

ただ，景虎が栃尾に居たころの活動は不明な点が多く，黒田秀忠《ひでただ》の乱(76-77p)に関する文書3通，寺領安堵状2通・寄進状1通が残るだけである。刈谷田川の対岸には謙信開基を伝える常安寺《じょうあんじ》(同市谷内)がある。寺宝には僧形《そうぎょう》の若き謙信を描いたという「当山開基謙信公真像」(慶長年間作)のほか，謙信愛用の兜前立てなどがある。

栃尾城周辺図

与板城《よいた》(長岡市与板町与板)と本与板城《もとよいた》(同市本与板)　信濃川と西川(中世は西川が本流)の分流点にある三島《さんとう》丘陵には，本与板城と与板城の二つがある。守護上杉房定《ふささだ》の重臣であった飯沼《いいぬま》氏は与板城に本拠を置いたが，永正11年(1514)の守護方と為景方の合戦(33p)で守護方に与した飯沼氏は滅亡。その旧領は直江《なおえ》氏の支配下に入るが，その間の事情は定かでなく，本与板城を飯沼氏の城，与板城を直江氏の城とする説も確かではない。

本与板城は本与板集落の西側，標高98㍍の丘陵上にあり，頂上部に土塁で囲まれた主郭(40×50㍍)や空堀・土塁などが約250×250㍍の範囲に確認できる。集落内には御館・別当屋・長松寺屋敷といった地名が残る。

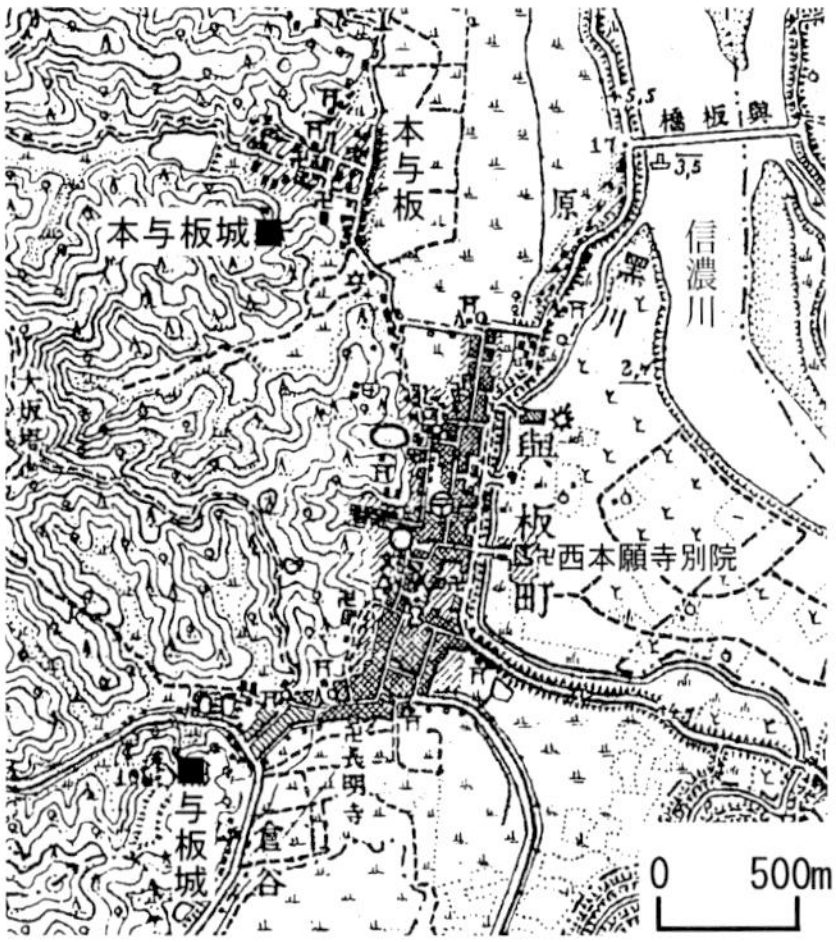

与板城遠景(上)と同城周辺図(下)

与板城は本与板城から南約2㌔に位置し，標高104㍍の頂上部には土塁をもつ主郭があり，約400×300㍍の範囲に連続堀切群や幅15㍍もの大堀などによっていくつもの郭が配されている。城下の北麓には館の御廊・備後小路などの小字名があり，館跡や屋敷跡があったと想定されている。謙信政権を支えた直江景綱《かげつな》(139p等)や景勝政権を支える直江兼続《かねつぐ》(189p等)の本拠与板ではあるが，城館の実態解明は今後の調査に期待したい。

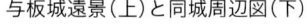

蒲原郡の拠点三条と弥彦山

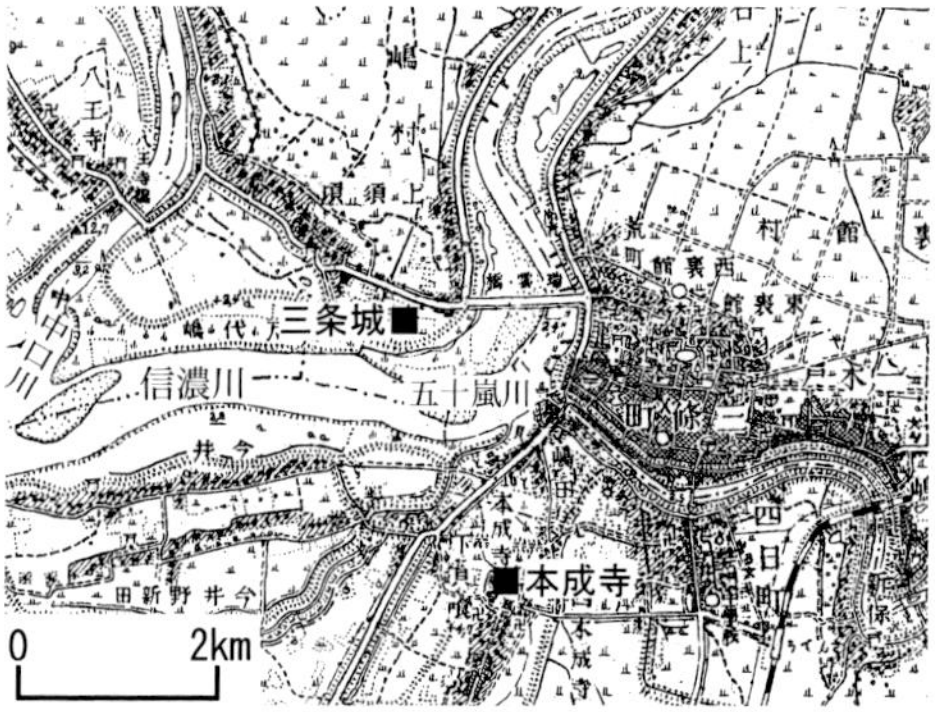

三条城周辺図

三条城《さんじょう》(三条市上須頃)　信濃川が中ノ口川と分かれた大きな中洲の地に三条《さんじょう》城の比定地がある。現在は流路変動によって遺跡は全く残らないが，旧三条競馬場跡地に石碑のみが立つ。この地は五十嵐川も流入する河川舟運の交差点でもあり，蒲原《かんばら》郡の中心地であった。蒲原郡司《ぐんじ》の長尾氏が守護代になって府内に移った後は，代官として山吉《やまよし》氏が配され，以後，行盛《ゆきもり》(応永《おうえい》年中)－久盛《ひさもり》(応永・文永《ぶんえい》年中)－能盛《よしもり》(22p)－正盛《まさもり》－政久《まさひさ》(49p)－豊守《とよもり》(135p 等)が三条にあって蒲原郡の政務をにぎっていた。山吉氏が応永年間以後もその権限を保ち続けたのは蒲原郡内の在地的な基盤の強さを物語ろう。山吉氏が大檀那として保護を加えた本成寺《ほんじょうじ》(同市西本成寺)は，13 世紀後半創建の法華宗《ほっけしゅう》寺院で陣門《じんもん》流の総本山だが，三条城から寛永《かんえい》19 年に移築したと伝える黒門がある。なお，山吉豊守の死後は神余《かなまり》氏(176p)が三条城に配されている。

本成寺

黒滝城

護摩堂《ごまどう》城(田上町山田)　阿賀野《あがの》川と信濃川にはさまれた新津《にいつ》丘陵のほぼ中央に位置(標高 268 ㍍)し，永正 7 年(1510)に長尾為景が三条城とともに阿賀北国人《こくじん》衆への抑えとした城(24p)。御館の乱でも景勝の命で甘粕《あまかす》氏が在城(194p)するなど，府内の政権にとっては阿賀北《あがきた》方面の前線基地となった。現在は，あやめ公園として整備され，郭跡や土塁，空堀などの遺構が残る。

黒滝《くろたき》城(南蒲原郡弥彦村麓)　弥彦《やひこ》山系の南端，標高 246 ㍍の要害山にある黒滝城は，北陸街道と西川(信濃川本流)を扼するが，城主や築城時期などは定かでない。三条城・護摩堂城とともに，上杉氏の蒲原郡支配の一拠点ではないかとされ，御館の乱では景勝の城将山岸氏が配される(184p)。今でも山頂部か

ら山腹にかけての400×200㍍の範囲に多数の郭や土塁，空堀などの遺構がみられ，要害山の西約600㍍にある剣ヶ峰には日本海の寺泊方面に備えた出城が残る。麓集落には館・楯地名が残るものの，宅地化されているため館跡の痕跡を見出すことはできない。なお，黒田秀忠《ひでただ》の乱(76-77p)を起した黒田氏は黒滝城に拠ったとされるが，黒田氏の本貫地は現在の上越市高田の西南，山すその黒田集落に比定されている。

弥彦《やひこ》神社(南蒲原郡弥彦村弥彦)　越後一宮弥彦神社の鎮座する弥彦山は，蒲原地方の霊峰。中世の弥彦神社境内には神宮寺があり，本地仏阿弥陀如来が安置され，法華八講《ほっけはっこう》などの法会《ほうえ》が行われていた。社殿は元禄《げんろく》7年(1694)長岡藩主牧野氏による奉建《ほうけん》(国重文)で，桃山時代の建築様式を伝える。宝物殿には永禄《えいろく》7年(1564)の上杉輝虎《てるとら》祈願文(117p)などが展示されている(入館料300円)。

天神山城《てんじんやま》(新潟市石瀬)　弥彦街道沿いの天神山は要害(標高226㍍)と呼ばれ，山頂部に天神山城がある。南北朝期には南朝方の首領とされた小国政光《おぐにまさみつ》が天神山城を基盤にしていたらしいが，室町期には上杉氏によって所領を割かれ，石瀬《いしぜ》集落の陣屋敷あたりに居を構えていたと想定されている。山頂部には南北一列に郭が並び，大小6条の空堀，そこから50㍍下がったところに水源地をもつ広い郭や瓢箪《ひょうたん》形の池跡，野面積みの石垣が崩れつつも残っている。築城時期が南北朝期までさかのぼるかどうか定かでない。天神山城の麓には越後四箇《しか》道場の一つ種月寺《しゅげつじ》がある。15世紀半ば,越後守護上杉氏によって開基され，開山は南英謙宗《なんえいけんしゅう》。本堂は元禄年間(1688～1704)の再建(国重文)だが,謙宗の墨蹟《ぼくせき》・書籍が伝えられる。ちなみに，西川を挟んだ対岸の和納《わのう》館跡は二重堀や井戸を伴う16世紀段階の館跡であることが発掘調査によって明らかになっている。

弥彦神社

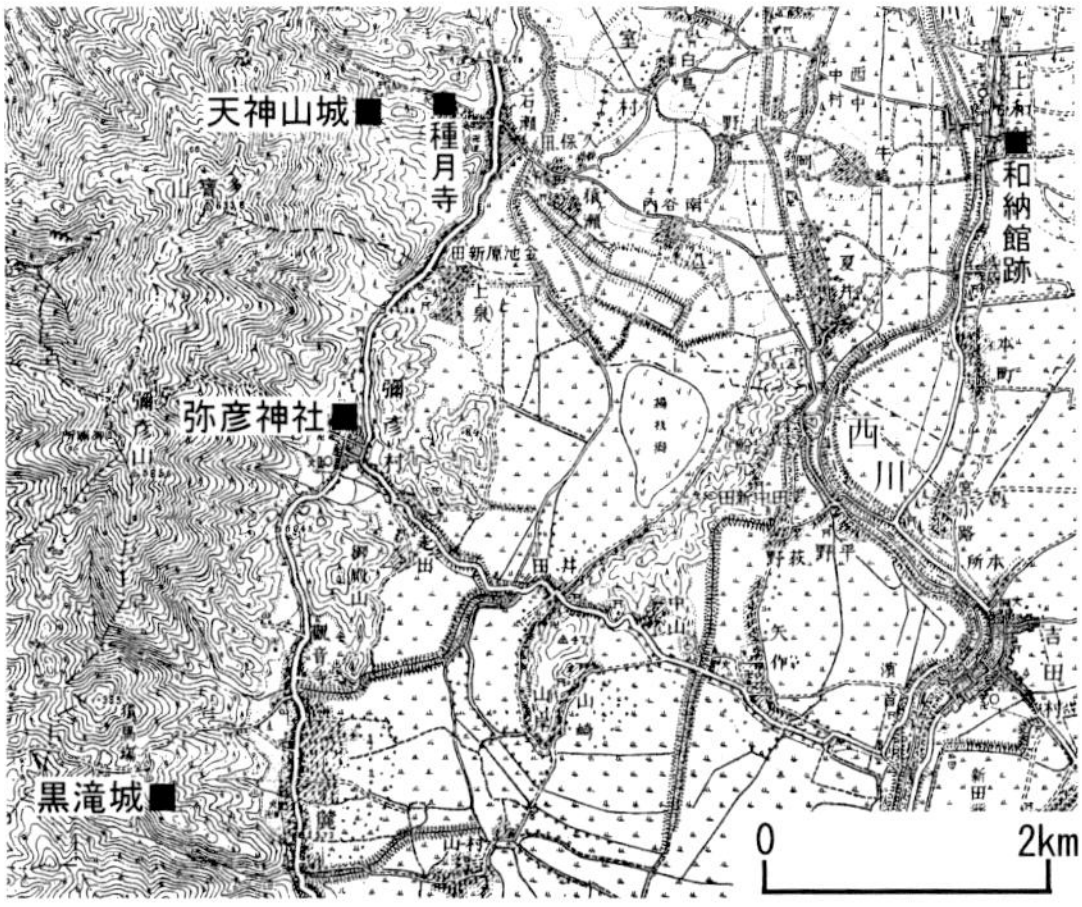

黒滝城・弥彦神社周辺図

越後毛利氏と刈羽郡

安田《やすだ》城(柏崎市安田城之組)　刈羽《かりわ》郡の中央部を勢力下に置いた越後毛利《もうり》氏は，安田氏と北条《きたじょう》氏に分かれて独自の所領支配を進めていた。毛利安田氏の本拠安田城は，鵜《う》川と鯖石《さばいし》川の間に広がる標高 30 ～ 50 ㍍の丘陵東端にある。いまは城跡公園として整備されているが，公園や墓地等に造成されたため遺構の残りは悪い。城下には「おおさか」「おんやしき」の屋号をもつ家があり，館跡ではないかといわれている。安田重広《しげひろ》は守護房定《ふささだ》の奉書を発給するなど，独立的な所領支配を進めるため，守護権力の内部に入って力を伸ばすことに成功しているが，享禄《きょうろく》・天文《てんぶん》の乱で安田景元《かげもと》(56p)は守護方を離れて為景《ためかげ》方にくみしている。

北条《きたじょう》城(柏崎市北条)　鯖石川と長鳥《ながとり》川の合流点に位置する北条氏の本拠。室町期の北条氏の動向は不明だが，弘治《こうじ》・永禄《えいろく》初期に北条高広《たかひろ》は謙信政権の老臣となり，のち厩橋《うまやばし》城将として派遣されている(104,123p 等)。北条城の周辺には十日町・四日町の地名も残り，長鳥川沿いの道は関東往還の幹線道で，北条城とその城下は都市的な場であった。城への登口には，北条城の大手門を移築したと伝える時宗専称寺《じしゅうせんしょうじ》があり，北条高広の寄進状をはじめ，専称寺一遍上人絵《いっぺんしょうにんえ》詞伝《ことばでん》(柏崎市立博物館で公開展示)などが伝わる。標高約 140 ㍍の北条城は遺構の残りがよく，山頂部からは安田城・旗持《はたもち》城をはじめ，日本海も眺望できる。

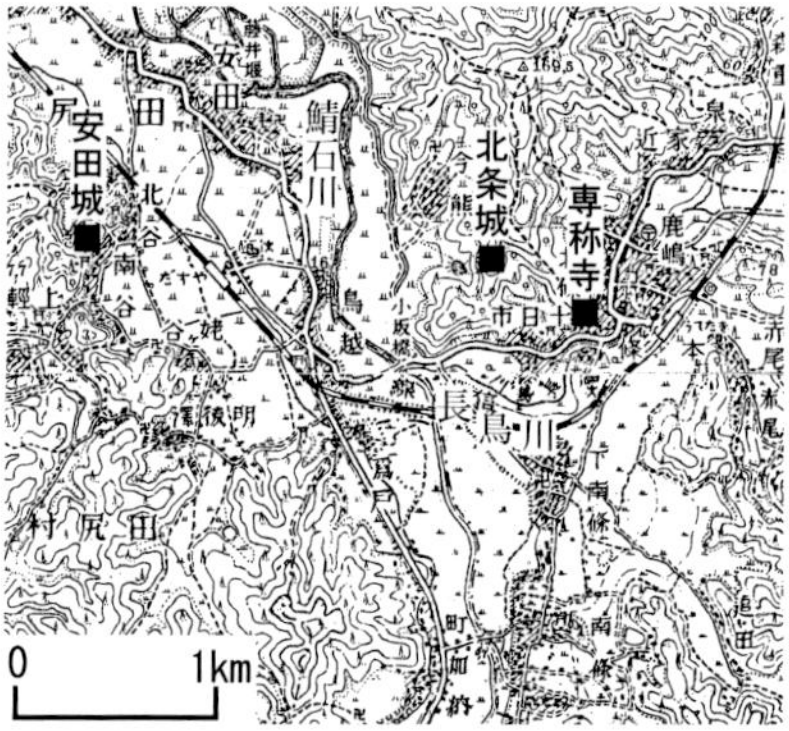

安田城・北条城周辺図

専称寺山門

琵琶島《びわじま》城(柏崎市元城町)　鯖石川と鵜川が流入する柏崎には，青苧《あおそ》など多くの物資が集まり，三千軒余りの家々が立ち並ぶ市場があった(梅《ばい》花無尽蔵《かむじんぞう》)。この地は越後毛利氏の勢力下に近いが，室町時代に守護上杉氏は毛利氏を牽制するため，柏崎に程近い鵜川沿いに琵琶島城を築いた。現在は河川改修と学校建設によって遺構を失っているが，かつては高さ 2 ～ 3 ㍍ほどの土塁も残っていたらしく，発掘調査でも 15 ～ 16 世紀を中心とする遺物が多数見つかってい

る。

上条《じょうじょう》城(柏崎市上条)　守護上杉氏が刈羽の地に基盤を築くため一族の上条氏を配した平城(52p)で，琵琶島城から4㌔ほど鵜川をさかのぼった低位段丘上にある。約100㍍×150㍍の範囲に本丸跡・二ノ丸跡があり，現在は下草だけは刈られているが，発掘・測量調査が行われていないので詳細は不明。表採資料に中国陶磁器や古瀬戸などの遺物が得られているので，今後の調査が期待される。周囲には御殿川・大手・新屋敷といった地名も残り，上条氏との由緒を伝える寺院(長泉寺《ちょうせんじ》・龍雲寺《りゅううんじ》・鷲尾山不動院《わしおさんふどういん》)もある。上条氏は守護上杉房定《ふささだ》の父清方《きよかた》に始まり，守護房定・定実《さだざね》も上条氏出身で，上杉氏一門でも筆頭の家格を誇る。享禄・天文の乱で守護方の中心人物であった上条定憲《さだのり》(52,56p)は他国の領主間抗争を調停する実力をもつが(60p)，為景を隠居に追い込んだ後(61p)，史料上から姿を消す。

琵琶島城周辺図

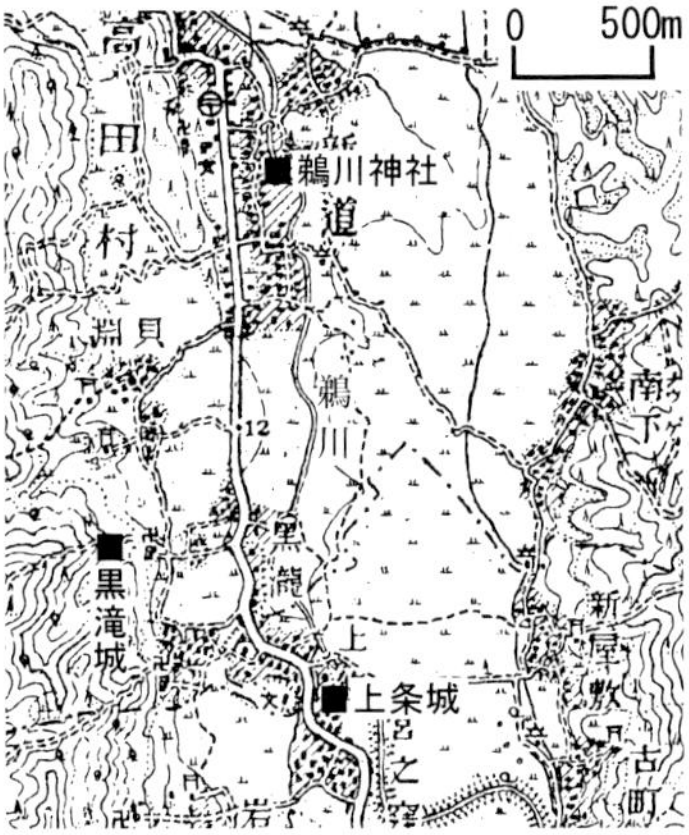

上条城周辺図

赤田《あかだ》城(刈羽村赤田町方・赤田北方)　刈羽郡と蒲原郡の境に位置する赤田城は，守護上杉氏の老臣斎藤氏の本拠。斎藤氏の出自は不明だが，朝信《とものぶ》・頼信《よりのぶ》(17p)・昌信《まさのぶ》(20p)は老臣を務める。

東西約1000㍍・南北約450㍍の規模をもつ赤田城には，標高169㍍の山頂部を中心に五つの峰に放射状に堀切，切岸，腰郭群など多くの遺構が残る。現在は遊歩道が整備されている。赤田城の大手は，城の西側に位置する赤田町方《まちかた》にあり，集落内には屋敷や町の名をのこす小字，「ぬしや」「太夫」など職人を思わせる屋号がある。

城下の北麓にある東福院《とうふくいん》(曹洞宗)は、斎藤朝信(102,151 p等)の中興開基と伝え，寺宝には謙信が上洛した際に将軍義輝から拝領したと伝わる観音画像「兆殿三幅対」がある。

東福院山門

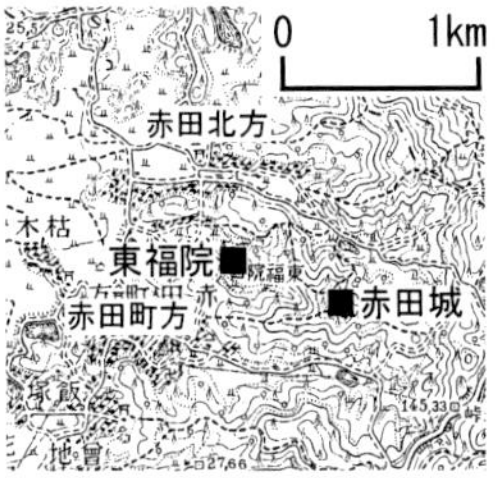

赤田城周辺図

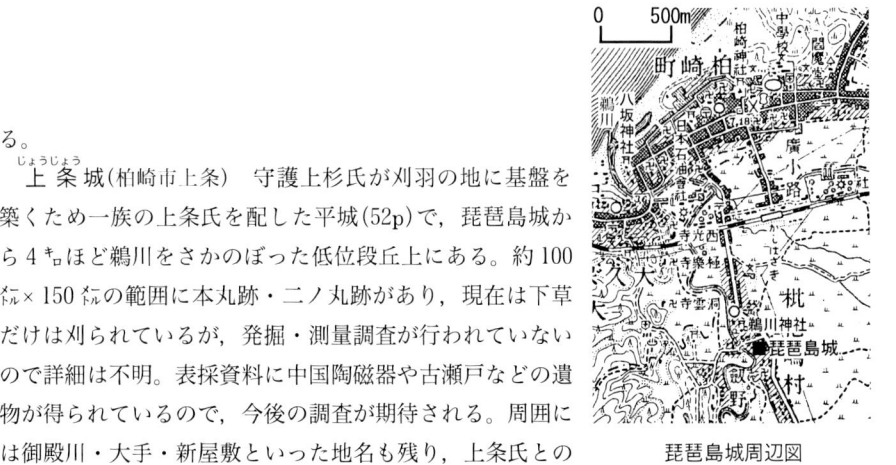

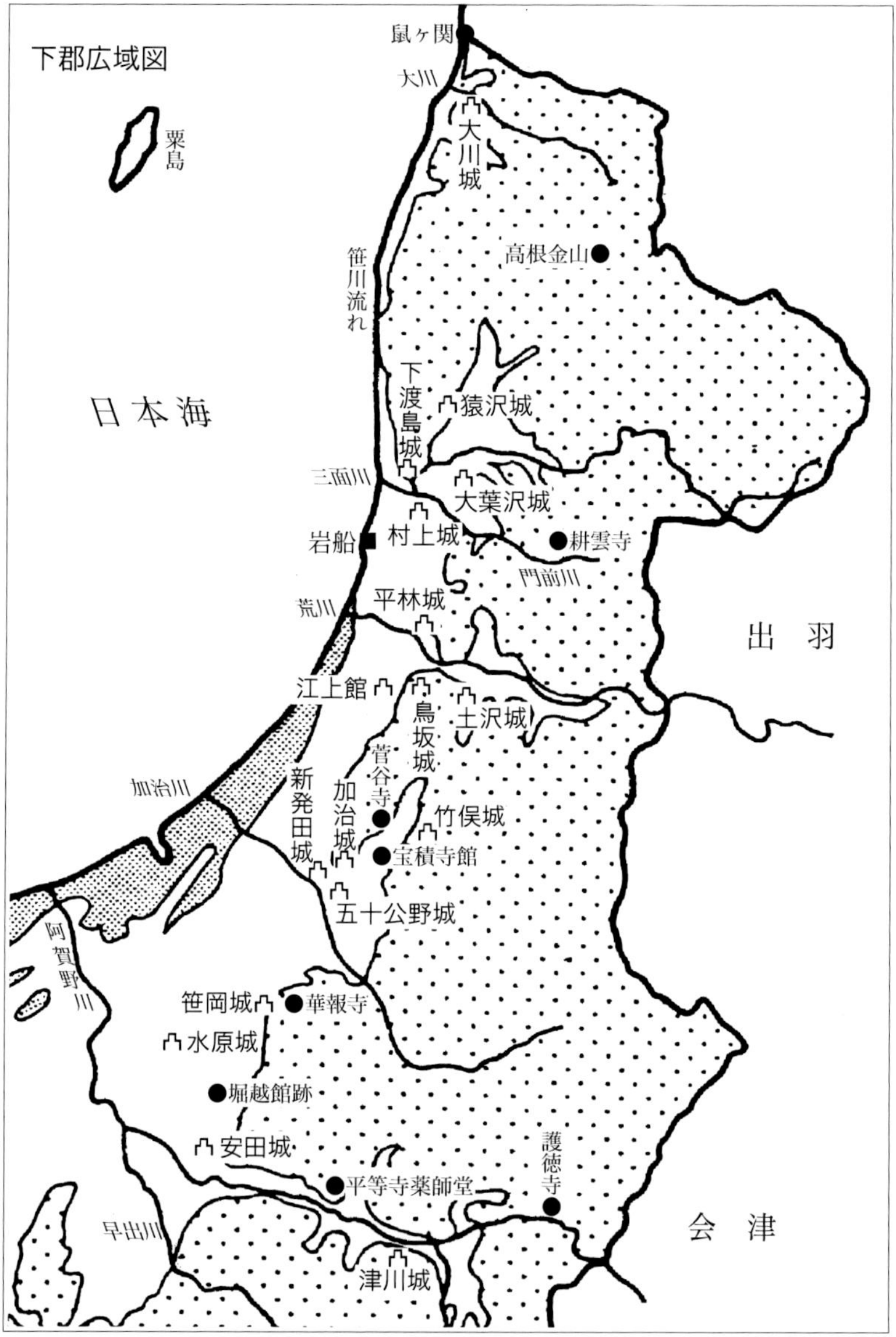
下郡広域図
鼠ヶ関
大川
大川城
粟島
高根金山
笹川流れ
日本海
下渡島城
猿沢城
三面川
大葉沢城
岩船
村上城
耕雲寺
門前川
荒川
平林城
出羽
江上館
鳥坂城
土沢城
菅谷寺
加治川
新発田城
加治城
竹俣城
宝積寺館
五十公野城
阿賀野川
笹岡城
華報寺
水原城
堀越館跡
安田城
護徳寺
平等寺薬師堂
早出川
会津
津川城

III　下　郡

本庄繁長の乱，村上城周辺

村上城《むらかみ》(村上市本町)　永禄 11 年(1568)に本庄繁長《ほんじょうしげなが》(127p)が上杉謙信に反旗をひるがえして籠城《ろうじょう》した城(本庄城ともいう)で，村上市街東部の臥牛《がぎゅう》山《さん》(標高 135 m)にある。築城時期は 16 世紀初頭と推定され，城主は本庄時長《ときなが》(19-20p)・房長《ふさなが》(21p 等)・繁長の三代が続いたという。本庄氏は小泉荘《こいずみ》本庄を本貫《ほんがん》地《ち》とする阿賀北で最も自立性の強い領主であると評価されている(225p)。

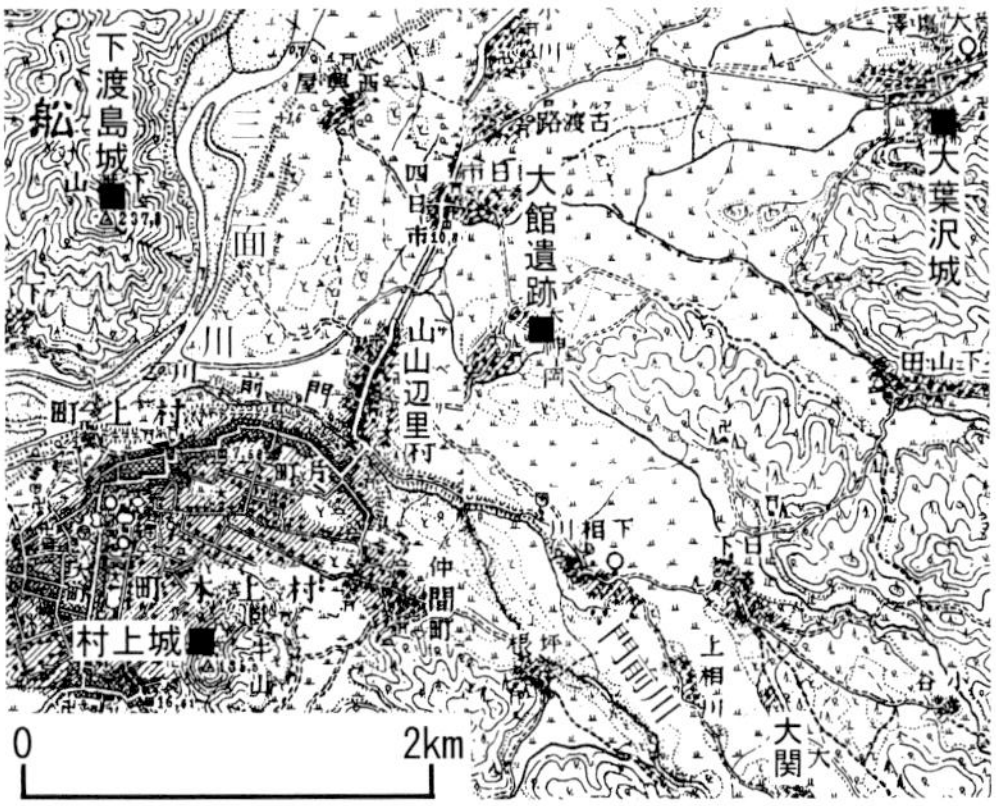

村上城周辺図

瀬波《せなみ》郡絵図には「村上ようがい」が描かれるが，繁長が籠った城がこれほどの威容を放っていたかどうかは不明。繁長はすでに庄内《しょうない》問題(209,225p)で改易《かいえき》されており，絵図が成立する慶長《けいちょう》2 年(1597)，村上城《むらかみ》は上杉景勝《かげかつ》に接収されていた。

村上ようがい

現在，山頂部に残る石垣は江戸時代に天守閣が築かれたときのもので，地山もかなりの削平を受けている。ただ，山頂部からは上杉勢が本陣を敷いた湊町岩船《いわふね》や，本庄攻めの拠点となった下渡島《げどしま》城，城下の町並が一望できる。戦国期の姿をしのぶには，東側斜面に設けられた「中世遺構散策コース」を歩くとよい。城の南側

には4本の竪堀《たてぼり》が山麓から山頂に向けて伸び，外堀と出入口の役割を果しているかのようだ。城の真ん中を走る竪堀の下には，根小屋《ねごや》と推定される大きな帯《おび》曲輪《くるわ》が3段造られている。繁長の乱を伝える記録(「永禄年中北越村上城軍《いくさ》認書」延宝《えんぽう》2年〈1674〉写，以下「認書」)に，東の根小屋で合戦があったと記すのはこの遺構群あたりであろうか。

大葉沢城《おおばさわ》(朝日村大場沢)　小泉荘の国衆鮎川氏《くにしゅうあゆかわ》(30p等)の本拠。鮎川氏は本庄氏の所領と接しているため，ことあるごとに対立していた(66p)。繁長が永禄11年に府内から脱出して最初に攻撃したのもこの城だった。大葉沢城は村上城から約5㌔北東，集落の南に広がる比高約70㍍の丘陵上に築かれる。標高130㍍の宮山《みややま》に主郭をおき，南斜面には高さ4.5㍍，長さ30㍍におよぶ50数条の畝状《うねじょう》の空堀《からぼり》がある。尾根を断ち切る堀や根小屋式の平場などをそなえた遺構群は，規模こそ小さいとはいえ，戦国期の山城の姿をよく残す。大場沢集落には鮎川氏の菩提寺普済寺《ふさいじ》がある。

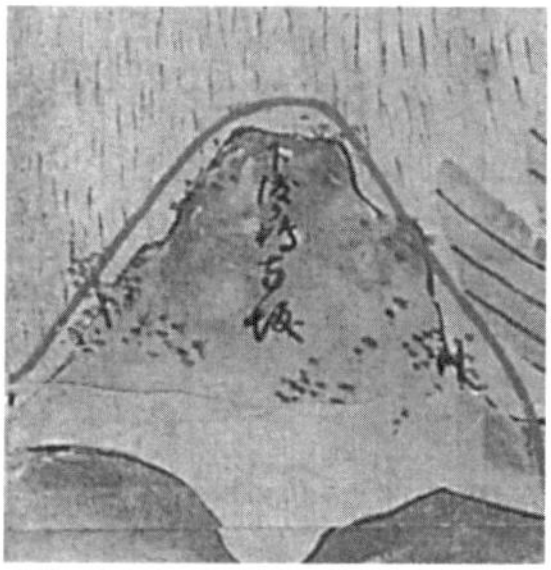
下渡嶋古城

藤懸り館とふる城

下渡島城《げどじま》(村上市下渡)　三面川《みおもて》をはさんで臥牛山の対岸にある。村上城を一望のもとにおさめ，上杉勢の本庄攻めの拠点となった。築城時期は不明だが，城主は本庄氏の家臣矢羽幾《やはぎ》氏(68p)。遺構は尾根から山頂部に残り，根小屋に比定される地点から16世紀の遺物が採集されている。天正《てんしょう》19年に破却され，絵図は「下渡嶋古城」とだけ記す。

猿沢城《さるさわ》(朝日村猿沢)　繁長の乱で本庄方の重要な拠点になったと「認書」は記す。本庄氏の隠居城ともいわれる(21p)。三面川に合流する高根《たかね》川の右岸にあって，遺構には根小屋と想定される平場も残るが絵図に描写はない。

大川城《おおかわ》(山北町府屋)　本庄氏や鮎川氏と同じ国衆大川氏(227p)の本拠で，絵図には柴垣《しばがき》に囲まれた藤懸《ふじかか》り館が描かれ，城には「ふる城」とある。大川城は，出羽との国境に近く，笹川《ささがわ》流《なが》れに落ちる大

笹川流れの奇岩

川の南岸段丘にあって，城下町府屋《ふや》をもつ。繁長の乱で大川氏は上杉方につき，出羽口を押さえたという。天正19年に城は破却されるが，冠木門《かぶきもん》をそなえ，茅葺《かやぶき》屋根の3棟の建物をもつ大川氏は，その後も地域支配の役割を担い続けていたようだ。

大館遺跡

大館遺跡《おおだて》(村上市天神岡)　村上城と大葉沢城の間にある大館遺跡は，発掘調査によって13～16世紀の遺物(珠洲《すず》焼・越前焼・青磁《せいじ》)が出土し，一辺約100 mのほぼ方形の中世居館であることが確認された。遺物の組成と年代観から，大館遺跡は本庄氏の居館である可能性が高い。発掘は館の北東隅で行われ，館の北側土塁は自然丘陵を利用し，さらにその上に盛土して築かれていたこともわかった。土塁頂上で高さ約28㍍，館内部との比高差は約13㍍もあるこの大規模な土塁は，鮎川氏の拠点大葉沢城や出羽庄内に向かって構築されたのではないかという説もある。

耕雲寺本堂

耕雲寺

耕雲寺《こううんじ》(村上市門前)　三面川の支流，門前《もんぜん》川上流の山麓にあり，瀬波《せなみ》郡絵図にも描かれた曹洞宗寺院の名刹。開創は応永《おうえい》元年(1394)，曹洞宗の高僧傑堂《けつどう》能勝《のうしょう》で，開山は傑堂の師梅山聞本《ばいざんもんぽん》。以後，越後の曹洞宗の中心的寺院として教線をのばしていくが，15世紀には寺領の横領《おうりょう》や土民《どみん》の蜂起に遭って，一時は無住になることすらあった。中興は耕雲寺3世南英謙宗《なんえいけんしゅう》で，小泉荘内の領主などを帰依者にして寄進地を受け，寺領回復を図っている。絵図にみる立派な建物はその隆盛を物語るが，門前町は描かれない。現在の耕雲寺境内には，中世にさかのぼる建物は残らないが，寺宝には永正6年(1509) 9月付の「雲樹山耕雲寺納所方田地之帳」という寺領納帳(年貢帳の一つ)がある。当時の地名や領主名などを知ることのできる貴重な史料で，本庄氏をはじめ，鋳物師屋《いもじや》・鮎川・山辺里《さべり》・赤沢・矢羽幾といった小泉荘本庄の領主名が見える。鋳物師屋・山辺里・赤沢などは一村ごとの自立した領主で，いまも集落名にその名をとどめ，屋敷跡の遺構も集落ごとに認められる。

湊町岩船と平林城

平林城の堀と土塁

家臣団屋敷に架かる復元された橋

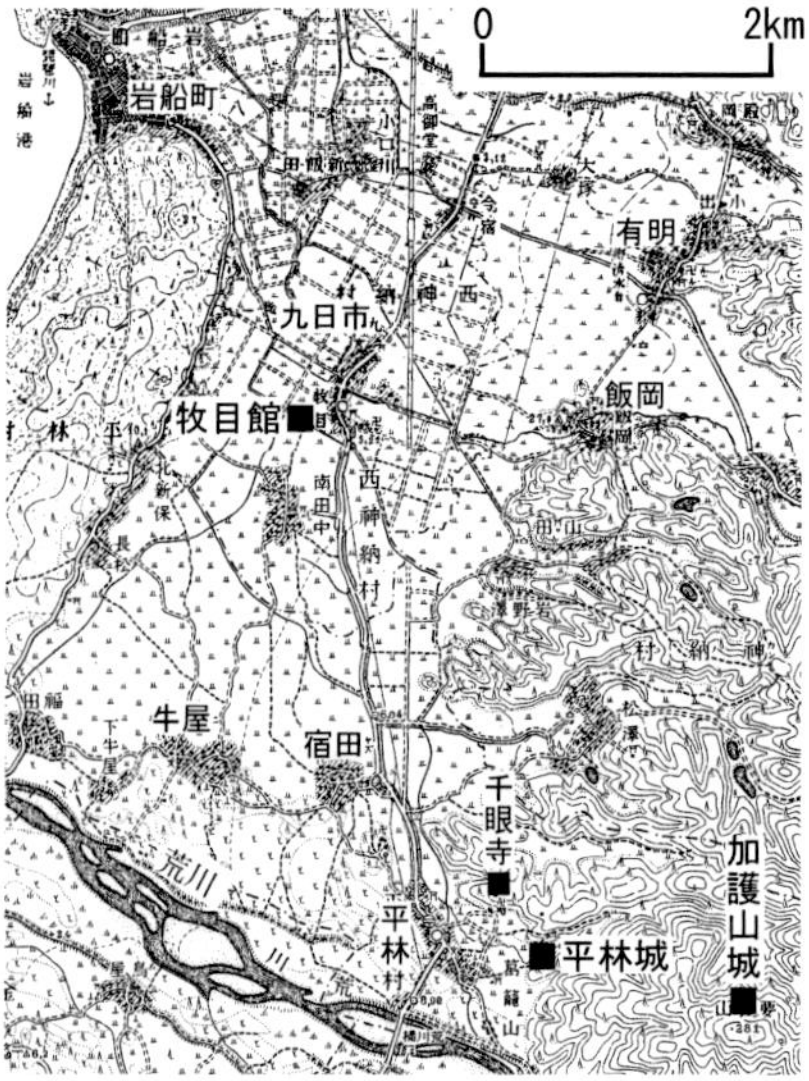

平林城周辺図

平林城《ひらばやし》と加護山城《かごやま》(神林村平林)　15世紀末～16世紀初めころに色部《いろべ》氏が加護山のふもとに築いた館が平林城。鎌倉時代，小泉荘加納《かのうじ》の地頭《とう》として土着した色部氏は，平林の地ではなく，小色部《こいろべ》の地名が残る九日市と牧目《まきのめ》の付近に本拠を構えていた。発掘でも色部氏の館ではないかと想定される100㍍四方の牧目館跡が調査され，15世紀初めから16世紀初頭の遺物が出土している。色部氏は小色部から牧目に館を移したあと，さらに平林へと本拠を移動させたと考えられている。

標高287㍍の要害山に築かれた加護山城と館は，永正《えいしょう》4年(1507)に色部昌長《まさなが》が籠城したところであろうか(20p)。比高約10㍍の滝谷川の段丘上にある主郭《しゅかく》(殿屋敷)と家臣団屋敷(岩殿)は，堀と土塁で3区画され，主郭に入る虎口《こぐち》は高さ4㍍以上の土塁によって枡形《ますがた》に築かれる。主郭は東西約80㍍×南北約150㍍で，家臣団屋敷(第2郭)との間には堀に架かる橋もある。第3郭は東西200㍍×南北90㍍，三方に虎口を設け，階段状の屋敷割りと井戸跡が残る。主郭の背後から尾根伝いに要害山を登れば，東西80㍍×南北60㍍で3段に造成された加護山城の主郭に至る。遺構の残りはとても良く，史跡整備の発掘もされているが，その成果は今後に期待したい。

瀬波郡絵図をみると，館は狭間《はざま》を設けた漆喰塀《しっくいべい》，二層の楼門《ろうもん》，檜皮葺《ひわだぶき》の建物が描かれる。建物は村上城と同じ描写だが，加護山城は天正19年に破却されているため，「加護山

古城」とのみ記される。

湊町岩船《みなとまちいわふね》と平林城下町　色部氏を支えた財政基盤が湊町岩船と城下町平林。絵図には岩船潟に架かる立派な橋と岩船町が描かれているが，この橋の描写は直江津の「おうげ橋」にも匹敵するもので，他の橋とは違った特別な橋だった可能性が指摘されている。城下の町屋も道を挟んだ両側に12軒の建物が描かれる。大きな城下町だったことがわかるが，経済力は納入物の比較から岩船町が格上だと指摘されている。

粟島《あわしま》(岩船郡粟島浦村)　岩船町から望める粟島は色部氏領で，アワビや海苔《のり》などの海産物を色部氏に納めていた記録も残る。粟島には140基以上の板碑《いたび》があり，なかには高さ2㍍以上もある文和《ぶんな》3年(1354)銘の板碑もあって，中世の霊場としても名高い。平林城の近く神林村《かみはやしむら》牛屋《うしや》の観音堂にも元亨《げんこう》元年(1321)銘の板碑があるので，色部氏の信仰と粟島は深く関わっていたのだろう。

湊町と城下町，館と山城，霊場すら自領内にもつ色部氏は，春日山の上杉謙信にも劣らぬ領主であった。色部勝長《かつなが》が謙信からの川中島への出陣要請を拒否(98p)できたのもうなづけよう。

加護山古城と平林

岩船潟と湊町岩船

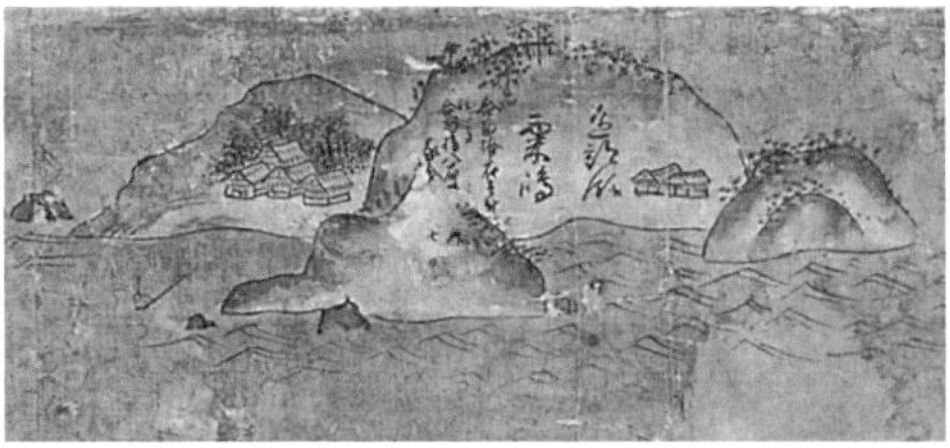

粟　島

奥山荘と江上館

奥山荘《おくやまのしょう》(胎内市一帯)　摂関家《せっかんけ》領荘園で，開発領主は城《じょう》氏だが，城氏没落後の鎌倉時代に御家人《ごけにん》の三浦和田氏(高井氏)が地頭《じとう》となり，13 世紀後半には中条・北条・南条に 3 分割され，惣領は中条氏，庶流の北条は黒川氏，南条は関氏を名乗る。一族間の所領争いが絶えず，中条藤資《ふじすけ》と黒川実氏《さねうじ》の抗争(88p)などもその例である。

江上館《えがみやかた》(胎内市本郷町)　14 世紀半ば〜15 世紀後半までの中条氏の本拠で，すでに全面発掘も終わって史跡公園として復元されている。水堀と土塁に囲まれた 1 町四方の館は，南北の出入口に馬出を設け，内部は政庁と居宅に分かれる。大量に出土した中国製の高級磁器や京都と同じ手法で作られた土師器は，惣領中条家の家格の高さを物語る。

江上館の存続期間はおよそ 80 年で，15 世紀末に中条氏は櫛形《くしがた》山脈の北端にある鳥坂山《とっさかやま》のふもとに館を移す。「政虎一世中忘失すべからず候」と政虎《まさとら》(のちの

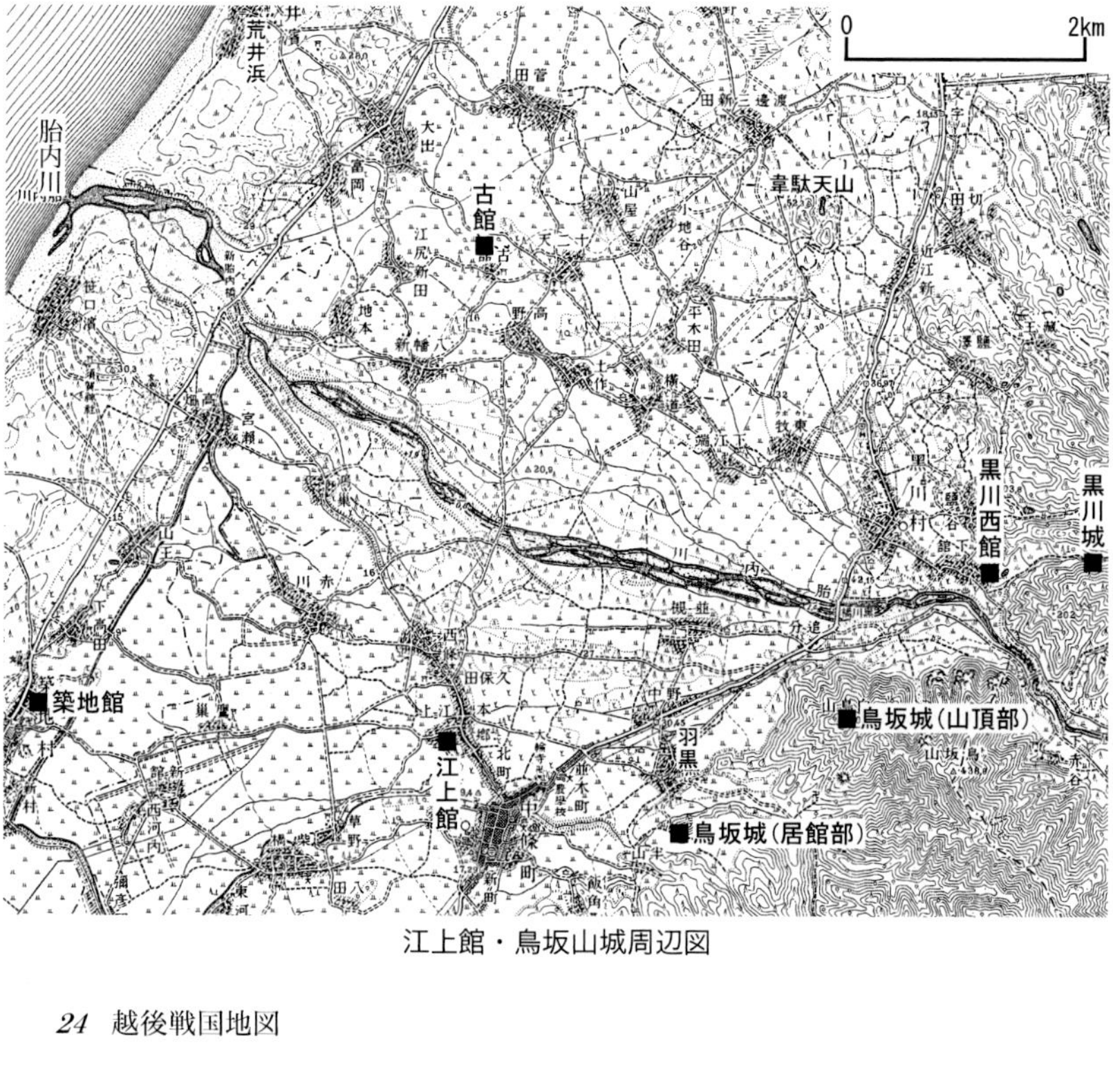

江上館・鳥坂山城周辺図

謙信)から信頼された中条家の居館(胎内市羽黒)は，標高約70㍍の南麓の谷間一帯に築かれたと想定されるが，南半分が田地になっているため全体像は把握できない。山裾に土塁跡が残る。山頂部は多数の堀切や郭があるが，郭の面積は狭く生活域にはなり得ない。

黒川西館《くろかわにしだて》(胎内市下館)　発掘で16世紀前半を主体とする遺物が堀跡からみつかり，室町期の屋敷跡であることがわかった。館の全体像は不明だが，近世絵図に「たての内」の記載もあり，黒川氏(17p等)の本拠地か家臣の屋敷地であろう。館の東方約1㌔の山中に黒川城があるが，郭の規模は小さく，詰城《つめじろ》として利用されたもの。黒川氏の本拠地には山麓部にもう一つ黒川館跡の比定地がある。

古館《ふるだて》(胎内市古館)・築地《ついじ》館(胎内市築地)　古館は遺構の残りが良く，堀と土塁に囲まれた単郭の館跡(面積6700平方㍍)が発掘された。遺物の最盛期は15世紀代で，江上館とほぼ同時期に大規模な造成があったと考えられる。三浦和田氏の一族高野氏の館に比定。

築地館は中条家の一族築地氏の館跡。惣領中条資景《すけかげ》の死後，謙信の寵臣景泰《ちょうしんかげやす》が中条家に婿入りするが(159p)，実質的に中条家を支えたのは築地氏であった。

胎内《たいない》市一帯には，城館のほかにも14世紀代の板碑などが数多く残り，中世墓(韋駄天山《いだてんやま》)も発掘されている。中世文書も豊富で鎌倉時代の荘園絵図が2点もある。江上館の公園内には奥山荘歴史館があり，出土遺物や絵図，板碑等が見学できる(入館料100円)。歴史館を最初に訪ねてから，奥山荘を歩くとよい。

復元された江上館

鳥坂城遠景

胎内市の板碑

韋駄天山出土の宝篋印塔

加地荘佐々木一族の城館群

加地荘《かじのしょう》佐々木一族　竹俣清綱《たけのまたきよつな》(19,74p)，加地春綱《かじはるつな》(63p)，「綱」を通字にもつ両氏は加地荘の地頭職《じとうしき》を得た鎌倉御家人佐々木盛綱《もりつな》の系譜を引く。盛綱の庶子たちは加地荘に土着し，南北朝時代には北朝方の越後の国大将佐々木加地景綱《かげつな》が登場した後，加地氏・竹俣氏・新発田《しばた》氏・五十公野《いじみの》氏などの一族を生んでいく。

宝積寺《ほっしゃくじ》館跡(新発田市上三光)　佐々木一族の系譜や本拠地は諸説あって定かではないが，14～16世紀の遺物を出土し，主体を15世紀におく宝積寺館跡は，方約2町(200×160㍍)の規模をもち，いまも土塁の跡がみられる。発掘面積が狭く館の全体像はみえないものの，中国製陶磁器や京都産の砥石などを出土し，かなりの財力をもった館の主が想定できる。方2町の規格なら守護館に匹敵しよう。館の主を佐々木加地景綱に比定する見解もある。

ゆるやかな扇状地上に立地する宝積寺館跡には，現在，竹俣氏の菩提寺宝積寺が建つ。開基は文明《ぶんめい》2年(1470)と伝え，境内には15世紀前後の供養塔7基が竹俣氏7代の墓としてまつられる。宝積寺に隣接する三光《さんこう》館(同市下三光)は100㍍四方の館跡。館主は不明だが，発掘では16世紀代の遺物がみつかっている。

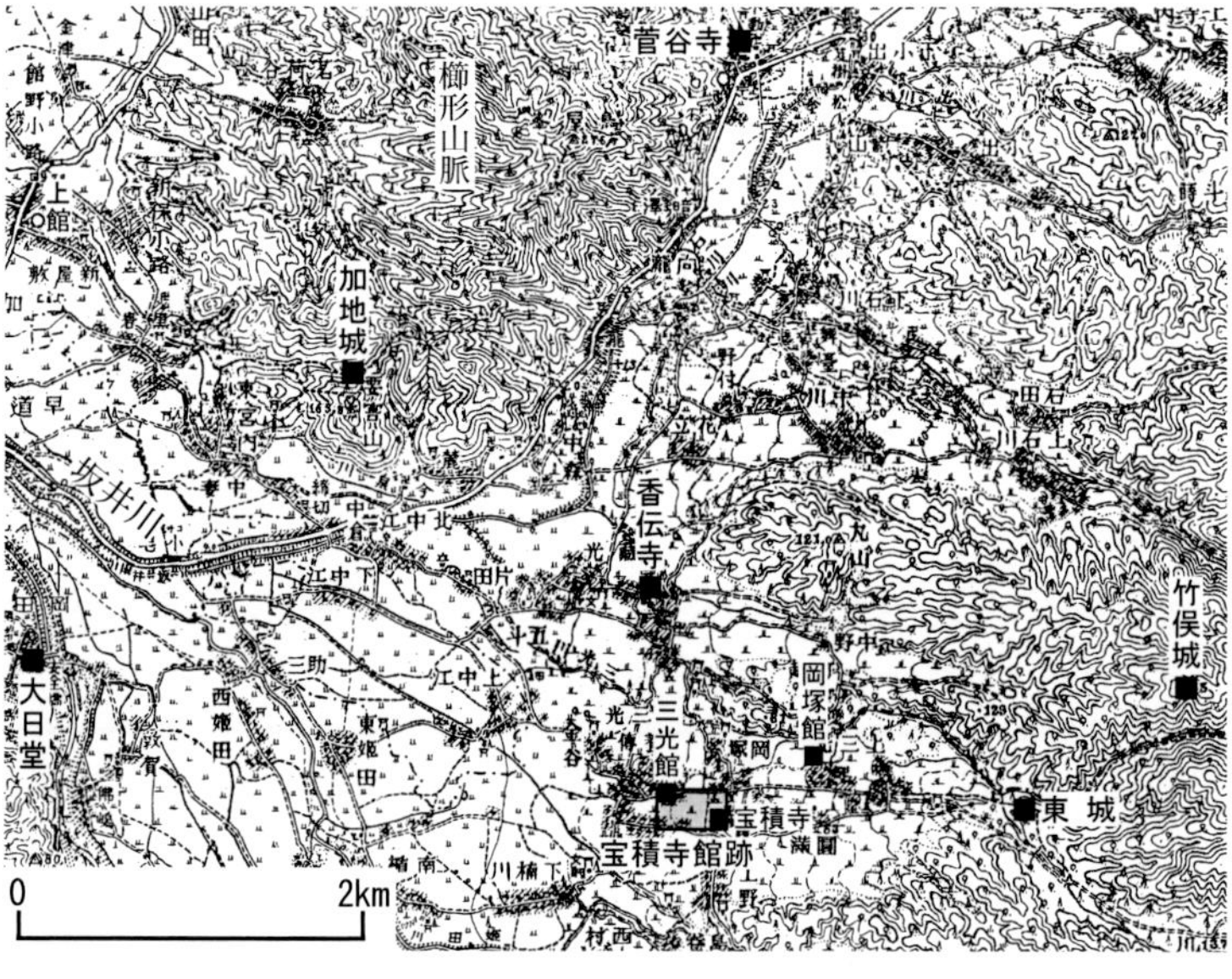

加地城・竹俣城周辺図

東《とう》城と竹俣《たけのまた》城(新発田市上三光)　竹俣氏は16世紀になると山麓の東城に本拠を構えていた。宝積寺から2キロほど三光川の上流にあり，三方を山に囲まれた約5haの範囲に90メートル四方の主郭部や土塁，空堀跡もわずかに残る。いまは一面田畑になり，遺跡が消えようとしているが，東城の後にある要害山(標高280メートル)には二重堀や石垣跡も残る竹俣城がある。東城とセットになる山城だ。宝積寺と東城のあいだにある岡塚《おかつか》館は方90メートルの規模で竹俣氏館跡の碑が立つものの，ここが本拠だったとする証しはない。宝積寺館から東城へと館を移した竹俣氏が，一族か家臣の館を三光・岡塚に配したという説もある。

宝積寺内の供養塔7基

岡塚館

加地《かじ》城(新発田市宮内)　坂井川に接する加地城は，櫛形《くしがた》山脈南端の要害山(標高166メートル)にあり，多くの郭跡や堀跡などが残る。ふもとの藤戸神社には加地城跡の看板が立つ。加地氏の館跡は上館の地名が残るあたりに比定されるものの，学校建設で遺構が残らない。加地氏の菩提寺は加地春綱の開基と伝える香伝寺《かでんじ》で，別名を蔵光《くらみつ》館という。方約100メートルの境内を取り巻く土塁と堀跡がみられ，開基前は加地氏一族の館だったかとされる。

香伝寺の土塁

菅谷寺《かんこくじ》(新発田市菅谷)・法音寺大日堂《ほうおんじだいにちどう》(同市岡田)

佐々木盛綱に縁のある菅谷寺不動尊は源頼朝の叔父護念上人の開基と伝え，盛綱との関わりを示す記事が『吾妻鏡《あづまかがみ》』に見える。法音寺には，盛綱が源頼朝の死を悼んで建てたと伝える鎌倉後期の五輪塔や正中《しょうちゅう》2年(1325)銘の板碑など，中世の石造物が境内にある。鎌倉時代以来，一所懸命の地を守ってきた佐々木一族の竹俣氏・加地氏だが，一族の新発田重家《しげいえ》が景勝に謀反(188p)を起こしたのを機にその勢力は急速に衰えてしまう。

大日堂の五輪塔

新発田重家の乱と阿賀野川

新発田城《しばた》(新発田市大手町)　天正《てんしょう》9年(1581)から6年ものあいだ上杉景勝《かげかつ》に抵抗を続けた新発田重家《しげいえ》の乱(188-207p)は，重家の新潟津《にいがたのつ》の入港税横領に端を発し，現在の新潟市周辺と新発田市周辺にかけての広い範囲で合戦があった。主戦場の一つは，重家の本拠新発田城と重家の生家でもある五十公野《いじみの》城周辺。

新発田城は，加治《かじ》川が作り出す湿原のわずかな微高地上にあり，周囲は深田と葦原にかこまれていたという。上杉氏の会津移封《いほう》後，近世城郭に生まれ変わり，いまは復元整備も完了しているので戦国期の痕跡はない。かつての重家の本拠は，江戸時代の城絵図に「古城」と書かれた場所で，本丸の堀と旧二ノ丸の北側の堀との間にはさまれたあたりに比定され，大手は猿橋《さるはし》の地名が残る方向にあったと伝わる。発掘で中世の遺構は確認されたが，重家ゆかりの地を求めるなら，重家開基の福勝寺《ふくしょうじ》(新発田市諏訪町)だろう。重家の墓をはじめ重家肖

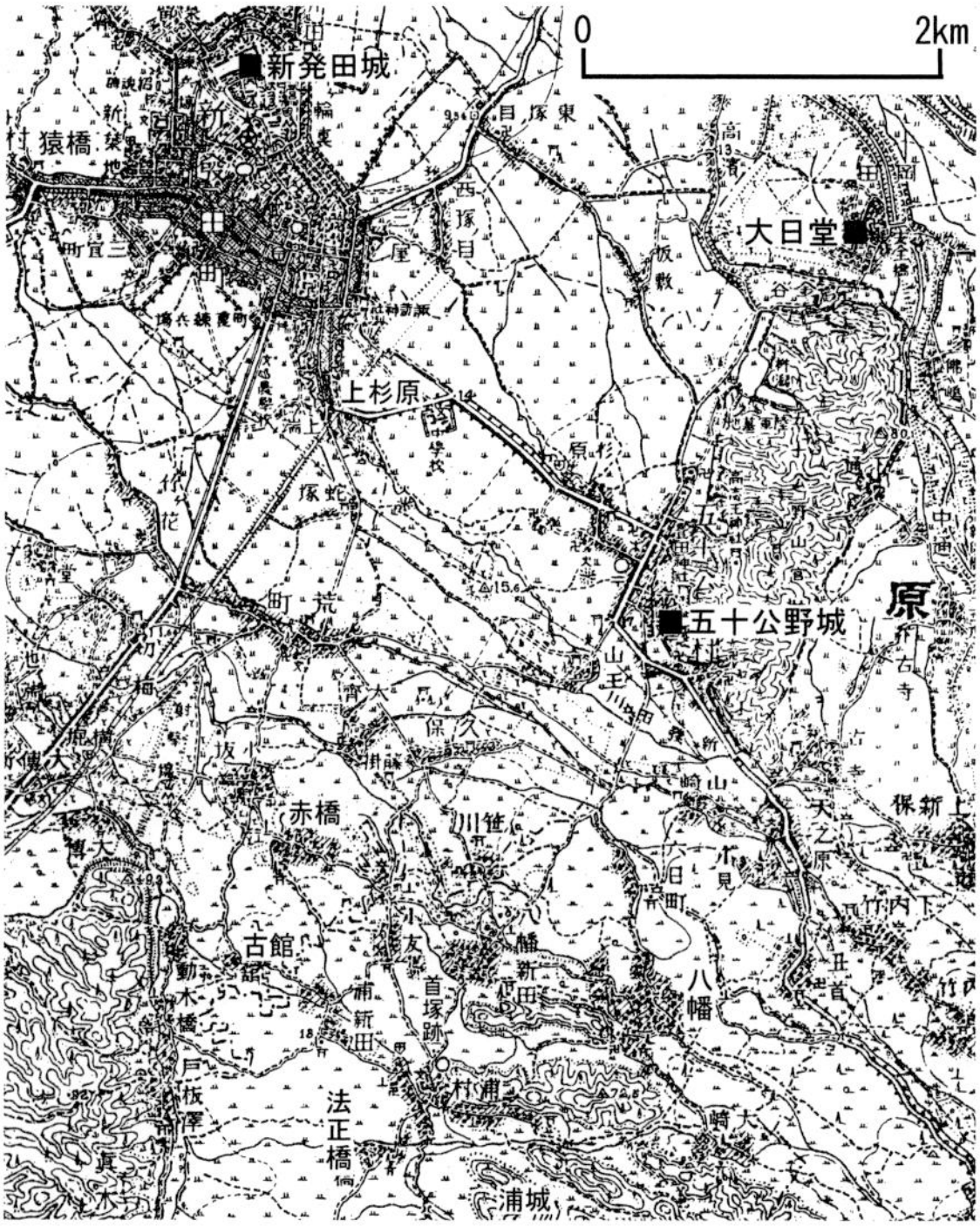

新発田城周辺図

復元された新発田城

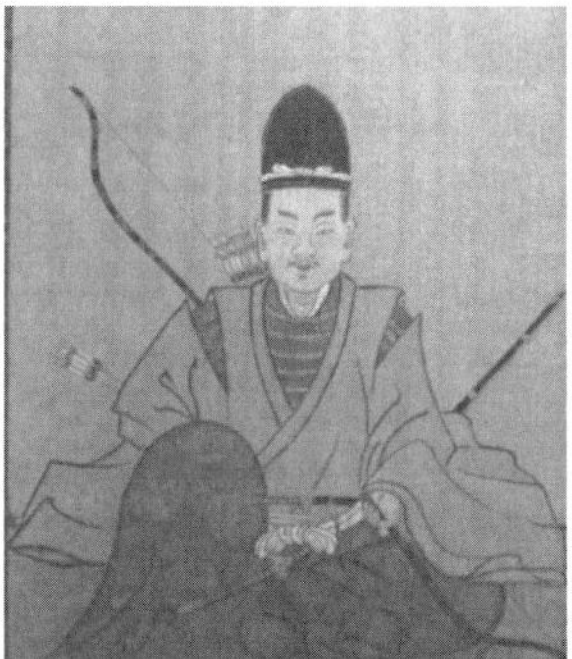
新発田重家の肖像画

像画などが無料公開され，山門脇の祀堂は重家の御霊をまつる。

五十公野城《いじみの》（同市五十公野櫓下）　湿原の中に浮かんでいた標高100メートルほどの五十公野丘陵南端に築かれる。規模はかなり小さく，比高30メートルのところに主郭があり，いまは石碑が立つ。根小屋《ねごや》比定地は小学校建設のため遺構は残らない。景勝が窮地に陥った放生橋《ほうじょうばし》の合戦場（198p）は法正橋《ほうじょうばし》の地名があり，八幡《やわた》での合戦場（200p）も地名は残る。八幡・池之端《いけのはた》・赤橋《あかはし》などの集落には重家方として戦った一族の屋敷跡があって，法正橋の東にある浦城《うらじろ》（標高約100メートル）も，地元では新発田方の重要な要塞だったと伝えている。新発田・五十公野両城とも築城時期は不明。享徳《きょうとく》3年（1454）の「中条房資記録」に新発田の名が史料に出てくるので，その頃だろうか。

笹岡城《ささおか》（阿賀野市笹岡字城山）　法正橋から南に伸びる山沿いの道（現在の290号）を10キロほどいくと，景勝の家臣今井氏が在番した笹岡《ささおか》（篠岡）城がある（194p）。比高差10メートルほどの丘陵端にあり，主郭は約70×45メートル，周囲に土塁をめぐらす。いまの主郭部は遊具を備えた公園だが，東側の台地に続く尾根は掘り切られて三つの郭が1列に並ぶ。笹岡の地は14世紀代に越後守護上杉氏の一門山浦《やまうら》氏が配された場所で，上杉氏にとってこの地は阿賀野川以北に据えられた唯一の拠点でもあった。現在の遺構は今井氏による改修が加えられたものだろう。

水原城《すいばら》（阿賀野市水原外城）・安田城《やすだ》（同市保田字城ノ内）　阿賀野市（水原・安田・笹神）一帯は12世紀半ばに立荘された白河荘《しらかわ》で，鎌倉時代に関東御家人大見《おおみ》氏が地頭として入部して以来，安田氏（19,20p等）・水原氏（53,59p）・大見氏・堀越《ほりこし》氏に分かれているが，水原城は江戸時代に水原代官所が置かれたため中世の遺構はなく，安田城も近世城郭として改

五十公野城主郭に立つ碑

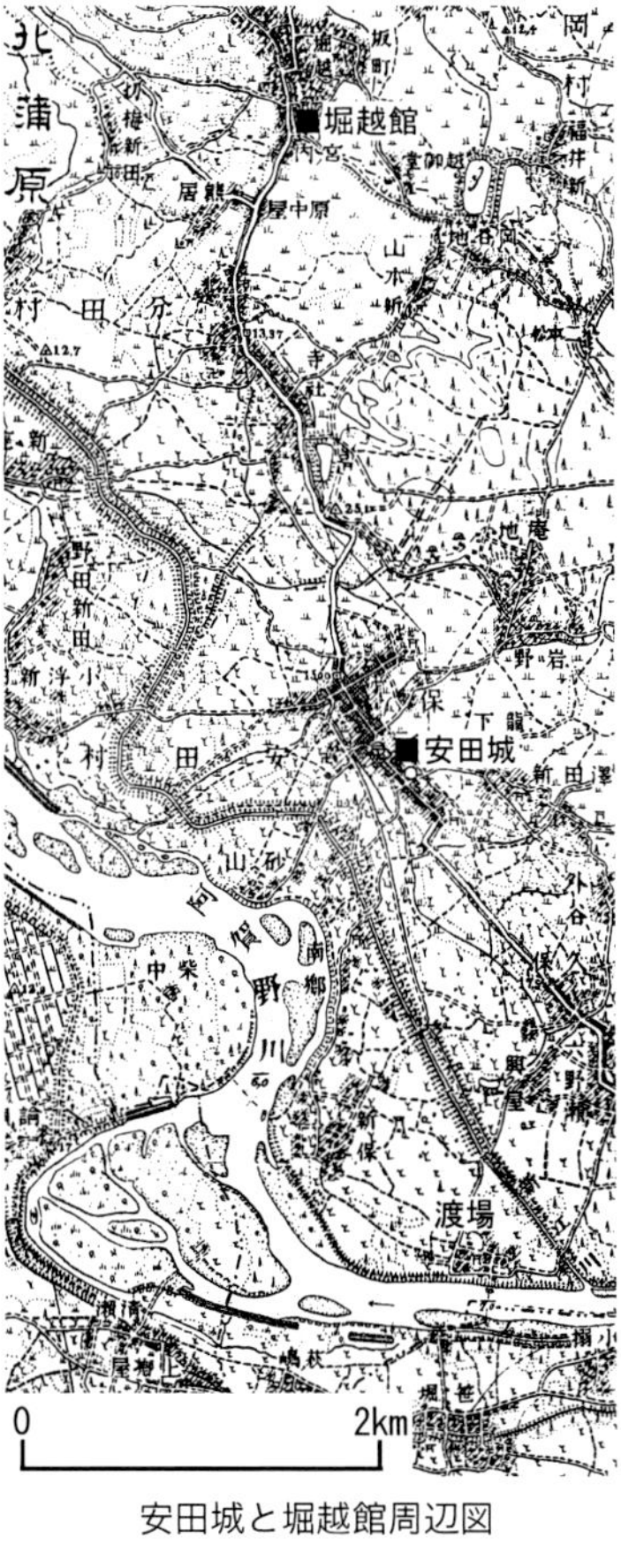

安田城と堀越館周辺図

渡場から阿賀野川を望む

変され，水堀をめぐらした本丸と二ノ丸の一部が公園になっている。安田城から阿賀野川の渡河点まではすぐそばで，いまも渡場《わたりば》の集落名がある。大正時代に架けられた橋の橋脚《きょうきゃく》跡が残るが，中世には船で渡していたにちがいない。

14～16世紀の遺物が出土した堀越館跡(同市堀越)の発掘では，15世紀代を中心にした中国製高級陶磁器や茶道具が多数みつかっている。白河荘内の堀越氏や安田氏らが自立した領主として活躍できたのも，阿賀野川の舟運《しゅううん》を除いては考えられず，堀越館跡の発掘成果はその証左となった。

華報寺の永仁7年銘碑

華報寺《けほうじ》(阿賀野市出湯)　法正橋から笹岡城にいたるまでの五頭山《こずさん》山麓には，大同《だいどう》年間(9世紀初頭)の空海《くうかい》創建を伝える華報寺(阿賀野市出湯)がある。本堂は近代の再建だが，蓮台《れんだい》野《の》と呼ばれる山地から中世の石造物や骨蔵器《こつぞうき》が出土し，ここが中世の霊場であったことを物語る。新築の位牌堂には，永《えい》仁《にん》7年(1299)銘の時宗六字《じしゅうろくじ》名号《みょうごう》碑《ひ》が祀られている。華報寺の出土品は，阿賀野市笹神《ささかみ》地区郷土資料館(阿賀野市出湯・入館無料)に展示されているが，廃校後の小学校校舎を利用した資料館には，華報寺の石造物だけでなく，旧笹神村で出土した古代の墨書《ぼくしょ》土器や木《もっ》簡《かん》，13世紀半ばに笹神丘陵で操業していた陶器窯《とうきかま》の出土品，民具など多数が展示されている。

華報寺の出土石造物

平等寺薬師堂《びょうどうじやくしどう》(阿賀町岩谷)　阿賀野川に沿って会津に向う途中，旧三川村岩谷《いわや》に平等寺薬師堂がある。永正《えいしょう》年間に築造された薬師堂は，桁《けた》行《ゆ》き3間《けん》，梁《はり》間《ま》4間《けん》で，室町期の様式をいまに伝える。堂内には御館《おたて》の乱で越後に攻め込んだ会津芦名《あしな》氏の家臣らが敗れて逃げ込んだ際に書き残した落書《らくしょ》がある。なかには御館の乱で景虎《かげとら》が春日を引き退いて御館に入ったとの落書もあって，軍記物で春日山の二ノ丸跡にあったとされる景虎の屋敷が，じつは春日の町にあった可能性も浮上している。

平等寺薬師堂

【編者略歴】

池　享（いけ・すすむ）

1950年生まれ。一橋大学経済学研究科教授。日本中世史専攻
[主な著書]『大名領国制の研究』(校倉書房)、『日本史のエッセンス』(共著・有斐閣)、『クロニック戦国全史』(共編・講談社)、『戦国・織豊期の武家と天皇』(校倉書房) 他多数。

矢田俊文（やた・としふみ）

1954年生まれ。新潟大学人文学部教授。日本中世史専攻
[主な著書]『日本中世戦国期権力構造の研究』(塙書房)、『日本中世戦国期の地域と民衆』(清文堂)、『定本・上杉謙信』(共編・高志書院)、『上杉謙信』(ミネルヴァ書房) 他多数。

【執筆者一覧】

長谷川伸　新潟市歴史博物館 学芸員
福原圭一　上越市総務課公文書館準備室 学芸員
片桐昭彦　中央大学文学部非常勤講師
木村康裕　新潟県立新津高等学校教諭
水澤幸一　新潟県胎内市教育委員会主任
市村清貴　新潟県立長岡高等学校教諭
黒田基樹　駿河台大学法学部教授
栗原　修　駒澤大学文学部非常勤講師
広井　造　長岡市立科学博物館学芸員
竹田和夫　新潟県立新発田高等学校教諭
西澤睦郎　新潟県立糸魚川白嶺高等学校教諭

【オンデマンド版】
増補改訂版上杉氏年表　為景・謙信・景勝

2013年10月20日増補改訂版第2刷発行
2020年 8月10日オンデマンド版発行

編　者　池　享・矢田俊文
発行者　濱　久年
発行所　高志書院
〒101-0051 東京都千代田区神田神保町2-28-201
TEL03(5275)5591　FAX03(5275)5592
振替口座　00140-5-170436
URL http://www.koshi-s.jp

印刷・製本／亜細亜印刷株式会社

Printed in Japan ISBN978-4-86215-210-7